航空运输类专业系列教材

民 航 旅 客 运 输

马广岭　王　春　主　编

电子工业出版社
Publishing House of Electronics Industry
北京·BEIJING

内 容 简 介

本书共三篇：第一篇为综合概述，主要介绍运输业的性质、民航运输生产基础知识、国内客票销售基本理论等；第二篇为民航国内旅客运输实务，主要介绍从事国内客票销售岗位需要掌握的专业知识，包括电子客票及操作、民航国内旅客业务处理等，如退票、变更和签转等业务的处理、团队业务以及民航特殊旅客运输服务；第三篇为民航国际客票销售业务，主要介绍从事国际客票销售的岗位需要了解的专业知识，包括客票销售的基础知识和概念、国际航协分区、GI 方向代码、有关运价计算资料及查阅、票价的选择、货币规则、国际票价计算体系和国际航班行李运输。本书涵盖了民航旅客运输的国内和国际两部分内容，教师可以根据教学需要选择其中的内容。

本书可作为高等院校、职业院校民航运输类专业学生的教材。

图书在版编目（CIP）数据

民航旅客运输/马广岭，王春主编. —北京：电子工业出版社，2022.2
ISBN 978-7-121-42899-9

Ⅰ.①民… Ⅱ.①马… ②王… Ⅲ.①民用航空—旅客运输 Ⅳ.①F560.83

中国版本图书馆 CIP 数据核字（2022）第 022089 号

责任编辑：李　静　　　　文字编辑：李书乐
印　　刷：天津画中画印刷有限公司
装　　订：天津画中画印刷有限公司
出版发行：电子工业出版社
　　　　　北京市海淀区万寿路 173 信箱　邮编 100036
开　　本：787×1092　1/16　印张：14　字数：358.4 千字
版　　次：2022 年 2 月第 1 版
印　　次：2022 年 7 月第 2 次印刷
定　　价：43.80 元

凡所购买电子工业出版社图书有缺损问题，请向购买书店调换。若书店售缺，请与本社发行部联系，联系及邮购电话：(010) 88254888，88258888。
质量投诉请发邮件至 zlts@ phei. com. cn，盗版侵权举报请发邮件至 dbqq@ phei. com. cn。
本书咨询联系方式：(010) 88254604，lijing@ phei. com. cn。

《民航旅客运输》
编委会

主　编　马广岭　王　春

副主编　綦　琦

参　编　吴江平　李　超

前　言

世界宏观经济发展的不可预测性、航空原油价格的大幅震荡、日益增强的世界贸易摩擦等，都不可避免地给全球民航业的发展带来诸多挑战。要保证民航业的可持续发展，就必须发展新技术，特别是绿色技术在民航业的应用，此外还需加强国际协调与合作。若要抓住未来 10 年的发展机遇，则需要准确预测全球航空运输业的发展趋势，不断总结经验，不断尝试变革航空运输的商业模式与盈利模式，不断提高航空运输的服务水平。

从 20 世纪 80 年代开始，全球民航业的发展越来越好，航空客运量持续走高。2009—2019 年，全球航空客运的年平均增长率为 6.5%，远高于 5% 的长期平均增长率。此外，全球新兴市场继续推动经济增长形成新兴经济体，新兴经济体的一个特点是快速城市化，根据世界银行的数据，目前全球有超过 40 亿人生活在城市，所以，往返于新兴市场之间或新兴市场内部的航线约占新增客运量的 40%。尽管近年来全球经济增长不平衡，但随着人们生活水平的提高、主要经济体的旅游业和旅游相对于消费者总支出的增长，以及航空公司的业务模式，都在推动民航运输的发展。

编者在十余年的教学实践基础上编写了本书。本书最大的特点在于校校合作、校企合作，理论联系实际，集合了民航运输院校专家、生产岗位的专家和生产业务骨干的智慧，他们在教材的体系、内容确定和编写上给予了编者不遗余力的帮助。

本书共三篇：第一篇是综合概述，主要介绍民航运输基础知识及民航国内客票销售等；第二篇是民航国内旅客运输实务，内容包括电子客票、国内运输业务处理、团队业务、特殊旅客业务以及不正常航班机业务处理等；第三篇是民航国际客票销售业务，主要介绍国际航协票价体系、计算及行李运输知识等。

本书编写分工如下：第一章由马广岭编写；第二章、第四章由吴江平编写；第三章由李超编写；第六章由綦琦编写；第五章、第七章、第八章由王春编写。马广岭负责全书的统稿工作。刘飞、张天沐、陈杰、顾筱等对本书的编写工作提供了大力支持与帮助。

本书在编写过程中，得到了三亚航空旅游职业学院、广州民航职业技术学院、海航集团有限公司、美兰国际机场的大力支持与帮助，在此表示衷心感谢！

由于编者水平有限，本书难免存在不足和疏漏之处，恳请专家和读者批评指正。

目　录

第一篇｜综合概述

第一章　民航运输概述 ·· 1
　第一节　运输业的性质 ·· 1
　第二节　航空运输的特点与作用 ······································ 4
　第三节　民航运输生产基础知识 ······································ 8

第二章　国内客票销售 ·· 13
　第一节　民航旅客运价 ·· 13
　第二节　国内客票及行李票 ·· 18
　第三节　国内旅客运输保障流程 ······································ 23

第二篇｜民航国内旅客运输实务

第三章　电子客票 ·· 26
　第一节　电子客票简介 ·· 26
　第二节　电子客票操作 ·· 28
　第三节　电子客票指令介绍 ·· 34

第四章　国内旅客运输业务处理 ······································ 64
　第一节　退票、变更和签转 ·· 64
　第二节　旅客运输不正常情况的处理 ······························ 83

第五章　团队业务 ·· 85
　第一节　团队概述 ·· 85
　第二节　团队客票的销售 ·· 91

第六章　民航特殊旅客运输业务 ······································ 98
　第一节　民航特殊旅客概述 ·· 98
　第二节　民航特殊旅客服务 ·· 99

第七章　不正常航班及其业务处理 ··································· 108
　第一节　不正常航班概述 ··· 108

第二节　不正常航班的业务处理 ·· 109

第三篇 | 民航国际客票销售业务

第八章　国际旅客运输 ·· 117

第一节　民航国际旅客票价计算基础知识 ··························· 117

第二节　IATA 地理分区和 GI 方向代码 ····························· 120

第三节　民航国际旅客运输资料介绍 ································· 127

第四节　票价的选择 ·· 135

第五节　货币规则 ·· 138

第六节　国际票价计算 ··· 142

第七节　国际航班行李运输 ·· 176

附录 A　常用指令表 ·· 182

附录 B　订座业务操作指令出错信息提示汇总 ····················· 184

附录 C　订座业务操作指令出错信息索引 ·························· 186

附录 D　主要航空公司多等级舱位设置 ···························· 188

附录 E　主要航空公司常见产品汇总 ······························· 189

附录 F　部分国家（地区）代码表 ·································· 194

附录 G　部分城市/机场三字代码表 ······························· 198

附录 H　IATA Rates of Exchange（IROE） ···················· 205

附录 I　TIM 资料（以中国为例） ································· 213

参考文献 ·· 218

第一篇　综合概述

第一章　民航运输概述

第一节　运输业的性质

一、运输的意义

运输是人类社会的基本活动之一，它是每个人生活中的重要组成部分，同时也是现代社会经济活动中不可缺少的重要内容。人类社会由散乱走向有序，由落后迈向文明，交通运输发挥了不可估量的重要作用。作为一个行业和领域，交通运输不能有片刻的停歇，更不能出现丝毫的问题，否则，社会将陷于瘫痪。今天，大到一个国家，小到每个人，都已与运输紧紧相连，密不可分。运输已经渗透到人类社会生活的方方面面，并且成为最受关注的社会经济活动。

当人们把眼光投向历史时，就会惊奇地发现，人类社会发展过程中的每个重要进程或重要事件，几乎都与运输有关。古埃及的强大与尼罗河息息相关，是尼罗河把整个埃及连在一起，给它在商品运输、信息交流、文化传播方面提供了极大的方便。世界奇观金字塔的修建离开了运输是不可想象的。中国古老灿烂的文明与水上运输密切相连，水上运输为黄河、长江两岸的经济发展和文化传播奠定了最重要的物质基础。丝绸之路是古老的中国走向世界的一条漫漫长路，作为一条重要的纽带，它传播了不同国家和地区的商品及文化，加强了它们之间的沟通、交流和发展。然而，"路漫漫其修远兮"，虽然这条"路"促进了中国与世界文化的交流，促进了经济的发展，却也映衬了原始运输方式的艰辛与落后。

机械运输业的出现，对经济发展和社会进步产生了更大的影响。汽轮船的出现提高了海上运输速度、能力与平均运输距离；铁路与公路的发展，使得人类在陆路上克服空间障碍的能力大大提高；航空运输的发展使得交通运输在速度方面产生了质的飞跃，从而使整个世界为之变小。"地球村"是人们对当今世界的另一种称谓，指原本广阔无垠的地球变为"村落"，这恰恰是由于发达的现代交通运输体系。

现代交通运输的意义与作用往往超出人们对它的认识和理解。其实这并不奇怪，因为现代发达的交通运输体系已经成为社会经济正常运转的重要物质基础。正常情况下，人们很难充分认识它的存在与重要作用，除非这个系统中的某部分出现问题。

二、运输的作用

1. 运输有利于开拓市场

早期的商品交易市场往往被选择在人口相对密集、交通比较便利的地方。在依靠人

力和畜力进行运输的年代，市场位置的确定在很大程度上受人和货物的影响。对于多数人来说，交通相对便利，人和货物比较容易到达的地方会被视为较好的商品交换场所。久而久之，这个地方就会变成一个相对固定的市场。当市场交换达到一定规模后，人们又会对相关的运输条件进行改进，如改善道路（或通航）条件、增加一些更好的运输器具以适应和满足市场规模的不断扩大。

随着技术的发展，运输手段不断改善，运输效率不断提高，运输费用也不断降低。运输费用的降低，使市场的范围不断扩大，商人可以从离市场更远的地方采购货物然后在市场上出售。因此，运输系统的改善既扩大了市场范围，也加大了市场本身的交换规模，为大规模的商品销售提供了前提条件，如图1-1所示。

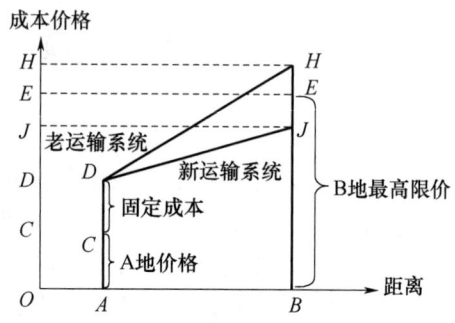

图1-1　运输系统的改善扩大市场范围示意图

2. 运输有利于鼓励市场竞争并降低市场价格

运输费用是所有商品市场价格的重要组成部分，商品市场价格的高低在很大程度上取决于它所含运输费用的多少。运输系统的改革和运输效率的提高，有利于降低运输费用，从而降低商品价格。运输费用的降低可以使更多的产品生产者进入市场中参与竞争，也可以使消费者得到竞争带来的好处。因为，如果没有运输，离市场近的厂商就可以影响甚至垄断市场，他们可以决定商品的市场价格，而高效的运输系统和较低的运输费用可以扩大市场的销售范围，使离市场更远的厂商进入市场中并参与竞争。这样，商品的市场价格将通过公平竞争和市场机制决定。实际上，由于劳动分工和地区专业化的作用，商品的市场价格很可能是由远方供应者决定的，因为它的生产成本最低。因此，正是运输系统鼓励了市场竞争、降低了商品价格。

3. 运输有利于劳动的地区分工和市场专业化

运输有利于生产劳动的地区分工，一个较为简单的情形是：假设A、B两地各生产某种产品（a和b），A地生产a的成本较低，因此价格低廉，而B地生产b的耗费也相对较低，同样能以较低的价格出售。在这种情况下，每个地区生产它最适宜生产（劳动耗费低）的货物并相互交换是对双方都有利的事情。但如果A、B间的运输费用非常高，以致抵消了专门从事该种产品的生产和交换所能得到的利益，那么两地间的交换就不会发生。结果是A、B两地都必须拿出一部分土地、劳动力和资金来投入对方生产成本较低的那种产品的生产。这时，运输就成了地区劳动分工和贸易的障碍。然而，当A、B两地间存在高效、廉价的运输后，这个障碍就会被解除。由此，根据比较利益原则，运输能够促进生产劳动的地区分工。在劳动的地区分工出现后，市场专业化的趋势也会逐渐显露，这就使某一个地区的市场在产品的销售上会更加集中在某一类或某几类产品上。市场专业化将大大减少买卖双方在收集信息、管理等方面的成本支出，减少市场交易费用。

三、运输的性质

运输基础设施在许多国家既可以由政府提供，也可以由其他社会成员提供，因此它们可能是公共产品，也可能是私人产品。作为运输基础设施的道路、铁路、航道、客站、货站、港口、机场等固定资产，具有一些不同于其他一般基础设施的特性，具体表现在：

（1）运输基础设施的社会公益性。根据经济学原理，基础设施都有着不同程度的公益性，运输基础设施也不例外。国家用纳税人缴纳的税费修建的基础设施，其受益者虽然也是社会成员（包括纳税人自己），但受益者和贡献者并不一定一一对应。对于一个普通的社会成员，他的贡献与受益也不完全相等。这种现象本身反映了运输基础设施被全社会使用、全社会拥有的社会公益性质。

（2）运输基础设施的价值和使用价值。运输基础设施具有价值和使用价值。商品满足人们的需要所发挥的效用即形成其使用价值，它是商品的重要属性。运输基础设施能使货畅其流、人便于行，实现客、货位移效用和时间效用，这是其使用价值。运输基础设施也同其他商品一样凝结着无差别的人类劳动，并且由社会必要劳动时间所决定，这是其价值。因此，运输基础设施具有价值和使用价值这个一般商品所固有的属性。同其他商品一样，该属性是由生产运输基础设施的劳动二重性，即具体劳动和抽象劳动所决定的。

（3）运输基础设施的级差效益。有些运输基础设施，尤其是公路运输基础设施，具有明显的级差效益。公路等级不同，提供相同服务时所产生的效益不同。完成相同的运输工作量，使用高等级公路的效益高出使用一般公路的效益，就被称为公路的级差效益，正如不同等级的土地具有级差地租一样。正是这种特别的效益性质决定了高等级公路的补偿形式可以采用区别于一般公路的补偿形式。具体讲，就是可以对使用者进行"直接买卖交易"，即通过交费过路的方式对高等级公路进行价值补偿。其他运输基础设施也有类似的情形，但公路是比较典型的一种。

（4）运输基础设施的商品属性。运输基础设施本质上是公共产品，但是它们也具有一些不同的商品属性，它们有使用价值和价值。因此，许多国家对运输基础设施的建设采取多元化融资、发行股票、经营权转让等形式或对其采取收费（类似商品的等价交换形式）的方法。这些运输基础设施不能看成纯粹的公共产品，也不能看成纯粹的社会公益产品。当然，在具体的操作过程中，也不能过分强调其商品属性，简单地以市场竞争机制来运作，以免造成浪费。

从美国、日本等发达国家的发展历程来看，运输基础设施建设始终适度超前于国家的经济社会发展，这条经验被经济学家们总结为一个普遍性的经济规律，即交通运输对国民经济发展的适当超前性规律。运输基础设施适度的超前发展，并保持一定的储备能力，是商品经济高度发展和社会化大生产的客观要求。这是由商品经济的本质特征所决定的，是社会经济规律的要求和体现。

四、运输业的特征

运输业具有物质生产的三个要素，即劳动者（运输业的从业人员）、劳动手段（运输路线、运输工具及其他技术装备）和劳动对象（旅客、货物）。而运输业的产品是人或货物的位移。因此，运输业是社会化大生产中一个不可缺少的物质生产部门，属于第三产业。我国将运输业列入第三产业的流通部门。

运输业同时又是一个特殊的产业部门。作为生产单位外部的运输业，它与其他产业部门有着很多的区别，其主要特点为：

（1）运输生产是在流通过程中进行的。运输生产是为了满足把产品从一个生产地运往下一个生产地或消费地的需要。因此，就整个社会生产过程来说，运输生产是在流通领域内继续进行的生产过程。

（2）运输生产过程只改变运输对象的空间位置，并不创造新的产品。对旅客运输而言，其产品直接被人们所消费；对货物运输而言，则把价值追加到被运输的货物上。

（3）在运输生产过程中，劳动工具（运输工具）和劳动对象（旅客、货物）是同时运动的。运输生产所创造的产品不是实物，同时在运输生产过程中被消费。因此，运输产品既不能储备，也不能调拨，只有在运输能力上保有后备，才能满足运输量的波动和特殊的运输需要。

（4）各种运输方式虽然使用不同的技术装备、具有不同的技术经济特性，但生产的是相同的产品，对社会具有同样的效用。

（5）运输业的生产场所分布在有运输联系的广阔空间里，运输过程往往需要由几种运输方式共同完成。

（6）运输业平时为经济建设服务，战时可为军事活动服务。因此，运输业具有半军事性质，是国家战斗实力的组成部分。

总之，运输业的发展影响着社会生产、流通、分配和消费的各个环节，对人民生活、政治和国防建设都有重要作用。

第二节　航空运输的特点与作用

一、五大现代交通运输方式

1. 铁路运输

铁路运输是以蒸汽、内燃机和电力为牵引动力，客车和货车为运载工具，沿陆地上固定轨道行驶的一种运输方式。铁路运输系统包括铁路线路、机车、车辆、交通通信控制系统以及其他相关设施等。铁路运输具有受自然条件影响较小、运输能力强、运输成本低、能耗较小、速度较快和安全性较高等特点，是中、长途客货运输的主力。

2. 公路运输

公路运输是以汽车为主要运输工具，在公路上运送旅客和货物的一种运输方式，它具有投资省、建设周期短、机动灵活、行驶便利等特点，可以对城乡广大地区实现门到门的直达运输。它是短途客货运输的中坚力量。随着公路状况的改善、汽车技术的进步，公路运输将成为中距离客运的重要力量。

3. 水路运输

水路运输包括内河运输、沿海运输和远洋运输。内河运输指利用船舶、排筏和其他浮运工具，在国内江河、湖泊、水库及人工水道送旅客和货物；沿海运输指利用船舶在沿海区域，包括岛屿之间及岛屿与陆地之间运送旅客和货物；远洋运输指利用船舶在海洋上进行国家或地区间旅客和货物的运送。

水路运输适合承担数量大、距离长、对时间没有特殊要求的大宗物资运输。它投资少、运输能力强、占地少、干线运输成本和能耗最低。尤其是远洋运输，它可以无偿地利用国际航道进行运输，服务范围广、运输距离长，是发展国际贸易的主要渠道。

4. 航空运输

航空运输是以航空器为运载工具，由机场、空中交通控制系统以及通信导航等设施组成的现代运输体系，航空运输具有建设周期短、运输速度最快、受地形限制较小的特点，是最舒适、最安全的运输方式。航空运输在长途客运、精密仪器和鲜活易腐运输中具有明显优势，适合当今市场变化大、人民生活水平高和工作节奏快的环境，航空运输是随着社会经济发展而飞速发展的。

5. 管道运输

管道运输是采用管道方式，输送液体（如原油和成品油）和气体介质（如天然气等）。管道运输按其所运输的对象不同，可分为输原油管线、输成品油管线、输气管线和输固体管线。管道运输的特点是投资少、建设周期短、运输能力强、占地少、受自然影响小、安全可靠、管理简便。

在以上五种运输方式中，最早出现的是水路运输和公路运输。铁路运输出现于 19 世纪，世界第一条管道运输线出现在 1859 年美国打出世界上第一个油井之后，至今已有 160 多年的历史。出现最晚、发展最快的是航空运输。航空运输业出现于 20 世纪 20 年代，至今只有 100 多年的发展历史，但是发展非常迅速。

近十几年来，世界民航运输量的年平均增长率均在 10% 以上。我国运输系统同其他行业一样，1978 年改革开放以来得到飞快发展。

总之，航空运输发展速度最快，尤其在旅客运输方面。随着国民经济和人民生活水平的不断提高，在中国民航由航空大国向航空强国迈进的过程中，航空运输将日益成为普通大众的出行选择，在我国运输系统中具有特殊的地位并拥有巨大的发展潜力。

二、航空运输的特点

随着经济建设的高速发展，社会生活节奏的不断加快，以高科技为基础的航空运输得到了前所未有的迅速发展。航空运输之所以能在短短的一个世纪内得到如此迅速的发展，与其自身的特点是分不开的。与其他的运输方式相比，航空运输的主要优点有：

（1）速度快。这是航空运输最大的特点和优势，且距离越长航空运输的优势就越显著。随着时代的进步，时间的价值也增大了，利用航空运输节省时间所创造的社会价值是难以估量的。此外，由于现代社会公众对航空运输的需求与日俱增，从而使航空运输的发展速度居所有运输方式之首。

（2）灵活性大且运输路程短。飞机在空中飞行，受航线条件限制的程度较小；在两地之间，只要有机场及必备的通信导航设施就可以开辟航线，可不受高山、大川、沙漠、海洋的阻隔，因此运输距离相对较短，并且可依客货运量大小和流向变化及时调整航线和机型。尤其是对灾区的救援和物资运送、穷乡僻壤的医药急救、近海油田的后勤支援等紧急或特殊任务，航空运输已成为必不可少的手段。

（3）舒适、安全。现代喷气式客机由于飞行平稳、客舱宽敞、噪声小以及机内有娱乐、餐饮等服务使得旅客乘坐的舒适性较高。同时，随着科学技术，特别是航空科学技术的进步以及对民用航空器适航性的严格要求和对空中交通管制设施的改进，航空运输的安全性得到了很大的提高。

（4）基本建设周期短、投资少。发展航空运输，从设备条件上讲，只需添置飞机和修建机场；与修建铁路和公路相比，只要距离足够长，则一般说来其建设周期短、占地少、投资少、收效快。

航空运输存在的主要缺点有：

（1）营运成本高。航空运输属于资金和技术密集型行业，且航空器机舱的容积和载重量相对比较小，所以运载成本比地面运输要高。因此，客货邮运价就较贵，只适用于人员往来，以及急需运送的物资和时间性强的邮件、包裹等的运输。

（2）受天气条件影响大，飞行活动要受到气象条件的限制。因此，航空运输的正常性、准点性会受到影响。

（3）载量小、容积有限。

（4）航空运输所具有的速度快的优势在短途运输中难以发挥作用。一般而言，航空运输比较适宜于 500 千米以上的长途客运，以及时间性强的鲜活易腐和价值高的货物的中长途运输。

三、航空运输的作用

航空运输在现代社会的政治、经济生活中占据重要的地位，发挥着举足轻重的作用。它对经济发展所起的作用主要表现为：

（1）航空运输已成为现代交通运输体系中的一个重要组成部分。各种交通运输方式各有其特点和一定的局限性，它们分工协作、相辅相成，共同满足社会对运输的不同要求。航空运输是长距离旅行，特别是国际、洲际旅行的主要方式。

（2）航空运输促进了全球经济、文化的交流和发展。航空运输本身是国家经济领域的一个重要行业，同时它还使国家间的经济、文化、科技的交流变得十分便捷，有利于国家或地区间的相互协作和共同发展，有利于经济发达国家或地区到经济不发达国家或地区的投资与开发。

（3）航空运输带动了航空产品制造业及相关行业的发展。国际航空运输业的不断发展使主要的飞机制造商保持了长盛不衰的势头，也给相关设备的生产厂家提供了广阔的商机。航空运输的发展，不仅促使更先进、更安全、更舒适的民航客机机型不断出现，还促使通信、导航、监视等设备与技术不断更新完善。

四、中国民用航空运输的发展历史和管理体制沿革

中国民用航空运输业的发展至今已有 80 多年的历史。在 1919—1949 年这 30 年中，中国民用航空业的发展十分缓慢，从有文字记录的统计资料（1936—1949 年）来看，到 1949 年中国定期航班运输年周转量还不到 1 亿吨千米。

1949 年，中国民用航空局成立，揭开了我国民航事业发展的新篇章。特别是近 20 多年来，我国民航事业在航空运输、通用航空、机群更新、机场建设、航线布局、航行保障、飞行安全、人才培训等方面都得到了持续快速的发展，取得了举世瞩目的成就。

自 1949 年以来，中国民航大致经历了以下四个发展阶段。

第一阶段（1949—1978 年）：筹建时期。

1949 年 11 月 2 日，中国民用航空局成立。

1950 年，中国民航初创时期，仅有 30 多架小型飞机，年旅客运输量仅 1 万人，运输总周转量仅 157 万吨千米。

1958 年 2 月 27 日，中国民用航空局划归交通部领导。1958 年 3 月 19 日，中国民用航空局改称交通部的部属局。

1960 年 11 月 17 日，中国民用航空局改称交通部民用航空总局。

1962 年 4 月 13 日，交通部民用航空总局改称中国民用航空总局。

第二阶段（1978—1987 年）：稳步发展时期。

1980 年 3 月 5 日，中国民航脱离军队建制，中国民用航空总局从隶属于空军改为国务院直属机构，实行企业化管理。下设北京、上海、广州、成都、兰州（后迁至西安）、沈阳六个地区管理局。

第三阶段（1987—2002 年）：重组扩张时期。

1987 年，民航业进行以航空公司与机场分设为特征的体制改革。主要内容是将原民航北京、上海、广州、成都、西安、沈阳六个地区管理局的航空运输和通用航空相关业务、资产和人员分离出来，组建了六个国家骨干航空公司，实行自主经营、自负盈亏、平等竞争的制度。这六个国家骨干航空公司是：中国国际航空公司、中国东方航空公司、中国南方航空公司、中国西南航空公司、中国西北航空公司、中国北方航空公司。此外，以经营通用航空业务为主并兼营航空运输业务的中国通用航空公司也于 1989 年 7 月成立。

在组建骨干航空公司的同时，在原民航北京管理局、上海管理局、广州管理局、成都管理局、西安管理局和沈阳管理局所在地的机场部分基础上，组建了民航华北、华东、中南、西南、西北和东北六个地区管理局及北京首都国际机场、上海虹桥国际机场、广州白云国际机场、成都双流国际机场、西安西关机场（现已迁至咸阳，改称西安咸阳国际机场）和沈阳桃仙国际机场。六个地区管理局既是管理地区民航事务的政府部门又是企业，领导管理各民航省（区、市）局和机场。

1993 年 12 月 20 日，中国民用航空总局的机构级别由副部级调整为正部级。

第四阶段（2002 年至今）：迅猛壮大时期。

2002 年 3 月，中国民航业再次进行重组。主要内容有：

（1）中国民用航空总局直属航空公司及服务保障企业合并后，于 2002 年 10 月 11 日正式挂牌成立，组成六大集团公司。

（2）民航政府监管机构对中国民用航空总局下属的六个地区管理局、新疆管理局和 26 个省级安全监督管理办公室的民航事务实施监管。

（3）按照政企分开、属地管理的原则，对 90 个机场进行了属地化管理改革。2004 年 7 月 8 日，随着甘肃机场移交地方，机场属地化管理改革全面完成，标志着民航体制改革全面完成。

2004 年 10 月 2 日，在国际民航组织第 35 届大会上，中国以高票首次当选该组织的

一类理事国。

第三节　民航运输生产基础知识

一、基本概念

为了便于理解民航旅客运输的有关知识，下面介绍几个有关民航运输的基本概念。

1. 航空承运人及分类

1）定义

航空承运人是指民用飞机为了取得报酬而从事提供航空服务的企业。航空承运人可以通过它提供的经营方式加以识别。

2）按照航班运营的形式分类

（1）定期航班承运人或者航空公司，主要从事定期航班的经营，也从事非定期航班的经营。

（2）不定期航空承运人，从事的主要活动是不定期的经营，不能从事定期航班的经营。

（3）包机承运人是只经营包机航班的不定期航空承运人。

当然，按照承运人经营的航线是否超越一国国界，又可以划分为国际、国内承运人两种：国际承运人是主要经营一国以上航线及国内航班的承运人；国内承运人是获准从事本国国内航线经营的承运人。

2. 航班

1）概念

按照民航管理当局批准的民航运输飞行班期时刻表，使用指定的航空器，沿规定的航线在指定的起讫经停点停靠的客货邮运输飞行服务称为航班。

航班通常用航班号来标识具体的飞行班次。航班号由字母和数字组成。我国的民航飞行航班号一般采用两个字母的航空公司代码加 4 位数字组成。

2）分类

（1）按照民航运输飞行的时间规律，航班可分为定期航班、不定期航班。

① 定期航班。又称定期飞行，是指经营固定的两点或多点间的运输业务；通常是按照公布的班期时刻表进行，是对公众开放销售的收费航班。

② 不定期航班。不定期航班服务通常是指航空公司根据运输需要提供的非规则性飞行服务，如包机运输飞行和某些加班运输飞行等。这类航班没有固定的航班飞行时刻表，也没有固定的飞行航线，通常是根据运输需要和合同内容安排机型、飞行时刻、飞行航线和运价。不定期航班运输是航空公司的辅助生产方式。

定期航班和不定期航班在法律上的最大区别在于，定期航班公布运价、班期，按照双边协定经营，向公众提供运输服务，对公众承担义务，而不定期航班则是按包机合同，个别申请，个别经营，不对公众承担义务。

（2）按照运输飞行的去向，航班又可分为去程航班和回程航班。

① 去程航班是指从航空公司机队所在基地出发的飞行航班。

② 回程航班是指返回机队所在基地的飞行航班。

（3）根据航班飞行的区域，航班还可以分为国内航班和国际航班。

3）航路

民航运输服务是航空器跨越天空在两个或多个机场之间的飞行。为了保障飞行安全，必须在机场之间的空中为这种飞行提供相对固定的飞行线路，使之具有一定的方位、高度和宽度，并且在沿线的地面设有无线电导航设施。这种经政府有关当局批准的，飞机能够在地面通信导航设施指导下沿着一定高度、宽度和方向在空中做航载飞行的空域，称为航路。

4）航段

一条航线经过的站点至少有两个，即飞行起点（或称始发点）和飞行终点。在起点和终点之间可以有多个经停点。

在航空运输生产过程中，航段概念通常分为旅客航段（segment，通常称为航段）和飞行航段（leg，通常称为航节）。旅客航段通常是指能够构成旅客航程的航段，如太原—北京—纽约航线。旅客航程有三种可能：太原—北京、北京—纽约和太原—纽约。飞行航段是指航班飞机实际飞经的航段，如太原—北京—纽约航线，飞行航段为太原—北京和北京—纽约。

5）航线

航线即飞行航段。从事民航运输业务的承运人在获得经营许可证之后，可以在允许的一系列站点（城市）范围内提供航空客货邮运输服务。由这些站点形成的航空运输路线，称为航线。

航线由飞行的起点、经停点、终点、航路等要素组成。

航线不同于航路，它与实际飞行线路的具体空间位置没有直接关系。航线是航空运输承运人授权经营航空运输业务的地理范围，是航空公司的客货运输市场，是航空公司赖以生存的必要条件。因此，对于航空公司来说，运营航线的优劣与多少对它本身的发展十分重要。

航线有多种，按飞行的区域可以划分为：

（1）国内航线。对应国内航班，是指飞行起点、经停点和终点都在同一国家境内的航线。根据飞行起点、经停点和终点所在城市的政治、文化和经济的地位与繁荣程度，国内航线又分为干线、支线和地方航线。

① 干线：干线即骨干航线，我国的骨干航线是指首都北京至全国各省会城市和大城市之间的航线，各大干线形成了省际或大城市之间的空中交通干道。例如，北京—上海、北京—广州和广州—天津等。一般来说，干线上的客货流量大，使用的机型运载能力强。

② 支线：是指大城市（一般指省会）至本地区中小城市之间的航线，主要目的是汇集或疏散客货流，辅助干线运输，例如，上海—大同、南京—黄山等。

③ 地方航线：是指省（地区）内的航线，例如，南京—连云港。地方航线主要用于地方上地面交通不便的小城市之间的客货邮运输。

（2）国际航线。对应国际航班，是指飞行起点、经停点或终点超过一个国家国境线的航线，例如，上海—纽约。

二、民航运输生产指标

民航运输是一个具有技术指标和质量要求的管理规范的集体性生产过程。整个生产过程的每个环节都将通过民航运输生产指标体系进行衡量和评价。生产指标是企业在一定时期内预期要达到的目标和水平。航空运输企业的生产指标可以较为全面地反映企业经营活动的效率和经济效益水平的高低，并按性质分为数量指标和质量指标。

1. 数量指标

数量指标表示一定时期内民航运输生产经营活动在数量方面应达到的要求，它通常采用绝对数值表示。

1）飞行班次

飞行班次，是指一定时期内航班从始发站到终点站的飞行次数。一般是根据班期时刻表中的每周班次按单程计算的。飞行班次是计算飞行小时、运输量和周转量的重要基础，是确定航站工作量大小的主要依据，也在一定程度上反映航空运输生产任务量的大小。

2）飞行万千米

飞行万千米，是指一定时期内（通常为一年）空运企业运输生产飞行的总里程，反映空运企业航线网络的扩展情况。其计算公式为：

$$飞行万千米 = \frac{航线飞行班次数 \times 平均飞行距离(km)}{10000}$$

3）飞行小时

飞行小时，是指空运企业运输生产的空中飞行时间。

飞行小时在一定程度上反映了航空运输生产规模的大小，同时也是空运企业进行人、财、物平衡的重要依据，空运企业的许多指标都依据飞行小时来计算确认。其计算公式为：

$$飞行小时 = \frac{总飞行里程}{平均航速}$$

4）航空运输量

航空运输量是指一定时期内空运企业使用航空器承运的旅客、行李、邮件和货物的数量，是反映空运企业运输生产的任务量和空运企业生产规模的主要指标之一。

航空运输量的分类如图1-2所示。

5）航空运输总周转量

航空运输总周转量为：

$$航空运输总周转量 = \sum(航空运输总量 \times 平均运输距离)$$

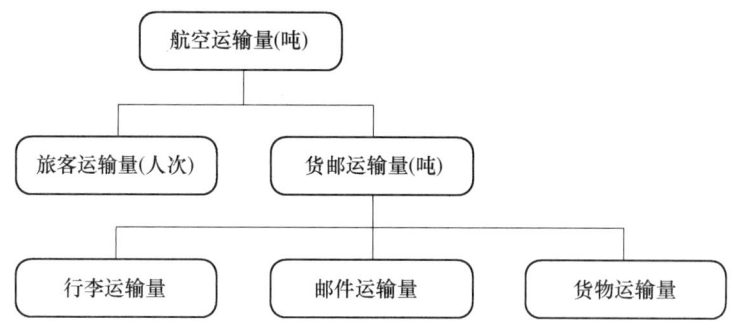

图 1-2 航空运输量的分类

同航空运输量一样，航空运输总周转量分为旅客总周转量和货邮周转量。

6）机场客货吞吐量

机场客货吞吐量是指一定时期内空运企业承运的进出某机场的旅客、行李、邮件和货物的数量。同样，机场客货吞吐量也是考核机场工作量和运营状况的重要指标之一，分为旅客吞吐量和货邮吞吐量。

2. 质量指标

质量指标是指在民航运输计划和统计工作中反映生产效果或工作质量的各种指标，如劳动生产效率、单位面积产量、单位产品成本、设备利用率等。质量指标的计算和分析对挖掘各部门、各单位工作中的内部潜力具有重要作用。

质量指标是总量指标的派生指标，用相对数或平均数表示，以反映现象之间的内在联系和对比关系。

1）航班客座率

航班客座率是指执行某具体航班任务的航空器实际承运的旅客人数与航空器可提供座位数之比，反映航空器座位的利用程度。其计算公式为：

$$航班客座率 = \frac{航班实际旅客人数}{航班可提供座位数} \times 100\%$$

2）航班载运率

航班载运率是指执行某具体航班任务的航空器实际业务载重与可提供的最大业务载运能力（简称最大业载或商载）之比，反映了飞机综合载运能力的利用程度，其计算公式为：

$$航班载运率 = \frac{航班实际业载}{航班最大业载} \times 100\%$$

3）飞机利用率

飞机利用率是指一定时期内空运企业平均每架飞机所提供的运输生产飞行小时数，通常以报告期内在册飞机的平均日生产飞行小时（在册飞机日利用率）表示，其计算公式为：

$$在册飞机平均日利用率 = \frac{报告期生产飞行小时}{平均在册飞机架数 \times 报告期日历天数} \times 100\%$$

4）飞机生产率

飞机生产率是指一定时期内某型号飞机每飞行小时所完成的周转量，其计算公式为：

$$某型号飞机生产率 = \frac{该型号飞机运输周转量}{该型号飞机运输飞行小时} \times 100\% = 该机型业务载重 \times 该机型航速 \times 100\%$$

该数据是反映航空运输生产效率和技术经济性能的重要指标。提高飞机生产率表明在不增加运力投入的情况下，运输的总周转量增加。

5）航班正常率

航班正常率是指按照班期时刻表正常运行的航班数与计划航班数的百分比。该数值的高低体现了空运企业的生产组织能力与管理水平，是考核空运企业运输水平高低的重要指标之一。

第二章 国内客票销售

第一节 民航旅客运价

一、民航运价概述

1. 民航运价的定义

民航运价是民航运输产品的价格，是单位旅客或单位货物由始发地机场运至目的地机场的航空运输价格，不包括机场与市区之间的地面运输费用。

2. 民航运价制定的原则

民航运价制定的原则主要有以下五点：

（1）以运输价值为基础，以运输成本为依据；

（2）符合商品定价原则，保证有合理的利润，确保企业的正常运转；

（3）有利于运量在各种运输方式中的合理分配，从而促进各种运输方式的合理分工；

（4）有利于提高运输的载运率、客座率，有利于促进运输企业自身的发展；

（5）有利于保障消费者的利益。

3. 民航运价的特点

民航运价的特点是由航空运输行业的技术经济特性决定的，它的主要特点如下：

1）运价与运输距离关系密切

运价的制定是以运输成本为主要依据的，而运输成本是随着运输距离的长短发生变化的。因此，运价与运输距离有密切关系。通常来说，运输距离越高，运输总成本越高；但就航空运输的单位成本而言，运输距离越长，平均运输成本越低。反过来，航空运输距离越短，平均运输成本越高，这就是所谓的"递远递减，递近递增"原则。

2）运价是销售价格

工业产品有出厂价格、批发价格、零售价格等，但由于运输产品的生产与消费具有同时性，产品生产的过程即是其消费过程。因此，运价就是销售价格，没有其他的中间价格。

3）运输价格高

航空运输生产的耗费大、运输产品的成本高、运输价格高，主要是因为飞机本身的价值高，且其在运输生产过程中产生的价值转移（磨损、折旧）等多。同时，航空运输工具使用的燃料也比其他运输方式的高几倍甚至几十倍，而且服务设备及维修成本也较高。

4）运价的差价体系复杂

运价会随运输对象的类别、运输方式和运输距离的不同而变化。根据客舱布局、餐食及服务标准的等级差别，在大型客机上分别设置头等舱、公务舱、普通舱三种票价。

每个舱位等级下面又复设若干种子舱位，形成多等级舱位运价体系。

二、票价类型

国内航线客票价根据服务等级、旅客航程、旅客年龄、出票时间和地点等具体情况的不同，可划分为不同的票价类型。

1. 按服务等级的不同

服务等级是指为旅客提供服务的等级，按照提供服务等级的不同会收取不同的票价。国内航线的客运价一般分为三个等级：头等舱票价（F）、公务舱票价（C）、经济舱票价（Y）。

1）头等舱票价

航空公司在有头等舱的国内航班上为旅客提供头等舱座位。头等舱座位较公务舱座位宽且舒适，提供的免费餐食及地面膳宿标准高于公务舱，每人免费携带行李的限额为 40 千克。国内航线头等舱的票价是经济舱正常票价的 150% ~ 200%。

2）公务舱票价

航空公司在有公务舱的国内航班上为旅客提供公务舱座位。公务舱座位较头等舱窄，但比经济舱宽；餐食及地面膳宿标准低于头等舱，高于经济舱；每人免费携带行李的限额为 30 千克。国内航线公务舱票价为经济舱正常票价的 130%。

3）经济舱票价

航空公司在国内航班上为旅客提供经济舱座位，每人免费携带的行李限额为 20 千克。其票价以国家对外公布的直达票价为基础。

2. 按旅客航程的不同

国内航线客票价按旅客航程的不同分为单程票价、来回程票价和联程票价。

1）单程票价

单程票价也称直达票价，它适用于在规定航线上的由甲地到乙地的航班运输，现行对外公布的国内航线客票价均为航空运输的直达票价。

2）来回程票价

来回程票价由两个单程票价组成：一个是使用直达票价的去程运输；一个是使用直达票价的回程运输。某些航空公司的来回程票价在两个单程票价的基础上可享受一定的折扣。

例如，海口—北京 Y 舱来回程票价的原价是 2250 × 2 = 4500 元，但有些航空公司规定如果一次性购买来回程机票则可减少 5% 的全票价，即旅客只需要支付来回程票价的 95%，总票价为 4500 × 95% = 4275 元。

3）联程票价

联程运输是旅客的航程超过一个的航班，即需在航班的中途站或终点站换乘另一航班才能到达目的地。联程票价是旅客所乘坐航段票价的总和。

3. 按旅客年龄的不同

凡旅客购买儿童/婴儿票时，均应按以下规定办理：

（1）年满 12 周岁或以上的购成人全票；

（2）年满 2 周岁、未满 12 周岁的儿童应按成人全票价的 50% 收费，单独占用一个座位。

（3）未满 2 周岁的婴儿，应按成人全票价的 10% 收费，不单独占用一个座位，无免费行李额，仅可免费携带一摇篮或可折叠式婴儿车；如需要单独座位，应购买儿童票。

（4）每位成人旅客所携带未满 2 周岁的婴儿超过一个，其中只有一个婴儿可按成人全票价的 10% 付费，其余婴儿应按成人全票价的 50% 付费。国内票价以 10 元为单位，四舍五入。

例如，海口—北京的 Y 舱成人票价为 2250 元，则相应航段的 Y 舱婴儿票价为 2250 × 10% = 225 元，Y 舱儿童票价为 2250 × 50% = 1125 元。

例如，一个旅客携带两个婴儿从海口至北京，其中，一个婴儿可以按成人全票价的 10% 付费，另一个婴儿需按儿童票价付费，则该旅客需要支付 2250 + 225 + 1125 = 3600 元。

（5）5 周岁以下的儿童乘机，须有成人陪伴而行，如无成人陪伴，不予接收。5 周岁（含）以上、12 周岁以下无成人陪伴儿童乘机时，应在购票前提出申请，经承运人同意后方可购票乘机。

（6）儿童和婴儿的年龄是指开始旅行时的实际年龄，如其在开始旅行时未满规定的年龄，而在旅行途中超过规定的年龄，则不另收票价。

4. 特种票价

承运人向团体和部分个人提供特种票价，适用范围如下：

1）团体旅客特种票价

旅客人数在 10 人（含）以上，航程、乘机日期、航班和舱位等级相同并按同一类团体票价支付票款的旅客称为团体旅客。购买儿童、婴儿票价客票的旅客不计入团体人数内。

2）军（警）、残票价

因公致残的现役军人和因公致残的人民警察在乘坐国内航班时，凭《革命伤残军人证》或《人民警察伤残抚恤证》在规定的购票时限前购票，票价按适用正常票价的 50% 计收。

3）教师、学生票价

教师和学生在寒暑假期间乘坐国内航班时，凭教师证和学生证，票价按适用正常票价的 60% 和 50% 计收（具体请参见各航空公司的相关业务规定）。

4）季节票价

航空公司在旅游淡季向旅客提供的优惠票价属于季节票价。

5）其他特种票价

航空公司在经济舱正常票价的基础上对符合购票时限、旅客身份、航班时刻、季节浮动等限制条件的团体或单个旅客给予的优惠票价（限制条件详见各航空公司优惠运价文件）。

5. 免票、优惠票

（1）由承运人批准的特殊旅客，凭乘机优待证可以填开由该承运人承运的免票、优惠票。

（2）货运包机押运人员凭包机货运单和包机单位介绍信可填开免费客票。在客票的票价计算栏内写明包机运输协议书号码。

（3）航空公司的常用旅客可凭里程积分换取免票。

6. 包舱票价

在有小客舱的大型飞机飞行的国内航班上，可以向旅客提供包舱，人数以小客舱的座位数为限。包舱内的座位数乘以直达的正常票价即为包舱票价。

7. 占用客舱座位的自理行李、商业信袋、外交信袋的运费

根据自理行李、商业信袋、外交信袋的全部实际重量，计算其按逾重行李计收的运费与实际占用舱位的座位数的正常客票价计收的费用，取高者为其运费。

旅客因为追求舒适度或其他理由，希望额外占用座位，可根据实际占用舱位的座位数计收。当额外占用的座位数超过一个时，需在额外占用座位标识"EXST"前注明额外占用的座位数。

三、票价计算

1. FD 指令查询票价

> PFDHAKPEK/CA

FD：HAKPEK/02AUG10/CA   /CNY /TPM 2493/

01 CA/F	/ 3380. 00 =	6760. 00/F/F/	/	.	/01JUL07	/7001
02 CA/C	/ 2930. 00 =	5860. 00/C/C/	/	.	/01JUL07	/7001
03 CA/J	/ 2250. 00 =	4500. 00/J/Y/	/	.	/01JUN10	/7001
04 CA/Y	/ 2250. 00 =	4500. 00/Y/Y/	/	.	/01JUL07	/7001
05 CA/B	/ 2030. 00 =	4060. 00/B/Y/	/	.	/01SEP09	/7001
06 CA/M	/ 1980. 00 =	3960. 00/M/Y/	/	.	/01SEP09	/7001
07 CA/M1	/ 1910. 00 =	3820. 00/M/Y/	/	.	/01SEP09	/7001
08 CA/H	/ 1800. 00 =	3600. 00/H/Y/	/	.	/28MAR10	/7001
09 CA/H1	/ 1760. 00 =	3520. 00/H/Y/	/	.	/28MAR10	/7001
10 CA/K	/ 1690. 00 =	3380. 00/K/Y/	/	.	/28MAR10	/7001
11 CA/K1	/ 1640. 00 =	3280. 00/K/Y/	/	.	/28MAR10	/7001
12 CA/L	/ 1580. 00 =	3160. 00/L/Y/	/	.	/28MAR10	/7001
13 CA/L1	/ 1460. 00 =	2920. 00/L/Y/	/	.	/28MAR10	/7001
14 CA/Q	/ 1350. 00 =	2700. 00/Q/Y/	/	.	/28MAR10	/7001
15 CA/Q1	/ 1240. 00 =	2480. 00/Q/Y/	/	.	/28MAR10	/7001
16 CA/G	/ 1130. 00 =	2260. 00/G/Y/	/	.	/28MAR10	/7001
17 CA/V	/ 1010. 00 =	2020. 00/V/Y/	/	.	/28MAR10	/7001
18 CA/V1	/ 900. 00 =	1800. 00/V/Y/	/	.	/28MAR10	/7001

PAGE 1/1

2. 建立一个航班座位

sshu7119/q/9aug/haksha/1

（1）HU7119 Q   MO09AUG   HAKPVG DR1   0805 1055   738 S 0 R E － － T1

（2）HAK/T HAK/T0898－65751535/HAIKOU MEILAN INTERNATIONAL AIRPORT
     CO. , LTD/WU JIANGPING ABCDEFG

（3）HAK104

3. 用PAT：A指令P出所建立航班舱位价格

Pat：A

01 Q FARE：CNY1000.00 TAX：CN：CNY50.00CN YQ：CNY120.00 TOTAL：1170.00

SFC：01

4. 输入后自动生成票价组

（1）HU7119 Q MO09AUG HAKPVG DR1 0805 1055 738 S 0 R E －－T1

（2）HAK/T HAK/T0898－65751535/HAIKOU MEILAN INTERNATIONAL AIRPORT CO.,LTD/WU JIANGPING ABCDEFG

（3）FC/A/HAK HU PVG 1000.00Q CNY1000.00END

（4）RMK AUTOMATIC FARE QUOTE

（5）FN/A/ FCNY1000.00/ SCNY1000.00/ C3.00/ XCNY170.00/ TCNY50.00CN/ TCNY120.00YQ/ACNY1170.00

（6）FP/CASH,CNY

（7）HAK104

5. 订妥一个航班座位PNR

（1）张宏 MVJTW

（2）HU7119 Q MO09AUG HAKPVG HK1 0805 1055 E －－T1

（3）HAK/T HAK/T0898－65751535/HAIKOU MEILAN INTERNATIONAL AIRPORT CO.,LTD/WU JIANGPING ABCDEFG

（4）65751535

（5）TL/1600/05AUG/HAK104

（6）RMK CA/EJ8T5

（7）HAK104

6. 用PAT：A指令P出所订妥航班PNR的价格

＞PAT：

PAT：M

HAK HU7119 PVG 1000.00 Q 60% 1660.00 738 09AUG10 0805 1055

＋ FN FCNY 1000.00/ SCNY1000.00/ C3.00/ TCNY 50.00CN/ TCNY 120.00YQ

FC HAK HU PVG 1000.00Q

－ CNY 1000.00 END

FP CASH, CNY

7. 输入后自动生成票价组

（1）张宏 MVJTW

（2）HU7119 Q MO09AUG HAKPVG HK1 0805 1055 E －－T1

（3）HAK/T HAK/T0898－65751535/HAIKOU MEILAN INTERNATIONAL AIRPORT CO.,LTD/WU JIANGPING ABCDEFG

（4）65751535

（5）TL/1600/05AUG/HAK104

（6）FC/HAK HU PVG 1000.00Q CNY1000.00END

（7）RMK CA/EJ8T5

（8）FN/FCNY1000.00/SCNY1000.00/C3.00/XCNY90.00/TCNY50.00CN/TCNY40.00 YQ/ACNY1090.00

（9）FP/CASH，CNY

（10）HAK104

第二节　国内客票及行李票

一、客票的构成和一般规定

1. 一般规定

1）定义

国内客票及行李票简称客票（passenger ticket and baggage check），客票是由承运人或代理人填开的，是旅客乘机或交运行李的初步证据。客票是一种有价票证，是旅客与承运人之间的运输契约，是承运人之间及承运人与代理人之间结算的凭证。

客票应当至少包括以下内容：

（1）承运人名称；

（2）出票人名称、时间、地点；

（3）旅客姓名；

（4）航班始发地点、转机点和目的地点；

（5）航班号、舱位等级、日期和离站时间；

（6）票价和付款方式；

（7）票号；

（8）运输说明事项。

2）客票的构成和各联的用途（相对于纸质客票而言，电子客票不存在票联）

（1）声明。中英文旅客须知。

（2）会计联。又称财务联，由出票部门工作人员填开或打印客票后撕下做会计联，并与销售日报一同上交财务部门，供财务部门审核和入账。目前，BSP 中性票没有会计联，部分纸质客票也取消了会计联。目前，会计联以电子形式为主。

（3）出票人联。由出票部门工作人员填开或打印客票后撕下，由出票部门存档备查，保存期 1 年或 2 年。

（4）乘机联。乘机联在旅客办理登机手续时使用，乘机联粗线框地点间的旅行有效，由办理乘机手续部门或换开客票的部门撕下。

（5）旅客联。由旅客留存，可用于报销等。

3）客票的分类

（1）根据来源的不同分为航空公司客票、BSP 中性客票、电子客票：

① 航空公司客票，即在客票的封面上印有该票所属航空公司的名称，并有其航徽及其代码等标记。

② BSP 中性客票，其封面上印有国际航空运输协会（IATA）的标志及专门设计的图

案：国际 BSP 中性客票是以蓝底红色世界地图为封面，国内 BSP 中性客票是以白底红色中国地图为封面。目前，国内 BSP 客票都是二联客票，且已停止使用。

③ 电子客票，是除纸质客票以外的一种新兴的客票类型，是一种虚拟客票，可以通过电话或电脑网络完成。它实际上是一个电子文件，上面的数据来自于有效航空公司的数据库。

（2）根据乘机联数的不同分为一联客票、两联客票、四联客票。

（3）根据书写方式的不同分为手工客票和计算机自动打印票。

（4）根据时间的不同分为定期客票、不定期客票。

① 定期客票，是指由航空公司或代理人填开给旅客的列明航班、乘机日期、时间和订妥座位的客票。

② 不定期客票，是指由航空公司或代理人填开给旅客的未列明航班、乘机日期、时间和未订妥座位的客票。

（5）根据航程的不同分为单程客票、联程客票和来回程客票。

① 单程客票指列明一个航班从出发地至目的地的客票。

② 联程客票指列明有两个（含）以上航班的客票。

③ 来回程客票指从出发地至目的地，并按原航程返回原出发地的客票。

4）客票的使用要求

（1）客票为记名式，只限客票所列姓名的旅客本人使用，不得转让和涂改，否则客票作废，票款不退。

（2）旅客使用客票时，应交验有效客票，包括乘机航段的乘机联和全部未使用并保留在客票上的其他乘机联和旅客联，缺少上述任何一联，客票即为无效。旅客未能出示根据承运人规定填开的包含所乘航班的乘机联及其他所有未使用的乘机联和旅客联的有效客票，无权要求乘机。旅客出示残缺客票或非承运人或其销售代理人更改过的客票也无权要求乘机。

（3）客票的乘机联必须按照客票所列明的航程，从始发地点开始按顺序使用。如客票的第一张乘机联未被使用，而旅客在中途分程地点或约定的经停地点开始旅行，承运人不予接受。

（4）每一乘机联上必须列明舱位等级，并在航班上订妥座位和日期。对未订妥座位的乘机联，承运人应按旅客的申请，根据适用的票价和所申请航班的座位视情况为旅客预订座位。

（5）旅客应在客票有效期内，完成客票上列明的全部航程。

（6）客票上列明的旅客不是该客票的付款人时，应根据付款人要求在客票上的"签注"栏列明退票限制条件，如退票仅退给付款人或指定人等。

2. 客票的有效期及有效期的延长

（1）正常票价客票的有效期自旅行开始之日起一年内有效。如果客票全部未使用，则从填开客票之日起一年内有效。

（2）有效期的计算，从旅行开始之日或填开客票之日的次日零时起至有效期满之日的次日零时为止。

例如，2002 年 2 月 1 日为旅行开始之日或填开客票之日，客票有效期则从 2002 年

2月2日零时开始至2003年2月2日零时为止。

（3）变更后客票的有效期仍以变更前客票的有效期为准。

（4）特种客票的有效期，按照承运人规定的票价限制条件的有效期计算。

（5）客票有效期的延长：

① 如持具有一年有效期客票的旅客未能在有效期内完成旅行是因为承运人在订座时未能提供其申请的航班座位，应将客票的有效期延长至承运人能够按其所付票价适用的舱位等级提供座位为止，但不得超过客票失效之日起七日。

② 开始旅行的旅客因病未能在客票的有效期内完成旅行，可在提供医生证明的前提下为其延长客票的有效期。

二、售票业务

1. 一般规定

售票是旅客运输工作的第二道程序，是航空公司客运营销的主要工作和组织旅客运输的重要环节，其质量好坏直接关系到公司的经济效益和社会效益。因此，健全售票工作、正确填开客票、准确核收票款、妥善处理好疑难问题，是向旅客提供优质服务、满足旅客需求、提高经济效益的重要工作内容。售票工作的主要内容包括填开客票、收取票款、办理退票、办理客票遗失、客票换开、客票变更及客票签转等。

2. 旅客购票证件

（1）旅客购票须持本人有效居民身份证或有效护照或公安机关出具的其他有效身份证件。

（2）外国人、华侨、港澳同胞、台湾同胞、外籍华人购票，须出示有效护照、回乡证、台胞证、居留证或公安机关出具的其他有效身份证件。

（3）法定不予颁发或尚未领取居民身份证的人民解放军、人民武装警察官兵及其文职干部、离退休干部，可以使用军官证、警官证、士兵证、文职干部或离退休干部证明。

（4）16周岁以下的未成年人购票乘机，可使用学生证、户口簿。购买12周岁以下的儿童票凭户口簿，购买婴儿票应提供出生证。

3. 旅客购票单

1）一般规定

（1）旅客购票单是组织旅客运输的一种业务单据，是空运企业的销售人员或销售代理人订座、填开客票的凭据。

（2）旅客购买客票应填写购票单。旅客所填写的购票单在出票后，即成为客源统计及航空意外事故调查的重要资料。

（3）旅客应对所填写的旅客姓名、证件名称、证件号码、国籍、工作单位、住址、职务、购票单位、联系人或电话号码等内容的准确性负责。

（4）出票后的旅客购票单应按航班、日期装订，妥善保管，以备查验。

（5）售票部门对已出售客票的旅客购票单，自出票之日起6个月内可予销毁。

2）购票单的填写要求

（1）购票单的内容以粗线为界分为两部分，分别由旅客和售票员填写。

（2）各地售票处应填写若干张购票单样本陈设在适当场所，供旅客参考。

（3）旅客应按要求逐项填写。

（4）航程、航班、订座舱位、乘机日期相同的同行旅客可合填一张购票单。

三、运输凭证

1. 定义

运输凭证是指与从事民用航空运输活动相关的凭据，包括客票、行李票、航空货运单、逾重行李票、航空邮运结算单，以及退票、误机、变更收费单和旅费证等用于航空运输的纸质凭证。客票、行李票及航空货运单必须采用有效的防伪措施。

对航空运输票证票款进行管理（如印制、保管、发放、使用、审核、对账、保存等）是航空公司运输销售部门和财务部门重要的日常工作，也是衡量航空公司经营管理水平的主要依据。

2. 运输凭证的印制

公共航空运输企业及相关单位有权印制各自相关的运输凭证。运输凭证应由具有运输凭证印制资格的企业印制。没有运输凭证印制资格的单位和个人不得印制运输凭证。

航空公司的国内票证由航空公司自行负责设计，经民航局企业管理司审核后，由航空公司负责并监督印刷。航空公司的国际票证由航空公司自行负责设计，经民航局国际司审核后，由航空公司负责并监督印刷。

3. 运输凭证的收发、使用、传递、保管及监控

（1）公共航空运输企业及其涉及运输凭证收发的相关单位，应当依据各自职责建立运输凭证的收发登记制度。收发双方应当严格履行交接手续。

（2）任何单位和个人不得非法使用运输凭证。公共航空运输企业及相关单位在填制运输凭证的过程中，应当按照运输凭证的号码顺序填写，不得跳号、漏号、改号。擅自涂改和转让的运输凭证无效。

（3）作废的运输凭证应当在其凭证的右上角打孔，或在凭证的各联注明"作废"。

（4）公共航空运输企业及其涉及运输凭证收发的相关单位应当建立运输凭证的保管制度来保证运输凭证的存储安全。售后票据应按票证顺序号、销售日期整理成册，并设专用库房保存。运输凭证的保存期应当按照国家的有关规定执行。保存期满的，依照相关规定由专人监销。各级发放票证的登记簿保管期为3年；乘机联、出票人联、会计联、销售日报、作废票、退票、退款单证的保管期为5年。

（5）公共航空运输企业及相关单位应当负责管理各自掌管的运输凭证，并对其收发、使用、传递、保管及监控等情况进行定期或不定期检查。

四、OPEN 客票的使用

OPEN 客票就是我们通常所说的不定期客票，不可以直接使用，需要转换为定期客票以后，即确定了航班、日期、时间等以后才可以使用。

五、销售代理人

1. 相关定义

1）销售代理活动

销售代理活动是指具有资格认可证书的销售代理企业在航空运输企业委托的销售业务范围内，以自己名义从事的航空旅客运输和货物运输销售代理的经营活动。

2）销售代理企业

销售代理企业是指取得中国航空运输协会所颁发的"中国民用航空运输销售代理业务资格认可证书"，接受航空运输企业委托，依照双方签订的委托销售代理合同，在委托的业务范围内从事销售代理活动的企业法人。

3）中国航空运输协会

中国航空运输协会（China Air Transport Association，CATA），简称中国航协，是中国民航成立的第一家行业自律组织。依据民航总局党委《关于民航协会改革指导意见》自2004年8月开始筹备，于2005年9月9日成立。

2. 航空运输销售代理业务的分类

1）一类航空运输销售代理业务

经营国际航线或者中国香港、中国澳门、中国台湾航线的民用航空旅客运输和货物运输的销售代理业务。

2）二类航空运输销售代理业务

经营国内航线除中国香港、中国澳门、中国台湾航线外的民用航空旅客运输和货物运输的销售代理业务。

3. 销售代理资格条件

（1）申请销售代理资格的企业，应当依法取得经工商行政管理机关注册登记的企业法人营业执照。

（2）申请资格认可证书的企业，注册资本应当符合下列要求：

① 从事一类航空运输销售代理业务的，其实缴的注册资本应不少于人民币150万元；

② 从事二类航空运输销售代理业务的，其实缴的注册资本应不少于人民币50万元。

（3）至少有3名取得航空运输销售代理人员相应业务合格证书的从业人员。

（4）有固定的独立营业场所。

（5）有电信设备和其他必要的营业设施。

（6）中国航协规定的其他必要条件。

（7）销售代理企业每申请增设一个分支机构，必须增加注册资本人民币50万元和至少3名合格的航空运输销售代理人员及本办法要求的其他条件。

六、网站电子客票

根据民航资源网问卷调查显示，现在旅客购买电子客票的手段主要有如下几种：航空公司网站、提供电子客票的网站（如携程、E龙）、传统机票代理商和比价网站等。调查结果显示通过这四种渠道购买电子客票旅客的比例分别为：航空公司网站占25.73%；提供电子客票的网站占19.41%；传统机票代理商占43.34%；比价网站占11.51%。该结果表明大多数旅客仍然通过传统机票代理商购买电子客票。

以上这几种渠道各有利弊，下面将做以下介绍。

航空公司网站有时可能提供非常便宜的促销机票，并且购买的机票安全有保障，但由于航空公司网站上只能提供属于自己航空公司的航班，故航班数量比较少并且网址也不便于记忆。因此，除非是某航空公司的铁杆旅客，否则一般不会直接到航空公司网站购买机票。

提供电子客票的网站，如携程、E龙等，除了可以提供电子客票，还可以提供比较完善的酒店服务和商旅服务，所以比较受商务旅客欢迎。但是，电子客票往往折扣固定。另外，因为访问量巨大，所以在查询机票实时折扣信息时，往往存在因数据处理问题造成的折扣不准的现象。

根据民航业内权威民航资源网连续7年对旅客购票方式的调查发现，传统机票代理商仍然是电子客票的销售主力，对于不熟悉网络的旅客来说，这些代理商可以帮助他们完成购票流程，同时代理商的操作较为灵活，依靠自身的一些关系可以帮旅客申请到更低的折扣。当然，由于目前我国机票代理行业还不规范，存在大量的黑代，所以旅客的交易也存在一定的风险，但随着互联网支付模式的日益成熟，这个问题会逐步得到解决。

比价网站是从海外引入的一种新兴的互联网商业模式，引入该网站的原意是通过搜索大量网站的机票报价，并通过系统分析出机票的比价提供给查询者。但是，由于中国现在的电子客票都是明折明扣，并且各个提供实时机票查询接口的网站使用的都是中国航信的平台，因此从该网站查询出来的机票价格完全一样，没有任何参考价值。

因此，旅客选择什么样的电子客票购买方式应该从便捷、价格、安全、习惯、服务等多方面考虑，最终选择一种适合自己的方式。

第三节　国内旅客运输保障流程

一、国内航班旅客行李规定

行李指旅客在旅行中为了穿着的舒适或使用的方便等而携带的物品。行李包括旅客的托运行李和自理行李。

托运行李指旅客交由承运人负责照管和运输，并填开行李票的行李。自理行李指经承运人同意在旅行途中由旅客带入客舱自行负责照管的行李。

1. 行李重量及体积规定

托运行李每件重量不能超过50千克，体积不能超过40厘米×60厘米×100厘米。超过上述规定的行李，应事先征得航空公司的同意才能托运。

自理行李每位旅客只限一件，其重量不能超过10千克，体积不能超过20厘米×40厘米×55厘米，应能置于旅客的前排座位之下或封闭式行李架内。自理行李和托运行李合并计重，超出免费行李额的部分须交逾重行李费。

免费随身携带物品指经承运人同意由旅客自行携带乘机的零星小件物品。

免费随身携带物品的重量，每位旅客以5千克为限。持头等舱客票的旅客，每人可免费随身携带两件物品；持公务舱或经济舱客票的旅客，每人只能免费随身携带一件物品。每件免费随身携带物品的体积不得超过20厘米×40厘米×55厘米。超过上述重量、件数或体积限制的物品，应作为托运行李托运。

2. 托运行李包装规定

托运行李必须包装完整、锁扣完好、捆扎牢固、能承受一定的压力、能在正常的操作条件下安全装卸和运输，并应符合下列条件：

（1）旅行箱、旅行袋和手提包等必须加锁；

（2）两件以上的行李，不能捆为一件；

（3）行李上不能附插其他物品；

（4）竹篮、网兜、草绳、草袋等不能作为行李的外包装物；

（5）行李包装内不能用锯末、谷壳、草屑等作为衬垫物；行李上应写明旅客的姓名、详细地址、电话号码。

3．不得作为行李运输的物品

下列物品不得作为行李或夹入行李内托运，也不得作为自理行李和免费随身携带物品带入客舱运输：

（1）危险品；

（2）具有麻醉、令人不快或其他类似的物品；

（3）容易污损飞机的物品；

（4）承运人规定不得作为行李运输的其他危险物品；

（5）枪支，含各种类型的仿真玩具枪、枪型打火机及其他各种带有攻击性的武器，但体育运动用器械除外；

（6）军械、警械；

（7）管制刀具；

（8）活体动物（导盲犬和助听犬除外）；

（9）国家规定的其他禁运物品。

4．不得作为托运行李运输的物品

重要文件和资料、证券、货币、汇票、珠宝、贵重金属及其制品、银制品、贵重物品、古玩字画、易碎和易损坏物品、易腐物品、样品、旅行证件及其他需要专人照管的物品不得作为托运行李或夹入行李内托运。在符合承运人关于行李重量、体积限制的情况下，自理行李或免费随身携带物品由旅客带入客舱并自行保管。

5．限制运输的物品

下列物品只有在符合承运人运输条件的情况下，并经承运人同意，方可接受运输：

（1）精密仪器、电器等物品应作为货物托运，若按托运行李运输，则必须有符合承运人要求及该类物品应有之妥善包装，并且此类物品的重量不得计算在免费行李额内，应按逾重行李费收取运费；

（2）体育运动用器械，如体育运动用枪支和弹药，必须出具枪支运输许可证或者国家体育行政部门的许可证明并作为托运行李运输；

（3）本节第3条中规定的导盲犬和助听犬；

（4）外交信袋、机要文件；

（5）旅客旅行途中使用的折叠轮椅或电动轮椅；

（6）管制刀具以外的利器、钝器，如菜刀、水果刀、餐刀、工艺品刀、手术刀、剪刀、镰刀、演出用刀、剑、矛、古董或者作为旅游纪念品的刀、剑及钢锉、斧子、短棍、锤子等不能随身携带，应放入托运行李内运输；

（7）干冰、液态物品（包括酒类物品及含有酒精的饮料等）、旅客旅行途中所需的烟具、药品、化妆品等。液态物品的容积、容量应符合政府当局、承运人及有关承运

人、机场的限制要求，酒类物品或含有酒精的饮料不得随身携带，必须作为托运行李运输。

二、免费行李额及逾重行李费

1. 免费行李额

（1）每位旅客的免费行李额（包括托运和自理行李）由客票的种类决定。持成人或儿童客票的头等舱旅客为40千克，公务舱旅客为30千克，经济舱旅客为20千克。持婴儿票的旅客，无免费行李额。

（2）搭乘同一航班前往同一目的地的两个（含）以上的同行旅客，如在同一时间、同一地点办理行李托运手续，其免费行李额可以按照各自的客票价等级标准合并计算。

（3）旅客非自愿改变舱位等级，应按原舱位等级享受免费行李额。

（4）构成国际运输的国内航段，每位旅客的免费行李额按适用的国际航线免费行李额计算。担架旅客的免费行李额为60千克。

（5）残疾人乘坐民航班机，对其必须携带的辅助器具（折叠轮椅、手杖、假肢等），依照旅客购买座位的数量在规定的限额内给予免费运输。

2. 逾重行李及逾重行李费

（1）旅客的托运行李和自理行李，超过该旅客免费行李额的部分，称为逾重行李，应当支付逾重行李费。

（2）收取逾重行李费，应填开逾重行李票。

（3）逾重行李费率以每千克按逾重行李票填开当日所适用的单程直达经济舱普通票价的1.5%计算，以人民币为单位。收费总金额以元为单位，尾数四舍五入。

第二篇 民航国内旅客运输实务

第三章 电子客票

（1）会使用 CRS 订座系统为旅客查询信息。

（2）会使用 CRS 订座系统为旅客预订座位。

（3）会使用 CRS 订座系统为旅客出票。

刘女士为家人购买了三张北京至成都的机票，准备回老家过年，但到家后发现机票不见了。与购票处联系后被告知需以书面形式向购票处申请挂失，如果航空公司核实该机票未被冒用或冒退，则可以补发原行程的新客票，但补发客票不得办理退票。

第一节 电子客票简介

一、电子客票

1. 电子客票定义

电子客票（Electronic Ticket，ET）是普通纸质客票的电子形式。电子客票将票面信息存储在订座系统中，可以像纸票一样执行出票、作废、退票、变更、签转等操作。目前，它作为世界上最先进的客票形式，依托现代信息技术，实现了订票、结账和办理乘机手续等全过程的无纸化、电子化，给旅客带来了诸多便利，并为航空公司降低了成本，减少了造纸树木的砍伐。

2. 电子客票发展史

1993 年，美国 Valuet 航空公司首先推出电子客票。

1999 年 5 月，美国联合航空公司电子客票的使用量首次超过纸质机票的使用量，达到 51%。

2000 年 3 月 28 日，中国南方航空股份有限公司成功推出了中国国内首张 B2C 模式的电子客票。

2004 年，中国国际航空股份有限公司、中国南方航空股份有限公司、中国东方航空股份有限公司三大航空公司均有了自己的电子客票系统（2005 年 1 月，中国国际航空股份有限公司、中国东方航空股份有限公司正式加入 BSP 电子客票系统；10 月 31 日，中国南方航空股份有限公司也加入了 BSP 电子客票系统）。

2004 年 9 月 1 日，中国海南航空股份有限公司开始使用中国第一张 BSP 电子客票。

2004 年 9 月，中国东方航空股份有限公司推出首张 B2C 电子客票（个人电子客票）。

2006 年 6 月，电子客票行程单作为全国统一报销凭证，正式启用。

2006 年 10 月，中国国际航空股份有限公司停止发售纸质票，全面推进电子客票。

2007 年年底，基本实现 BSP 电子客票 100% 使用的目标。

二、电子客票的优势

1. 节省送票取票时间

电子客票可以通过网站、电话、航空公司进行预订。在网上银行付款后，携带证件去机场的柜台直接办理登机手续就可以乘机。

而纸质客票在电话或者网上下订单后，需要等待送票或者自己上门取票、付款，再带机票去机场办理登机手续。

2. 电子客票不会丢失

电子客票由于不存在实体，乘客只需要记住自己的行程即可。一些航空公司和机票代理网站为避免乘客忘记，在每次订票结束后都会通过手机短信息或电子邮件的方式向客人准确告知。只要乘客记住航班号和起飞时间，带着证件就能办理登机手续，也就不存在客票遗失的问题了。

3. 订票不受空间、时间限制

订购纸票需要等待送票，并且只能在固定的地点买票，对于无法送机票的偏远地区，购票、取票都比较麻烦，而电子客票却能避免这样的问题。

4. 节约成本

一张纸质机票包括印刷费、代理费等，成本为 20 元左右，而电子客票的成本不过 5 元，即每张票可节省 15 元左右。另外，电子客票可为航空公司节省大量人力和财务成本，并且资金回笼速度大大加快。这些优势对航空企业来说节约了不少的费用。

5. 低碳环保

一张纸质客票包括四联，而电子客票只需要打印一页供报销用的《电子客票行程单》即可，因此节约了纸张，进而减少了树木的砍伐。

三、电子客票行程单

《航空运输电子客票行程单》（以下简称《行程单》）由国家税务总局监制并按照《中华人民共和国发票管理办法》纳入税务机关的发票管理中，是旅客购买国内航空运输电子客票的付款及报销凭证。

《行程单》采用一人一票制，不作为机场办理登机手续和安全检查的必要凭证来使用。如图 3-1 所示为一张电子客票行程单。

航空运输电子客票行程单 ITINERARY/RECEIPT OF E-TICKET FOR　AIR TRANSPORT
印刷序号：SERIAL NUMBER：11129266153

旅客姓名 NAME OF PASSENGER			有效身份证件号码 ID. NO.				签注 ENDORSEMENTS/RESTRICTIONS（CARBON）			
	承运人 CARRIER	航班号 FLIGHT	座位等级 CLASS	日期 DATE	时间 TIME	客票级别/ 客票类别 FARE BASIS	客票生效 日期 NOT VALID BEFORE	有效截止 日期 NOT VALID AFTER	免费 行李 ALLOW
自 FROM									
至 TO									
至 TO									
至 TO									
至 TO	票价 FARE	民航发展基金 CAAC DEVELOPMENT FUND		燃油附加费 FULE SURCHARGE		其他税费 OTHER TAXES		合计 TOTAL	
电子客票号码 E-TICKET NO.		验证码 CK.		提示信息 INFORMATION				保险费 INSURANCE	
销售单位代号 AGENT CODE			填开单位 ISSUED BY			填开日期 DATE OF ISSUE			

图 3-1　电子客票行程单

思考与讨论

电子客票在使用过程中有什么缺点？如何解决？

第二节　电子客票操作

一、电子客票出票

电子客票的销售包括两个步骤：订座和出票。

1. 订座

旅客王军先生想通过电话购买一张 12 月 10 日从北京前往上海的机票。售票员首先查询 12 月 10 日北京—上海的航班信息。

> AV：PEKSHA/10DEC

```
AVPEKSHA10DEC
 10DEC(FRI) PEKSHA
1 -   CA1501   PEKSHA 0840   1035   777 0 M     DS# CA YA BA KS MA
2     MU583    PEKSHA 1140   1340   M11 0^M     DS# FS CA YA EQ VA
3     CA983    PEKSHA 1310   1455   74E 0 M     DS# FS PS CS JS YS SS HS
   KS MS TS *
4     MU5102   PEKSHA 1320   1535   M11 0 M     DS# CA YA EQ VA QA ZS
5 +   CA991    PEKSHA 1340   1540   74M 0 M     DS# FS CS YS SS HS KS
   MS TS GS XS *
 * *   SHA - HONGQIAO AIRPORT PVG - PUDONG AIRPORT
```

　　然后选择合适的航班、舱位、座位数。
　　＞SD：1Y/1

```
1. CA1501 Y FR10DEC PEKSHA DK1   0840      1035         777 S 0
2. BJS123
```

　　输入旅客姓名、联系电话、身份证号。
　　＞NM：1 王军
　　OSI CA CTCT66017755
　　SSR：FOID CA HK/NI460201198512010033/P1

```
1. 王军
2. CA1501   Y   FR10DEC   PEKSHA   DK1   0840   1035        777 S 0
3. OSI CA CTCT66017755
4. SSR   FOID   CZ   HK1   NI460201198512010033/P1
5. BJS123
```

　　输入出票时限。
　　＞TK：TL/1200/7DEC/BJS123

```
1. 王军
2. CA1501  Y  FR10DEC PEKSHA DK1   0840      1035         777 S 0
3. BJS/T PEK/T 010 - 63406973/SHIPU TRAVE AGENCY/LIU DE PU ABCDEFG
4. OSI CA CTCT66017755
5. TL/1200/07DEC/BJS123
6. BJS123
```

　　2. 出票
　　自动计算票价。
　　＞PAT：A

```
01  Y  FARE:CNY1700.00  TAX:CNY50.00  YQ:CNY40.00
TOTAL:1790.00  PEK  CA  SHA  1700.00Y  CNY1700.00END
```

输入票价后显示：

```
1. 王军
2. CA1501 Y FR10DEC PEKSHA DK1  0840       1035         777 S 0
3. BJS/T PEK/T 010 – 63406973/SHIPU TRAVE AGENCY/LIU DE PU ABCDEFG
4. OSI CA CTCT66017755
5. RMK  AUTOMATIC  FARE  QUOTE
6. FN/A/FCNY1700.00/SCNY1700.00/C0.00/XCNY90.00/TCNY50.00CN/TCNY40.00YQ/ACNY1790.00
7. TL/1200/07DEC/BJS123
8. BJS123
```

旅客通过电话银行支付票款后，通过虚拟打印机来实现出票。

> ETDZ：4

```
CNY1790.00  R6D03
ET  PROSESSING...  PLEASE  WAIT
ELECTRONIC  TICKET  ISSUSED
```

完成出票。

二、电子客票票面提取方法

提取电子客票记录使用 DETR 指令。在提取电子客票记录时，如果满足 DETR 指令客票记录超过一条，将列出所有有效的电子客票记录。如果只有一条符合条件的电子客票记录，系统则显示这张电子客票的票面信息。

指令格式及其说明如表 3 – 1 所示。

表 3 – 1 指令格式及其说明

编号	指令格式	指令说明
1	DETR：TN/票号	按照票号提取电子客票记录
2	DETR：NI/身份证号	按照旅客的身份识别号码（身份证号）提取电子客票记录
3	DETR：NM/旅客姓名	按照旅客姓名提取电子客票记录
4	DETR：CN/ICS 订座记录编号	按照航空公司系统订座记录编号（ICS PNR）提取电子客票记录（目前不支持代理人系统的订座记录编号）
5	DETR：CN/ICS 订座记录编号，C	按照航空公司系统订座记录编号（ICS PNR）提取该 PNR 对应的全部电子客票记录（是指令"DETR：CN/ICS 订座记录编号"的补充）
6	DETR：TN/票号，F	提取电子客票旅客的身份识别号码

举例：

> DETR：TN/880 – 5440202032

```
> DETR:TN/880 – 5440202032
ISSUED BY：HAINAN AIRLINES              ORG/DST：SIA/HAK        ISI：SITI BSP – D
TOUR CODE：
PASSENGER：测试人
EXCH：                           CONJ TKT：
O FM:1XIY HU      3068    Y 18OCT 2100 OK Y                  20K OPEN FOR USE
         RL:BQH5E      /R6D03 1E
   TO：HAK
FARE：           CNY 1730.00 I FOP：
TAX：            CNY 50.00CN I OI：
TAX：            CNY 120.00YQ
TOTAL：          CNY 1900.00 I TKTN：880 – 5440202032
```

说明：按照票号提取电子客票记录。

举例：

　> DETR：CN/BQH5E

```
> DETR:CN/BQH5E
ISSUED BY：HAINAN AIRLINES              ORG/DST：SIA/HAK        ISI：SITI BSP – D
TOUR CODE：
PASSENGER：测试人
EXCH：                           CONJ TKT：
O FM:1XIY HU      3068     Y 18OCT 2100 OK Y                 20K OPEN FOR USE
          RL:BQH5E      /R6D03 1E
   TO：HAK
FARE：           CNY 1730.00 I FOP：
TAX：            CNY 50.00CN I OI：
TAX：            CNY 120.00YQ
TOTAL：          CNY 1900.00 I TKTN：880 – 5440202032
```

说明：按照订座记录编号（ICS – PNR）提取电子客票记录。

举例：

　> DETR：CN/BQH66

```
> DETR:CN/BQH66
> DETR:TN/880 – 5440202043          NAME:旅客
   FOID:43                             HU7182 /18OCT04/PEKHAK OPEN
   FOID:43                             HU7181 /19OCT04/HAKPEK OPEN
+ DETR:TN/880 – 5440202042          NAME:测试人
   FOID:42                             HU7182 /18OCT04/PEKHAK OPEN
   FOID:42                             HU7181 /19OCT04/HAKPEK OPEN
END OF SELECTION LIST
```

说明：按照订座记录编号（ICS – PNR）提取电子客票记录，得到多条客票记录。

举例：

> DETR：CN/DBH33

```
> DETR：CN/DBH33
TOO   MANY   TICKET ENTRY
```

说明：按照订座记录编号（ICS - PNR）提取电子客票记录时，由于该 PNR 含有较多旅客，所以系统会出现"TOO MANY TICKET ENTRY"的提示。此时可以采用以下两种办法处理：

（1）利用指令"DETR：CN/ICS 订座记录编号，C "来提取该 PNR 对应的全部电子客票记录；

（2）提出代理人系统订座记录编号（CRS PNR）得到票号，通过票号分别提取电子客票记录。

举例：

> DETR：CN/DBH33，C

```
> DETR：CN/DBH33，C
+ DETR：TN/880 - 2217357154            NAME：测一
    FOID：NI460100197810180001              HU7268 /18DEC04/XIYHAK OPEN
    FOID：NI460100197810180001              HU7267 /20DEC04/HAKXIY OPEN
+ DETR：TN/880 - 2217357155            NAME：婴儿（MAR03）
    FOID：NI460100197810180001              HU7268 /18DEC04/XIYHAK OPEN
    FOID：NI460100197810180001              HU7267 /20DEC04/HAKXIY OPEN
+ DETR：TN/880 - 2217357156            NAME：测二
    FOID：NI460100197810180002              HU7268 /18DEC04/XIYHAK OPEN
    FOID：NI460100197810180002              HU7267 /20DEC04/HAKXIY OPEN
+ DETR：TN/880 - 2217357157            NAME：测三
    FOID：NI460100197810180003              HU7268 /18DEC04/XIYHAK OPEN
```

说明：利用指令"DETR：CN/ICS 订座记录编号，C"可以提取该 PNR 对应的全部电子客票记录。

举例：

> DETR：NI/110101700101001

```
> DETR：NI/110101700101001
ISSUED BY：HAINAN AIRLINES            ORG/DST：SIA/HAK      ISI：SITI
TOUR CODE：
PASSENGER：测试人
EXCH：                          CONJ TKT：
O FM：1XIY HU    3068    Y 18OCT 2100 OK Y                20K OPEN FOR USE
        RL：BQH5E     /R6D03 1E
  TO：HAK
FARE：          CNY 1730. 00|FOP：
TAX：           CNY 50. 00CN|OI：
TAX：           CNY 120. 00YQ
TOTAL：         CNY 1900. 00|TKTN：880 - 5440202032
```

说明：按照旅客的身份识别号码（身份证号）可以提取电子客票记录。

三、电子客票状态说明

电子客票状态的说明如图 3 - 2 所示。

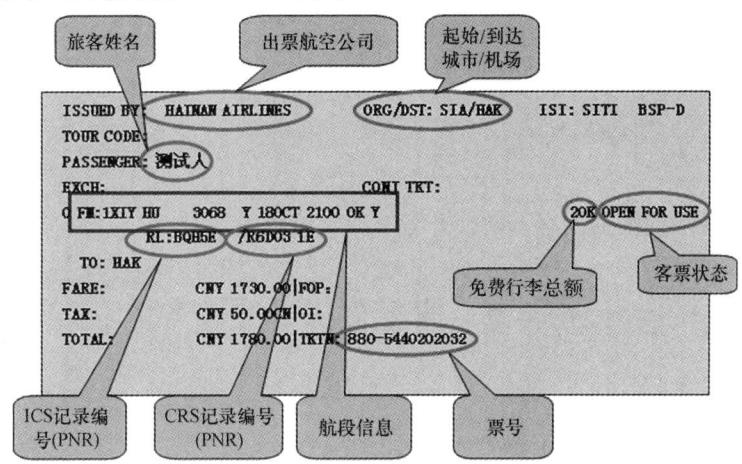

图 3 - 2 电子客票状态说明图示

ET 标识（右上角）：

BSP - D 航协电子客票——国内

BSP - I 航协电子客票——国际

ARL - D 航空公司电子客票——国内

ARL - I 航空公司电子客票——国际

客票状态及其说明如表 3 - 2 所示。

表 3 - 2 客票状态及其说明

编号	客 票 状 态	说 明
1	OPEN FOR USE	客票有效
2	VOID	已作废
3	REFUND	已退票
4	CHECK IN	已办理值机
5	USED/FLOWN	客票已使用
6	SUSPENDED	挂起状态，客票不能使用
7	LIFT　BOARDED	航班离港
8	EXCHANGED	客票换开

四、电子客票的换开与升舱

机场候补柜台或双方营业部处理旅客升降舱时需换开原电子客票。换开后，客票销售数据中会带有原客票票号及附加收费信息。

指令格式：

> OI：票号 #coupon

说明：输入原电子客票票号和票联号。

注意：在使用 OI 指令进行换开操作时，需删除原 PNR 中打票项 T、ssr tkne 项，重新确定新的航段并重新输入 fn、fc 项，然后使用 ETDZ 指令出新订舱位的电子客票。出票成功后，原来的电子客票票号状态变成"EXCHANGED"（先做 OI 指令再做 ETDZ 指令）。

思考与讨论

请你和你的搭档模拟旅客升舱换开客票的全过程。

第三节 电子客票指令介绍

一、常用指令介绍

1. 显示本台终端信息（DA）

DA 指令用于查看是否输入营业员工作号，以及本台终端的 PID 终端号。

指令格式：

> DA：

举例： 查看本台的终端信息。

> DA：

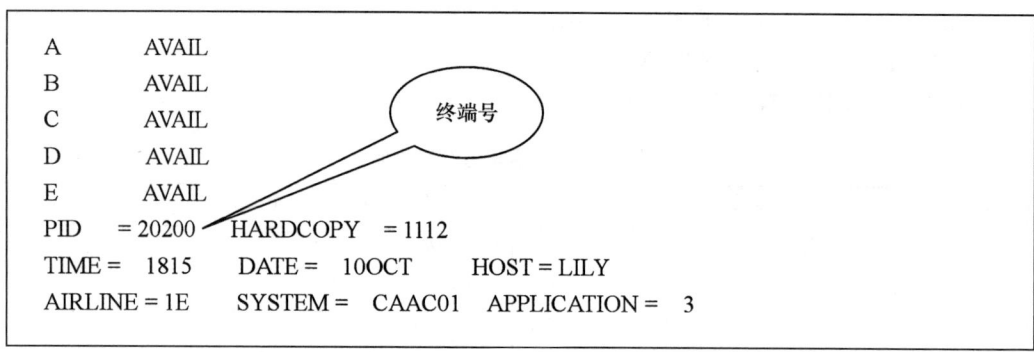

说明：

（1）用户在日常工作中，应明确在"DA"中，"PID"是一项重要的参数。当终端不能工作时，维护人员经常要用到终端的"PID"；

（2）A、B、C、D、E 表示工作区，之后的"AVAIL"表示该工作区是可用的；

（3）DA 中的其他内容，营业员可以忽略。

2. 输入营业员工作号（SI）

指令格式：

> SI：工作号／密码／级别

说明：

（1）每个工作人员都应该有自己的工作号，只有输入工作号才可以正常工作；

（2）所有工作人员的工作级别都是 41；

（3）工作号只能在本部门的终端上使用。

举例： 工作号为 11111，密码为 1234A，级别为 41 的工作人员准备进入系统：

> SI：11111/1234A/41

若正常进入，则系统显示注册公告信息，如下：

```
BJS999   SIGNED IN A
* * * * * * * * * * * * * * 通       知 * * * * * * * * * * * * *
 为保证旅客订座记录的准确性,请不要在同一个订座记录
 中(PNR)输入相同的旅客姓名(包含拼音相同的姓名),
 否则会使旅客在离港时发生数据差错,影响旅客的行程
* * * * * * * * * * * * * * * * * * * * * * * * * * * * * * *
 为了保证旅客订座记录的准确性,请正确输入旅客的身份证信息,
 正确格式请见 HELP SSR。随意输入身份证信息(如 NI. 或 NI111 等)
 会导致订座记录不能正常修改,影响旅客的行程
* * * * * * * * * * * * * * * * * * * * * * * * * * * * * * *
*关于东航新增航线的通告                      GI：MU/TZ193
*西部航空新增重庆＝长沙＝厦门航班的通知        GI：PN/TZ09
```

> DA

进入后，DA 显示终端 20200 的状态如下：

```
A *      11111    26JUN    1534    41   BJS999
B        AVAIL
C        AVAIL
D        AVAIL
E        AVAIL
PID  = 20200   HARDCOPY  = 1016
TIME =  1606   DATE =   26JUN      HOST = LILY
AIRLINE = 1E SYSTEM = CAAC01 APPLICATION = 3
```

从系统显示可以看出，BJS999 这个部门的工作号 11111 已于 6 月 26 日下午 3 点 34 分进入系统工作。

3. 退出系统（SO）

当工作人员结束正常工作时，必须将工作号退出系统，以防被人盗用。这项工作可用 SO 指令完成。

指令格式：

> SO

举例： 接上例，将工作号 11111 退出系统。

> SO：

若正常，则系统显示：

```
BJS999 11111 SIGNED OUT A
```

表示 BJS999 工作号 11111 从 A 工作区退出（SIGNED OUT），这时再看终端 20200 状态：

> DA：

```
A          AVAIL
B          AVAIL
C          AVAIL
D          AVAIL
E          AVAIL
PID = 20200   HARDCOPY   = 1016
TIME =    1803   DATE =   26JUN   HOST = LILY
AIRLINE = 1E   SYSTEM = CAAC01   APPLICATION = 3
```

说明：

（1）工作号 11111 已从 A 工作区中退出。

（2）有时在退出时，系统显示其他内容，而不让退出，这表明该工作号在退出时，有其他尚未完成的工作（见出错信息提示）：

PENDING　　表示有未完成的旅客订座 PNR，在退号前必须完成或放弃它。

TICKET PRINTER IN USE　　　表示未退出打票机的控制，退出后即可。

QUE PENDING　　　表示未处理完信箱中的 QUEUE、QDE 或 QNE。

PROFILE PENDING　　　表示未处理完旅客的订座，PSS：ALL 处理。

4. 座位可利用情况显示（AV）

AV 指令用于查询航班座位可利用情况及其相关航班信息，如航班号、舱位、起飞到达时间、经停点等，是一个非常重要的指令。

指令格式：

> AV：选择项/城市对/日期/起飞时间/航空公司代码/经停标识/座位等级

格式说明：

（1）选择项有以下几种：

　　　　　　　　P　　显示结果按照起飞时间先后顺序排列；

　　　　　　　　A　　显示结果按照到达时间先后顺序排列；

　　　　　　　　E　　显示结果按照飞行时间由短到长排列。

不选，则默认为 P。

（2）城市对为必选项，其余为可选项。

举例：指定日期的航班信息查询。查询 5 月 20 日北京到广州的航班座位可利用情况。

> AV：PEKCAN/20MAY

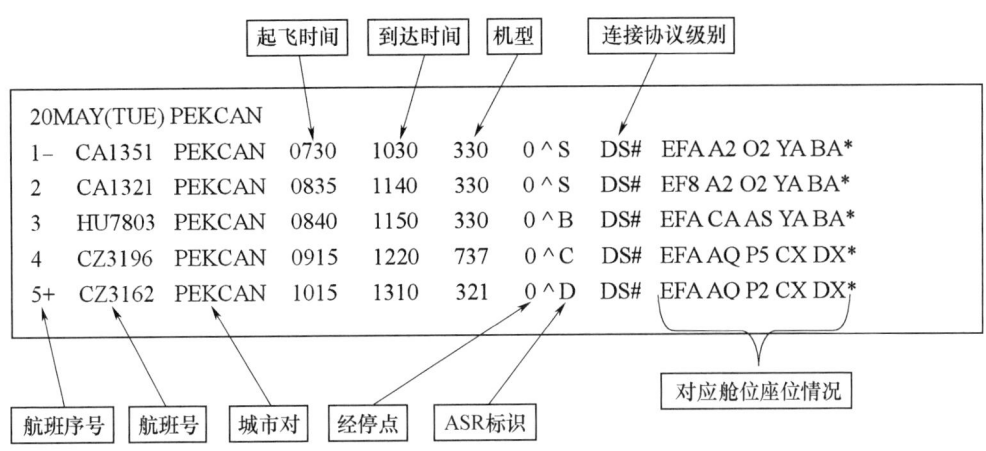

说明：

（1）经停点 0 后的 ASR 标识"^"，表示该航班可以为旅客预订航班座位。

（2）显示中的 DS# 为该航空公司与 CRS 之间的协议级别，不同的协议级别获取座位的方式不同，DS# 是最高的协议级别；若显示 AS#，则表示该航班做过时间变更。

（3）对应等级的座位可利用情况代号，有以下几种情况代号：

A　可以提供 9 个以上座位；

1~9　可以提供 1~9 个座位，这种情况下系统显示具体的可利用座位数；

L　没有可利用座位，但旅客可以候补；

Q　永久申请状态，没有可利用座位，但可以申请（HN）；

S　因达到限制销售数而没有可利用座位，但可以候补；

C　该等级彻底关闭，不允许候补或申请；

X　该等级取消，不允许候补或申请；

Z　座位可利用情况不明，这种情况有可能在外航航班上出现。

（4）航班最后若有"＊"，表示还有其他子舱位未显示完全，若要继续查询，则可以使用以下指令：

　　＞AV：C/航班序号　　　或者　　　＞AV：MU513/10OCT

5. 航班经停点及起降时间的显示（FF）

FF 指令用于查询航班的经停城市、起降时间和机型。

指令格式：

＞FF：航班号／日期

举例：查询 9OCT 的 CA929 航班。

＞FF：CA929/9OCT

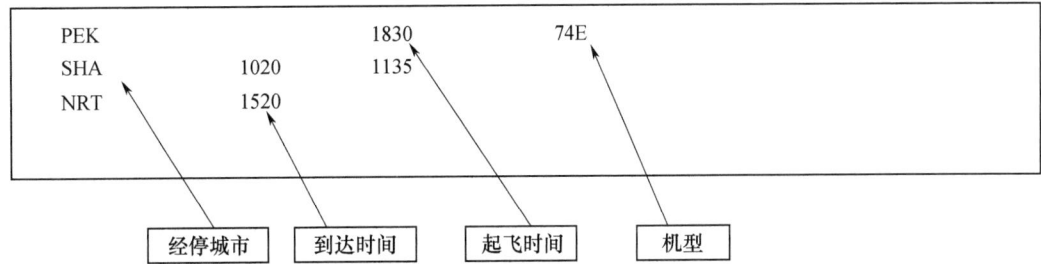

6. 国内票价查询（FD）

FD 指令可以查询国内航空公司在国内段的票价。

指令格式：

> FD：城市对／日期／航空公司代码

举例：查询从海口到北京海航当前的票价。

> FD：HAKPEK/. /HU

FD:HAKPEK/28OCT09/HU					/CNY /TPM 2493/		
01 HU/F100S	/	3380.00=	6760.00/F/F/	/	. /13SEP07	13SEP09	/F020
02 HU/C100S	/	2930.00=	5860.00/C/F/	/	. /13SEP07	13SEP09	/C020
03 HU/Y100S	/	2250.00=	4500.00/Y/Y/	/	. /13SEP07	13SEP09	/Y020
04 HU/Y90S	/	2030.00=	4060.00/B/Y/	/	. /13SEP07	13SEP09	/////
05 HU/Y85S	/	1910.00=	3820.00/H/Y/	/	. /13SEP07	13SEP09	/////
06 HU/Y80S	/	1800.00=	3600.00/K/Y/	/	. /13SEP07	13SEP09	/////
07 HU/Y75S	/	1690.00=	3380.00/L/Y/	/	. /13SEP07	13SEP09	/////
08 HU/Y70S	/	1580.00=	3160.00/M/Y/	/	. /13SEP07	13SEP09	/////
09 HU/Y60S	/	1350.00=	2700.00/Q/Y/	/	. /13SEP07	13SEP09	/////
10 HU/Y50S	/	1130.00=	2260.00/X/Y/	/	. /13SEP07	13SEP09	/////
11 HU/Y45S	/	1010.00=	2020.00/U/Y/	/	. /13SEP07	13SEP09	/////
12 HU/Y40	/	900.00=	1800.00/E/Y/	/	. /17JUN06	13SEP09	/////

票价类别	单程票价	往返票价	舱位代码	生效日期	终止日期	票价类别

说明：

众所周知，航班票价是一个动态的数据。不同时期，票价也会不同。查询当前的票价时，建议工作人员按照这种方式查询，即航段后加上日期及航空公司代码，这样会比较简单明了。

7. 姓名输入（NM）

指令格式：

> NM：该姓名的订座总数　旅客姓名　　（特殊旅客代码）

说明：

（1）姓名组由英文字母或汉字组成；

（2）若输入英文字母的姓名，则姓与名之间需用"／"分开（中文姓名无此限制），每个旅客姓名最多只能有 1 个斜线"／"；

（3）中国人名的国内票必须输入汉字，不可用汉语拼音代替；

（4）对于输入英文字母的姓名，姓不得少于两个字母；

（5）旅客名单按照姓氏的字母顺序排列（PNR 封口之后）；

（6）旅客姓名长度最大为 55 个字符；

（7）散客记录最大旅客数为 9 人，旅客数大于 9 人的记录为团体旅客记录。

举例：英文（拼音）姓名的输入（一般外籍旅客购票时使用）。

输入 REINHARD/HAETTI、STEFAN/PLETZER、ZHU/QI 的姓名。

＞NM：1REINHARD/HAETTI 1STEFAN/PLETZER 1 ZHU/QI

举例：相同姓氏旅客姓名的输入。

为 REINHARD/HAETTI、REINHARD/ PLETZER 建立姓名组。

＞NM：1REINHARD/HAETTI － 1REINHARD/ PLETZER

也可以这样输入：

＞NM：2REINHARD/HAETTI/ PLETZER

以上两种输入的结果是相同的。

说明：

（1）第二种输入方式中的"2"是指相同姓氏的旅客数。

（2）第二种输入方式只适用于英文字母的姓名，不适用于中文姓名。

（3）封口以后的姓名顺序会按照姓氏的字母排列，即 REINHARD/HAETTI 是 1 号，REINHARD/ PLETZER 是 2 号。

举例：中文姓名的输入。

输入赵宜明、钱海良、孙家浩的姓名。

＞NM：1 赵宜明 1 钱海良 1 孙家浩

说明：

（1）出国内票时，国内旅客要输入其中文姓名；

（2）出国际票时，必须输入英文字母；

（3）输入旅客姓名时，要保证姓名的准确，因为有一些航空公司禁止修改旅客姓名；

（4）提取旅客的中文姓名时，要输入汉语拼音。

8．建立航段组（SS、SD）

1）直接建立航段组（SS）

直接建立航段组是在工作人员知道待订航班的所有信息，如航班号、日期、航段、舱位、座位数及起飞时间的情况下建立起来的。间接建立则需要先将航班信息提取出来，再根据旅客的要求选择适合的班次。

指令格式：

＞SS：航班号 舱位 日期 航段 行动代码 订座数／起飞时间 到达时间

说明：

（1）使用 SS 指令直接建立航段组时，对于中国民航的航空公司的航班，代理人只能订取系统中实际存在的航班；

（2）对于外国航空公司的航班，代理人可以任意订取，即使该航班实际并不存在也可以建立，故用 SS 指令订取外国航空公司的航班时，工作人员应事先了解详细的航班情况；

（3）工作人员使用 SS 指令直接建立航段组时，一次最多可订取 5 个航班。

举例：申请订取 CA1301 航班，Y 舱，20OCT，北京到广州的 1 个座位。

＞SS：CA1301／Y／20OCT／PEKCAN/NN1／1450 1745

举例：候补 10 月 20 日北京到广州的 CA1301 航班 Y 舱 1 个座位。

> SS：CA1301／Y／20OCT／PEKCAN／LL1

其中，LL1 为候补 1 个座位。

2）间接建立航段组（SD）

间接建立航段组是利用指定日期航班座位的可利用情况建立航段组。

指令格式：

> SD：航线序号 舱位等级（行动代号）订座数

举例：航班可利用状态显示如下。

> AV：PEKCAN／+

```
30SEP（WED）PEKCAN
1 -   CA1321   PEKCAN 0900   1200   340 0 M   DS# FA   AS CA DS YA
                          BA HA KA LS MS QS TS GS XS WS VS
2     CZ3102   PEKCAN 1210   1500   777 0 M   DS# CA DS YA WA KA
                          HA MA GS QS VS BS ZS
3     XO9311   PEKCAN 1250   1555   TU5 0 M   AS# YL KL HL MQ
4 +   CZ346    PEKCAN 1435   1720   77B 0 M   DS# FS AS C6 D6 Y1
```

订取 CZ3102 航班 Y 舱 1 个座位：

> SD：3Y1

输入后显示如下：

```
1. WH2137   F    WE30SEP   PEKCAN   DK1   1030   1310   300   S   0
2. PEK099
```

说明：

SD 指令的输出内容与 SS 指令的执行结果是一样的。一个 SS 指令便可以建立航段组，而 SD 指令要经过两步操作，即 AV、SD 才可建立航段组。

9. 联系组（CT）

联系组的功能是记录各种联系信息，以方便查询代理人及旅客信息。

指令格式：

> CT：城市代码/自由格式文本 旅客标识

举例：旅客联系电话为 66017755 – 2509。

> CT：PEK/66017755 – 2509

10. 出票组（TK）

出票组的功能是注明旅客的出票情况，已出票的将给出票号，未出票的则写明具体出票的时限。到达出票时限，计算机系统向相应部门拍发电报，提示工作人员出票，否则会被航空公司取消。

在代理人系统 PNR 中，出票类型有以下两种：

1）未出票，即在 PNR 中输入出票时限

指令格式：

> TK：TL ／时间／日期／出票部门／旅客标识序号

举例： 为 PNR 中的旅客设置出票时限。

> TK：TL ／ 1200 ／ 8DEC ／ BJS123

表示旅客应在 12 月 8 日中午 12 点之前出票。

说明：

出票时限可以根据旅客情况而定，但通常要求旅客在航班起飞 3 天之前出票。

2）已出票，自动出票，自动产生票号项

11．身份证号的输入（NI）

指令格式：

> SSR：FOID 航空公司代码 HK/NI 身份证号／旅客标识

举例： 为旅客符亮输入身份证号。

> SSR：FOID CZ HK/NI460201198512010033/P1

> RT：

1. 符亮
2. CZ3119 Y　WE01JUL　HAKPEK HK1　0850 1205　757 L 0　R E － － T2
3. 13637340021
4. TL/1200/28JUN/HKK999
5. SSR FOID CZ HK1 NI460201198512010033/P1
6. HKK999

12．自动计算票价（PAT：A）

PAT：A 指令是为了简化代理人票价查询、计算的流程，减少出票过程中的人为操作失误，提高工作效率而设计开发的。

成人票自动计算：PAT：A。

儿童票自动计算：PAT：A＊CH。

婴儿票自动计算：PAT：A＊IN。

PAT：A 指令能自动搜索最优可适用运价，并自动生成 FC/FN/FP/EI/TC。

SFC：01 指令生成运价自动出票标识，并自动填写订座记录中的 FC/FN/FP/EI/TC。

二、Q 信箱处理

代理人的信箱处理主要是指工作人员如何通过提取信箱中的信件了解信件的实际信息，从而采取正确的行动。只有对信箱处理工作足够重视，才能搞好销售工作，并且信箱处理是日常工作中的必要环节。建议：每个单位都有专人负责处理信箱，做好工作人员与航空公司、旅客之间的协调工作。

信箱（OFFICE QUEUE）为代理人提供了工作人员与计算机系统及航空公司之间联系的手段。

每个部门都有各自独立的信箱。信箱中的信件（QUEUE）大多数是计算机系统根据信件（QUEUE）的内容和业务要求，自动送到相应部门的各类型信箱中的。也可以通过工作人员手动输入，传送到相应的部门信箱中。

图3-3为信箱处理的工作流程。

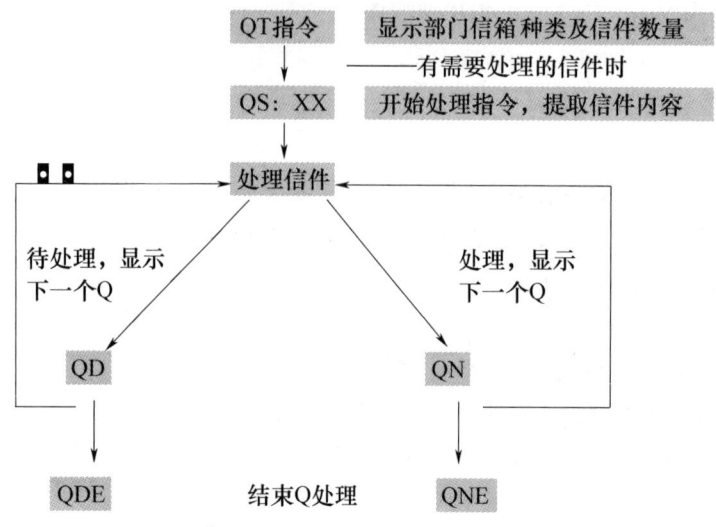

图3-3　信箱处理的工作流程

1. 显示信箱种类及信件数量指令（QT）

QT指令列出一个部门（OFFICE）有哪几类信箱，每类信箱的最大规定数量及未处理信件的数量。工作人员在处理信箱之前，通常会查看未处理信件的数量。

指令格式：

> QT：显示BJS166部门

举例：

> QT：

QT BJS166			
GQ 0023 0200	RP 0002 0200 P	KK 0015 0200	RE 0000 0200
SR 0001 0200	TC 0003 0200	TL 0005 0200	SC 0004 0200

说明：

（1）以KK为例，它规定的最大数量是200个，目前还有15个没有处理；

（2）当信件数量超过最大允许值时，信件的内容便会溢出到与之定义的打印机上。

2. 信箱开始处理指令（QS）

QS指令是进行信箱处理的第一步，是工作人员进入希望处理的一类信箱的序列，并显示第一个信件的内容。

指令格式：

> QS：信箱的种类

举例： 处理信箱中TL类信箱。

> QS：TL

以 BJS166 该部门的 TL 类信箱的显示为例。

```
    BJS166 TIM – LIM TKT      （0004）
0. 17XIMAN NM0 NT36Y
1. F65941 L   TU22SEP   PEKLHW US17   1040 1300
2. BJS/T BJS/T 010 – 66075322/PEK XIMAN AVIATION SERVICE
   CENTRE/ZHANG XI MAN ABCDEFG
3. TL/1200/17SEP98/BJS166
4. RMK CA/K6Y78
5. BJS166
```

说明：

（1）输出内容的第一行中，括号里显示的是未处理信件的数量。由于当前已经提取了一个信件，因此这里显示的数量比 QT 指令显示的数量少 1；

（2）开始处理信件时，通常会将要处理的 PNR 显示在屏幕上。但有时也会显示 NO PNR，这是因为处理不及时，旅客的订座记录已过期，系统已将过期记录清除。在这种情况下，工作人员需执行 QN 指令，及时将其从系统中释放。

3. 信件延迟处理指令（QD）

QD 指令是将显示出来的信件不做任何处理再放回系统，以待以后处理，或由其他人员处理。被送回的信件会排在此类信件的最后一个。

指令格式：

> QD：

举例：延迟处理所显示的信件。

> QD：

说明：

（1）执行 QD 指令后，该项内容被保留在信箱中；

（2）该项内容会放在末尾以待处理；

（3）执行 QD 指令后，下一个信件的内容显示在屏幕上，且未处理的信件的数量不变；

（4）若输出内容为 NO PNR，这是因为处理不及时，旅客的订座记录已过期，系统已将过期记录清除，在这种情况下，工作人员需执行 QN 指令，及时将其从系统中释放；

（5）若该部门的信箱为空（没有下一个信件可显示），则此时的输出信息为 Q EMPTY，指令这时可以使用 QDE 指令结束当前信箱的处理。

举例：延迟处理所显示的信件，并终止此次处理信箱的工作。

> QDE

4. 信箱释放指令（QN）

指令格式：

> QN：

QN 指令可将所提的信件内容释放，让下一封信件显示出来。

说明：

（1）执行 QN 指令后，信件内容从信箱中清除，且无法再找回来；

（2）每执行一次 QN 指令，未处理的信件数量便会减少一个；

（3）若输出内容为 NO PNR，这是因为处理不及时，旅客的订座记录已过期，系统已将过期记录清除，在这种情况下，工作人员需执行 QN 指令，及时将其从系统中释放；

（4）处理完信箱中最后一封信件后，执行 QN 指令时会输出 Q EMPTY，此时要执行 QNE 指令，结束当前的信箱处理；

（5）QN 与 QD 指令的区别在于：QD 是将信件送回信箱中，以待处理，而 QN 是将所提取的信件从信箱中删掉，具体如表 3－3 所示。在信箱处理的过程中，QD、QN 可以根据具体情况交替使用。

表 3－3　QD 与 QN 的相同点和不同点

指　令	相　同　点	不　同　点
QD	显示下一个信件	将当前的信件放回信箱中，以待处理
QN	显示下一个信件	将当前的信件从信箱中删除

5. 重新显示当前信箱指令（QR）

指令格式：

> QR

QR 指令可将所提取的信件再显示出来。在工作员处理信件的过程中，有时会插入其他工作。返回处理时，屏幕上有时会看不到当前正在处理的信件，这时可以用 QR 指令来显示当前的信件。

说明：

QR 指令只显示信件的具体内容，而不再显示有关信件的数量信息。

6. 信箱发送指令（QE）

QE 指令可以将一些信息发送到其他部门的信箱中，这些信息可以是自由格式的报文，也可以是旅客的订座记录，即 PNR。自由格式的报文通常发送到 RP 信箱中。

指令格式 1：

发送自由内容：

> QE：RP

举例：将一条信息发送到本部门 RP 信箱中。

> QE：RP

```
THIS IS A TEST MESSAGE
```

举例：将一条信息发送到 BJS123 的 RP 信箱中。

> QE：RP/BJS123

THIS IS A TEST MESSAGE

举例：将一条信息发送到 BJS123 的 RP 信箱中，并且让对方尽早处理。

> QE：RP／BJS123／P

THIS IS AN IMPORTANT MESSAGE

说明：P 为优先级代号，对方处理信件时，被设置优先级的信件最先显示。

指令格式 2：

将旅客订座记录（PNR）发送到指定部门：

> QE：信箱的种类／部门代号／PNR／日期／时间／优先级控制

举例：将一个记录编号为 M2TXN 的 PNR 发送到本部门的 TC 信箱中。

> QE：TC／BJS187／M2TXN

说明：向本部门的信箱中发送时，也要加上本部门代号。

工作人员进行信箱处理的实例：

> QT：BJS187

QT BJS187

GQ 0000 0200　　RP 0001 0200　　KK 0091 0200　　RE 0000 0200

SR 0020 0200　　TC 0013 0200　　TL 0038 0200　　SC 0003 0200

说明：首先显示信件总数，其中 SC 信箱中有 3 封信件。

> QS：SC

BJS187 SCHEDULE CHG　　(0002

（1）LU/XIAOHUI M58KT

（2）SA287　C　SA16OCT　HKGJNB UN1　2350 0650 + 1　　　　　　S

（3）SA287　C　SU17OCT　HKGJNB KL1　0710 1355　　　　　　　S

（4）BJS/T PEK/T 010 – 65906694/DLC HUAXUN INTL AIR TRANS CO. PEK BRANCH/ZHAO

（5）65906699 MRWEI

（6）TL/1200/15OCT99/BJS187

（7）RMK AK JNBSA RJ82WX

（8）BJS187

说明：

（1）开始处理信件后，括号中未处理的信件的数量为 2；

（2）可以看到，显示出来的航班信息发生了变化，原来的航班被改成 17OCT 航班，且出发时间也不同，这是由于航空公司更改航班造成的。

> RTC

```
004      SWI1G 9999 0726 15OCT99
1）LU/XIAOHUI（001）M58KT
001  2）  SA287  C  SA16OCT  HKGJNB UN1   2350 0650＋1           S
        NN（001）DW（001）HL（001）UN（003）
004  3）  SA287  C  SU17OCT  HKGJNB KL1   710 1355              S
        KL（004）
001  4）BJS/T PEK/T 010 － 65906694/DLC HUAXUN INTL AIR TRANS CO. PEK
        BRANCH/ZHAO
001  5）65906699 MRWEIL
001  6）TL/1200/15OCT99/BJS187
002  7）RMK AK JNBSA RJ82WX
001  8）BJS187
```

> PN

```
001      BJS187 4085 0937 14OCT99
002      SWI1G 9999 0938 14OCT99
003      SWI1G 9999 0648 15OCT99L
004      SWI1G 9999 0726 15OCT99
```

说明：由于旅客尚未出票，目前座位已订妥，可以通知旅客来出票，现在暂时将该信件放回信箱中。

> QD

```
BJS187 SCHEDULE CHG（0002）
（1）王文芳 NGBYR
（2）CA985  Y    SA16OCT  PEKSHA TK1   1400 1600              S
（3）BJS/T PEK/T 010 － 65906694/DLC HUAXUN INTL AIR TRANS CO. PEK BRANCH/ZHAO
ZHI RONG
（4）T
（5）RMK CA/JE97X
（6）FN/FCNY900. 00/SCNY900. 00/C3. 00/ACNY900. 00
（7）TN/781 － 6050868106/P1
（8）FP/CASH,CNY
（9）BJS187
```

说明：

（1）执行 QD 指令后，未处理的信件数量不变，仍为 2；

（2）在屏幕上显示的是下一封信件的内容，座位状态是"TK"，但 PNR 中存在票号项，说明已经出票，再查看 RTC。

> RTC

01　　PEKCA 9983 0753 15OCT99 /4

01　　1）王文芳（001）NGBYR

004　　2）CA985　Y　SA16OCT　PEKSHA TK1　1400 1600　　　　　　　S

　　RR（004）DR（004）RR（004）TK（006）

01　　3）BJS/T PEK/T 010 – 65906694/DLC HUAXUN INTL AIR TRANS CO. PEK BRANCH/ZHAO

　　ZHI RONG

　　　4）T

01　　5）RMK CA/JE97X

01　　6）FN/FCNY900. 00/SCNY900. 00/C3. 00/ACNY900. 00

01　　7）TN/781 – 6050868106/P1

01　　8）FP/CASH，CNY

01　　9）BJS187

> PN

001　　　　　BJS187 18233 0157 15OCT99 I

002　　　　　HDQCA 9983 0157 15OCT99 /RLC1

001/003　　　FC/PEK MU SHA 900. 00YB CNY900. 00END

003　　　　　PEK1E 9986 0157 15OCT99

001/004　　　MU584　Y　FR15OCT99PEKSHA XX1　1825 2010

　RR（001）　DR（001）　RR（001）　XX（004）

004　　　　　BJS187 18233 0330 15OCT99

005　　　　　HDQCA 9983 0330 15OCT99 /RLC4

004/006　　　CA985　Y　SA16OCT　PEKSHA UN1　1245 1445　　　　　S

　RR（004）　DR（004）RR（004）UN（006）

006　　　　　PEKCA 9983 0753 15OCT99 /4

说明：

（1）可以注意到，航班起飞时间发生变化，应通知旅客；

（2）应将行动代码改为"RR"。

> RT：NGBYR

（1）王文芳 NGBYRL

（2）CA985　Y　SA16OCT　PEKSHA TK1　1400 1600　　　　　　　S

（3）BJS/T PEK/T 010 – 65906694/DLC HUAXUN INTL AIR TRANS CO. PEK BRANCH/ZHAO

ZHI RONG

（4）T

（5）RMK CA/JE97X

（6）FN/FCNY900. 00/SCNY900. 00/C3. 00/ACNY900. 00

（7）TN/781 – 6050868106/P1

（8）FP/CASH，CNY

（9）BJS187

>2RR

@

CHECK BLINK CODE

>@K

CA 985　Y SA16OCT　PEKSHA RR1　1400 1600

NGBYR

说明：

（1）做过航班更改的 PNR 中会有闪动的"S"，@K 指令会改变行动代码。即"TK"→"HK"→"RR"。

（2）通知旅客航班时间的变动。行动代码改成 RR 后，这个信件将从系统中释放。

>QN

BJS187 SCHEDULE CHG　　(0001)

（1）BAI/ZHENXIU 2) CAO/SHOUMENG M3HP2

（2）NW015　B　MO08NOV　HNLKIX HK2　0915 1405 + 1　　　＊NW＊

（3）BJS/T PEK/T 010 – 65906694/DLC HUAXUN INTL AIR TRANS CO. PEK BRANCH/ZHAO ZHI
　　　　RONG ABCDEFG

（4）65906698

（5）TL/1200/06NOV/BJS187

（6）RMK AK HDQNW LX648Q

（7）BJS187

若上述操作的过程中间穿插了其他工作，如航班查询。再返回处理信件时，屏幕上已找不到原信件的内容，这时可以进行如下操作：

>QR

BJS187 SCHEDULE CHG

（1）BAI/ZHENXIU

（2）CAO/SHOUMENG M3HP2

（3）NW015　B　MO08NOV　HNLKIX HK2　0915 1405 + 1　　　＊NW＊

（4）BJS/T PEK/T 010 – 65906694/DLC HUAXUN INTL AIR TRANS CO. PEK BRANCH/ZHAO ZHI
　　　　RONG ABCDEFG

（5）65906698

（6）TL/1200/06NOV/BJS187

（7）RMK AK HDQNW LX648Q

（8）BJS187

……

如此进行下去，处理完最后一个信件。

> QNE 　　或　　 > QDE

结束信箱处理。

三、PNR 的建立、提取和修改

1. PNR 的建立

在修改或建立新的 PNR 时，用封口指令@或＼，使修改或建立的 PNR 生效。在封口之前，PNR 虽然显示在屏幕上，但并未正式生效。只有封口后，才可以继续建立其他记录，封口是 PNR 生效必不可少的一步。

指令格式：

　　　> @ 　　选择代码

说明：

（1）封口指令可以单独输入，也可以在一组指令的最后输入；

（2）封口时，会自动检查所输入的内容是否完整；

（3）封口后，旅客的订座记录编号及航段信息将显示在屏幕上。

举例：

最常见的封口就是对 PNR 的确认，并使其生效。

（AV 查询）

> SD：1Y/1

NM：1 王军

OSI CA CTCT66017755

TK：TL/1200/7DEC/BJS123

　　> @

　　CA1501 Y FR10DEC PEKSHA HK1 　0840 　1035

N6B4M

　　> RT：

---

1. 王军　N6B4M

2. CA1501 Y FR10DEC PEKSHA HK1 　0840 　1035

3. BJS/T PEK/T 010－63406973/SHIPU TRAVE AGENCY/LIU DE PU ABCDEFG

4. OSI CA CTCT66017755

5. TL/1200/07DEC/BJS123

6. RMK CA/K9M4R

说明：

（1）提取一条 PNR 后，如果当前的显示中没有任何修改，封口命令@便相当于一个还原命令 IG；

（2）当在 PNR 中将每项内容输入后，封口时还要检查所有航段的连续性，若分别使用了城市名和机场名，则认为它是连续的。若航段不连续，则应根据具体情况，采用不同的选择代码进行强行封口；

（3）@、IK 可以同时使用；

（4）若在屏幕下方出现一行字提示 PNR 内部的数据结构发生了改变，则应立即与服务台联系；

（5）若工作人员建立了航段组，但未封口，且时间超过 5 分钟，这时系统内部会自动执行 IG 命令，将座位还原以防止恶意虚耗座位。但工作人员还应执行 IG 命令，并重新建立 PNR。

2．PNR 的提取

在日常工作中，经常要提取旅客订座记录，常用的方法如下：

根据记录编号提取：	＞RT：xxxxx
根据旅客姓名提取：	＞RT：ZHANG/CA1301/10DEC
根据旅客名单提取：	＞ML：C/CA1301/10DEC
	＞RT：序号
根据航空公司记录编号提取：	＞RRT：V/xxxxx/CA1301/10DEC
查看 PNR 的完整内容：	＞RT：C/xxxxx
查看 PNR 的历史部分：	＞RT：U/1
返回到 PNR 的现行部分：	＞RT：A

以上几种方法都可以提取旅客订座记录，下面给予具体介绍：

（1）根据记录编号提取 PNR。每条订座记录在封口后都有一个记录编号，它由 5 位数字或字母组成，是计算机系统随机给出来的。

指令格式：

＞RT：记录编号

举例：提取 PNR N1PSZ。

＞RT N1PSZ

系统显示 PNR 为：

---

1. 陈杰 N1PSZ

2. CA1501 Y　TU29SEP　PEKSHA RR1　0840 1035

3. SHA/T SHA/T 021－62339770/SF XIAN XIA ROAD BOOKING OFFICE/WENG

4. 62339987

5. T/999124455682－83

6. RMK CA/KWSEN

7. SHA391

（2）根据旅客姓名提取 PNR。可以根据旅客姓名、航班日期提取订座记录。

指令格式：

>RT：姓名／航班／日期／航段

举例：提取 8 月 24 日 CA1501 航班上姓名为"陈鹏"的旅客记录。

>RT：CHEN/CA1501/24AUG

```
NAME LIST
CA1501/24AUG
001      1CHEN/WILLIAM      P9NM0 C RR1    BJS160 20AUG99
002      1CHENPENG          NENC2 C RR1    BJS160 23AUG
003      1CHENDERONG        MH4E5 Y HX2    BJS160 09AUG99
004      1CHENXINGYU        MMYZ8 Y RR2    BJS160 16AUG99
END
```

由系统输出可知，系统已将该代理人所订的 8 月 24 日 CA1501 航班上所有以字母 C 开头的旅客记录显示出来。再输入 >RT：2 或者 >RT：NENC2，就可以查看旅客"陈鹏"的记录编码。

说明：

① 根据姓名提取 PNR 时，既可以输入旅客的全名，也可以只输入姓氏；

② 若只输入姓氏，则航班上以该姓氏字母开头的旅客记录将全部显示出来；

③ 有些 PNR 中的姓名是英文字母，有些是中文，无论采用哪种输入，提取时都应输入字母。

（3）根据旅客名单提取 PNR。可以先提取航班上由本部门建立的全部旅客记录，即 ML，再根据序号提取。

指令格式：

>ML：C/CA1301/10DEC

>RT：序号

举例：已有的旅客名单显示如下。

```
>ML:C/CA1501/6OCT
MULTI
CA1501 /06OCT          C
PEKSHA
001      1LIANGYU           PBJS3 Y RR1    BJS191 29SEP98    K      T
002      1LINTONG           NGC35 Y RR1    BJS191 30SEP98    K      T
TOTAL NUMBER      2
```

如果要提取其中的第一条记录，就输入 >RT1，显示：

1. 梁育 PBJS3
2. CA1501 Y TU06OCT PEKSHA RR1 0840 1035
3. BJS/T PEK/T 010 - 65538922/CHINA AIR SERVICE COMPANY/DONG SHU HUA ABCDEFG
4. T
5. RMK CA/JCD4V
6. FN/FCNY900.00/SCNY900.00/C4.00/ACNY900.00
7. TN/999 - 6091714065/P1
8. FP/CASH,CNY
9. BJS191

如果想继续提取第二条记录，就输入 > RT2，显示：

1. 林彤 NGC35
2. CA1501 Y TU06OCT PEKSHA RR1 0840 1035
3. BJS/T PEK/T 010 - 65538922/CHINA AIR SERVICE COMPANY/DONG SHU HUA ABCDEFG
4. T
5. RMK CA/HY3MB
6. FN/FCNY900.00/SCNY900.00/C4.00/ACNY900.00
7. TN/999 - 6091714248/P1
8. FP/CASH,CNY
9. BJS191

（4）根据航空公司记录编号提取 PNR。中国民航订座系统包括航空公司系统（ICS）和代理人系统（CRS）两部分。如果旅客在 ICS 中直接订座生成 PNR，则在 CRS 中没有相应记录。这种情况下代理人如果想提取该记录，需要使用 RRT 指令。

RRT 指令分为以下两步：

① RRT：V 将所要提取的 PNR 显示在屏幕上；

② RRT：OK 使 PNR 在 CRS 中建立，并生效。

指令格式：

> RRT：V ／ 记录编号 ／ 航班 ／ 日期

> RRT：OK

举例：现有一航空公司系统记录编号为 JZS19，无 CRS 记录编号，旅客前来出票。

> RRT：V/JZS19/MU5110/10OCT

系统会将 ICS 中的 PNR JZS19 显示在屏幕上。

1. 高峰 MU/ JZS19/
2. MU5110 Y SA10OCT PEKNKG HK1 1205 1335
3. NC
4. TL/1200/07OCT/SHA001
5. SHA001

> RRT：OK

```
1. GAOFENG NDTRR
2. MU5110 Y   SA10OCT   PEKNKG HK1    1205 1335
3. NC
4. TL/1200/7OCT/BJS191
5. RMK CA/JZS19
6. RMK CLAIM PNR ACK RECEIVED
7. BJS191
@
  MU5110 Y   SA10OCT   PEKNKG HK1    1205 1335
NDTRR
```

可以看到，系统给出了 CRS 中的记录编号 NDTRR，并且将 ICS 中的记录编号 JZS19 记入了 RMK 项，由此说明该 PNR 在 CRS 中已经生成，且得到了其对应 ICS 中的记录 JZS19。

（5）查看 PNR 完整的内容。

先来看一下 PNR 的结构：

PNR 的现行部分 —— RT 看到的 PNR 的内容；

PNR 的历史部分 —— 被修改过的 PNR 的内容。

PNR 在建立的过程中，有时会经过多次修改，且工作人员对订座记录的任何修改都会记录在 PNR 中。而 RT 看到的 PNR 的内容是 PNR 的现行部分，若要查看完整的 PNR 的内容，则使用 RTC 指令：

指令格式 1：

＞RT：C/记录编号

指令格式 2：

＞RT：记录编号

＞RT：C

举例：提取 PNR MZ1YG 的完整内容。

＞RTC/MZ1YG

输入后，完整 PNR 显示如下：

```
004      HDQCA 9983 0137 31JUL98 /RLC3
     1. 陈旭帆（001）MZ1YG
001   2. CA1321 K   MO10AUG98 PEKCAN RR1   0900 1200
DR（001）RR（001）
001   3. BJS/T BJS233/T 010 - 65128344/XH AIR THROUGH TRANSPORT
        SERVICE CO./YANG HONG PEI ABCDEFG
001   4. PEK/TAS01
003   5. T/99911249995051LGR
002   6. RMK CA/H45VF
001   7. BJS233
```

说明：

在 PNR 中，每项前面的序号（001，002，003，004）表示这一项是在第几次封口中加入的。从上面的 PNR 中可以看出：

① 第一步操作中所有序号为 001 的项，均是第一次封口时完成的，PNR 中加入了姓名组、航段组、代理人联系组和责任组；

② 第二步加入了 RMK 项；

③ 第三步加入了票号项；

④ 最上面的 004 项表示这个 PNR 的最后一次修改是在第四步，并且标出了修改时间和工作号。

3. PNR 的修改

在日常工作中，经常遇到对 PNR 进行修改的情况。对 PNR 的修改，不同的组项有不同的方式，主要有以下两种：

（1）除姓名组外的其他项，可以用"XE：序号"指令先取消，然后增加新的内容；姓名组要使用类似"1/1ZHANG/HANG"这样的方式。

（2）若要取消完整的 PNR，则提取 PNR 后，执行"XEPNR@"指令，这条指令可以将整个 PNR 取消。取消之前，应先将该记录 RT 出来，确定要取消后，即可执行该命令。一旦取消，订座记录不能恢复。

以下面的 PNR 为例，对其中的一些项目做修改。

> RT MWDBQ

```
1. 张克 MWDBQ
2. CA4516 Y   MO01FEB   SHACTU HK1   1040 1320
3. BJS/T PEK/T 010 – 65538922/CHINA AIR SERVICE COMPANY/DONG SHU HUA
4. 64357823
5. TL/1200/25JAN/BJS191
6. RMK CA/JNDVY
7. BJS191
```

举例：现在旅客想要将行程改为 2 月 2 日的 CA4516 航班的 Y 舱。

> XE2

```
1. 张克 MWDBQ
2. BJS/T PEK/T 010 – 65538922/CHINA AIR SERVICE COMPANY/DONG SHU HUA
3. 64357823
4. TL/1200/25JAN/BJS191
5. RMK CA/JNDVY
6. BJS191
```

则 PNR 中的原航段已被取消，现在用 SS 指令再订一个 2 月 2 日的新航段。

> SS：CA4516 Y2FEB SHACTU1

> @

```
CA4516   Y TU02FEB   SHACTU DK1   1040 1320
MWDBQ
```

举例： 旅客取消旅行，取消 PNR。

> RT：NW972

```
1. 魏丽 NW972
2. CA1301 Y  MO17JAN  PEKCAN RR1  1450 1745
3. BJS/T  PEK/T－010－64679078/HAI  XIA  TRAVEL  AGENCY  TICKET OFFICE/FENG ZHU
4. SHUO KE FA
5. T
6. RMK CA/K5JX2
7. FN/FCNY1360.00/SCNY1360.00/C3.00/ACNY1360.00
8. TN/999－6051923394/P1
9. FP/CASH,CNY
10. BJS105
```

> XEPNR@

```
PNR CANCELLED NW972
```

> RT NE972

取消后的 PNR 显示如下：

```
* THIS PNR WAS ENTIRELY CANCELLED *
005      HDQCA 9983 0212 17JAN /RLC4
    X1. 魏丽（001）NW972
001 X2. CA1301 Y  MO17JAN  PEKCAN XX1  1450 1745
    RR（001）DR（001）RR（001）XX（004）
001 X3. BJS/T PEK/T－010－64679078/HAI XIA TRAVEL AGENCY TICKET OFFICE/FENG ZHU
ZHI ABCDEFG
001 X4. SHUO KE FA
001 X5. T
002 X6. RMK CA/K5JX2
001 X7. FN/FCNY1360.00/SCNY1360.00/C3.00/ACNY1360.00
003 X8. TN/999－6051923394/P1
001 X9. FP/CASH,CNY
001 10. BJS105                                    +
```

> PN

```
001      BJS105 11324 0742 13JAN00 I        －
002      HDQCA 9983 0742 13JAN00 /RLC1
001/003 FC/PEK CA CAN 1360.00YB CNY1360.00END
003      PEK1E 9986 0743 13JAN00
004      BJS105 11324 0212 17JAN
005      HDQCA 9983 0212 17JAN /RLC4
```

四、出票指令介绍

1. 配置电子客票打票机

电子客票采用虚拟打票机。配置电子客票打票机与配置普通 BSP 打票机的方法类似，配置指令的使用方法也相同。常用指令如表 3 – 4 所示，详细使用格式可参考《自动出票使用手册》。

指令格式：

表 3 – 4　配置电子客票打票机指令

编　号	指　令　格　式	指　令　说　明
1	DI：打票机号	显示打票机状态（Device Information Display）
2	EC：打票机号	建立控制（Establish Control）
3	TI：打票机号	打开输入（Start Ticketing Input）
4	XI：打票机号	关闭输入（Stop Ticketing Input）
5	XC：打票机号	退出控制（Release Control）

在进行电子客票打印前，必须建立打票机控制规则，同时必须打开打票机输入。

2. 显示待配置打票机的状态（DI）

举例： 显示当前 4 号打票机的状态。

> DI：4

```
              DEVICE INFORMATION DISPLAY  –  DEVICE 4
        DEVICE STATUS                      DEVICE DEFINITION

      – – – – – – – – –                  – – – – – – – – –

      CONTROL PID：34348                    OFFICE：HAK999
      CONTROL AGENT：29817                     PID：63002
            STATUS：UP                    ATTRIBUTE：ATB/ET
             INPUT：INACTIVE                   MODE：DEMAND
            OUTPUT：INACTIVE                   TYPE：4
              NACK：                      CURRENCY：CNY2
           TICKETS：0
      BOARDING PASS：0
           AMS PID：
```

3. 建立打票机控制（EC）

举例： 建立 4 号打票机的控制规则。

> EC：4

```
ACCEPTED
```

> DI：4

```
            DEVICE INFORMATION DISPLAY  –  DEVICE 4
         DEVICE STATUS              DEVICE DEFINITION

       - - - - - - - - -          - - - - - - - - -

     CONTROL PID：34348            OFFICE：HAK999
     CONTROL AGENT：29817            PID：63002
           STATUS：UP           ATTRIBUTE：ATB/ET
          INPUT：INACTIVE           MODE：DEMAND
         OUTPUT：INACTIVE            TYPE：4
             NACK：             CURRENCY：CNY2
           TICKETS：0
      BOARDING PASS：0
          AMS PID：
```

4. 打开打票机输入（TI）

举例：建立4号打票机的输入。

> TI：4

```
ACCEPTED
```

> DI：4

```
            DEVICE INFORMATION DISPLAY  –  DEVICE 4
         DEVICE STATUS              DEVICE DEFINITION

       - - - - - - -              - - - - - - -

     CONTROL PID：34348            OFFICE：HAK999
     CONTROL AGENT：29817            PID：63002
           STATUS：UP           ATTRIBUTE：ATB/ET
           INPUT：ACTIVE            MODE：DEMAND
         OUTPUT：INACTIVE            TYPE：4
             NACK：             CURRENCY：CNY2
           TICKETS：0
      BOARDING PASS：0
          AMS PID：
```

5. 关闭打票机输入（XI）

举例：关闭4号打票机的输入。

> XI：4

```
ACCEPTED
```

> DI：4

```
                DEVICE INFORMATION DISPLAY – DEVICE 4
              DEVICE STATUS              DEVICE DEFINITION
            - - - - - - - -            - - - - - - - -
        CONTROL PID：34348          OFFICE：HAK999
        CONTROL AGENT：                 29817PID：63002
            STATUS：UP               ATTRIBUTE：ATB/ET
             INPUT：INACTIVE            MODE：DEMAND
            OUTPUT：INACTIVE            TYPE：4
             NACK：                 CURRENCY：CNY2
           TICKETS：0
        BOARDING PASS：0
            AMS PID：
```

6. 退出打票机控制（XC）

举例：退出对 4 号打票机的控制。

＞XC：4

```
ACCEPTED
```

＞DI：4

```
                DEVICE INFORMATION DISPLAY – DEVICE 4
              DEVICE STATUS              DEVICE DEFINITION
            - - - - - - - -            - - - - - - - -
        CONTROL PID：              OFFICE：HAK999
        CONTROL AGENT：                  PID：63002
            STATUS：UP               ATTRIBUTE：ATB/ET
             INPUT：INACTIVE            MODE：DEMAND
            OUTPUT：INACTIVE            TYPE：4
             NACK：                 CURRENCY：CNY2
           TICKETS：0
        BOARDING PASS：0
            AMS PID：
```

7. 电子客票打票机票号使用

电子客票打票机票号使用包括查询、上票和卸票等功能。在给电子客票打票机上票之前，必须查看票控部门分配给本 OFFICE 的票号情况，然后才可以做上票和卸票等操作。

8. 票证信息查询指令（TOL）

TOL 指令是票证管理系统中的报表统计查询指令，用户可以用它查看本单位（OF-

FICE）的票号库存和使用情况。

TOL 指令采用如下输入格式：

   1   2 3 4

＞TOL：［选项］／［AIRLINE CODE］

指令中各部分的详细说明见表 3 – 5。

表 3 – 5　TOL 指令中各部分的详细说明

输入区域	字符 & 长度	类 型	注　　　释
1）	TOL：	必须输入	指令标识符
2）选项	1a	可选	TOL 指令根据不同的选项（选项）而显示不同： A － 显示所有的票证信息 D － 显示票证的卸票历史信息 不加选项时，默认显示本单位（Office）中已经使用和当前正在使用的票
3）	/	可选	分隔符
4）AIRLINE CODE	2a	可选	航空公司/BSP 两位代码 对于 BSP ET，AIRLINE CODE 使用 XB

9. 打票机输入票号与卸票（TN）

1）打票机输入票号

举例：

＞TN：2X/2217341600 – 41699

ACCEPTED

说明：

其中 2 为打票机号，2217341600 是起始票号，41699 是结束票号（取票号后 5 位）。

注意：

（1）所输入票号必须在前述可利用的票号段范围之内（用 TOL 指令查询）。一次上票的票号最多不得超过 500 个。

（2）电子客票上票必须遵循如下原则：先分配的票号优先使用，在上一原则基础上序列号小的票号优先使用。

（3）打票机上的客票用完后控制终端会收到"票证用完"的消息，即在票证用完之后会提示 DEVICE nn OOS，需要再次输入票号。

（4）如果分配的某票号段全部用完，系统定期会将用完的票号段放入历史记录中。工作人员再执行 TOL 指令时，将不会看见该票号段。

打票机输入票号以后，可以用 DI 指令查看打票机的上票结果。

举例：

＞DI：2

```
              DEVICE INFORMATION DISPLAY  –  DEVICE 2
             DEVICE STATUS              DEVICE DEFINITION
           - - - - - - - -            - - - - - - - - -
           CONTROL PID：34348            OFFICE：HAK999
           CONTROL AGENT：88888             PID：63002
                 STATUS：UP            ATTRIBUTE：ATB/ET
                 INPUT：ACTIVE              MODE：DEMAND
                OUTPUT：INACTIVE            TYPE：4
                  NACK：              CURRENCY：CNY2
                TICKETS：0
          BOARDING PASS：0
                AMS PID：


            LAST TKT #      AIRLINE    TICKET NUMBER RANGE
           - - - - -       - - - -    - - - - - - - - - -
             NONE            BSP     2217341600 / 22141699
```

也可利用 TOL：指令查看本 OFFICE 的可利用和已经输入、使用的票号。

2）打票机卸票

打票机卸票功能可以让用户卸下未使用的票号。

举例：

>TN：2D

```
ACCEPTED
```

说明：2 为打票机号。

>DI：2

```
              DEVICE INFORMATION DISPLAY  –  DEVICE 2
             DEVICE STATUS              DEVICE DEFINITION
           - - - - - - - -            - - - - - - - - -
           CONTROL PID：34348            OFFICE：HAK999
           CONTROL AGENT：88888             PID：63002
                 STATUS：UP            ATTRIBUTE：ATB/ET
                 INPUT：ACTIVE              MODE：DEMAND
                OUTPUT：INACTIVE            TYPE：4
                  NACK：              CURRENCY：CNY2
                TICKETS：0
          BOARDING PASS：0
                AMS PID：
```

10. 电子客票的出票（ETDZ）

电子客票使用 ETDZ 指令出票。指令格式与 DZ 指令相同。

出票指令格式及其说明见表 3 – 6。

表 3 – 6　出票指令格式及其说明

编号	指令格式	指令说明
1	ETDZ：打票机号	出电子客票
2	ETDZ：打票机号/旅客编号或编号范围	出指定旅客的电子客票

在完成电子客票出票后，系统会在 PNR 中加入电子客票票号项（SSR TKNE）。

如果电子客票出票失败，系统可能返回"×××ERROR"的错误提示，×××是错误编号。具体含义参见附录 A。

举例：成功出票。

＞ETDZ：4

CNY1780.00　　　　R6D03

ET PROCESSING...PLEASE WAIT!

ELECTRONIC TICKET ISSUED

说明：

代理人执行 ETDZ 指令之后，系统首先会返回金额和 CRS PNR 记录编号，然后出现"ET PROCESSING...　PLEASE WAIT!"的提示。最终出票成功后，系统返回信息提示"***ELECTRONIC TICKET ISSUED***"。

电子客票出票成功的标志是："***ELECTRONIC TICKET ISSUED***"。如果没有出现该信息提示，表示该电子客票没有成功出票，代理人可以用 TSL 指令查看出票失败的票号，当天还可以用出票重试指令 ETRY 将出票失败的 PNR 重新出票（TSL 指令和 ETRY 指令的使用方法见后）。

建议：代理人出票以后提出并核对该 PNR。

举例：核对 PNR。

＞RT：R6D03

＊＊ELECTRONIC TICKET PNR ＊＊

1. 测试人 R6D03

2. HU3068 Y　MO18OCT　XIYHAK RR1　　2100 2340　　　　　　　　E

3. HAK/T HAK/T 0898 – 66701769/HAI NAN KAI SHENG INDUSTRY CO. LTD. / ABCDEFG

4. NC

5. T

6. SSR FOID HU HK1 NI110101700101001/P1

7. SSR OTHS 1E TKTL ADV TKT NBR TO HU BY 16OCT04/2100/PEK TIM/OR NO ALL SG/BCS
　　HU3068 /Y/18OCT/XIYHAK

8. SSR TKNE HU HK1 XIYHAK 3068 Y18OCT 8805440202032/1/P1

9. RMK CA/BQH5E

10. FN/FCNY1730.00/SCNY1730.00/C3.00/XCNY50.00/TCNY50.00CN/ACNY1780.00

11. TN/880 – 5440202032/P1

12. FP/CASH,CNY

说明:

电子客票出票后系统在 PNR 中加入电子客票标识 "＊＊ELECTRONIC TICKET PNR＊＊"、电子客票票号项 (SSR TKNE) 和票号项 (TN)。

出票失败举例: 重订一个 PNR, ETDZ 出票。

>ETDZ: 4

```
CNY5170.00        QPW0T
ET PROCESSING...PLEASE WAIT!

153 ERROR
```

说明:

此电子客票出票失败,系统返回 "153 ERROR" 的错误提示。其具体含义参见附录 A。

建议: 此时可提取该出票失败电子客票的 PNR。

举例: 提取 PNR。

>RT: QPW0T

```
1. 测试人 QPW0T
2. HU7181 Y   MO18OCT   HAKPEK RR1      0800 1130              E
3. HAK/T HAK/T 0898 – 66786433/YIN CHENG WU YE MANAGER CO. / ABCDEFG
4. NA
5. T
6. SSR FOID CA HK1 NIAAAA12345678711/P1
7. SSR TKNE HU HN1 HAKPEK 7181 Y18OCT 8802217341619/1 /DPN63006/P1
8. RMK CA/B7DCX
9. FN/FCNY5120.00/SCNY5117.00/C3.00/XCNY50.00/TCNY50.00CN/ACNY5170.00
10. TN/880 – 2217341619/P1
11. FP/CASH,CNY/ABCDEFGHIJKLMN
12. HAK144
```

说明:

提取该出票失败的电子客票 CRS PNR,发现 PNR 的第一行没有电子客票标识 "＊＊ELECTRONIC TICKET PNR＊＊",并且 SSR TKNE 项中存在 DPN63006。63006 为电子客票打票机 PID 号。

自我检测

为表 3 – 7 中的旅客出票。

表 3 - 7　旅客信息

旅客姓名	身份证号码			
李想	46001019×××××2233			
始发地	目的地	航班号	舱位	日期
三亚	广州	选择序号为 2 的航班	Y	6 月 15 号
广州	杭州	选择序号为 1 的航班	Y	6 月 30 日
要求：海航航班		联系电话：139××××1084		旅客签名：李想
航班起飞前 5 天出票，部门号 SYX008				

训练项目

请你与你的同桌模拟旅客购票全过程。

第四章　国内旅客运输业务处理

第一节　退票、变更和签转

一、退票规定

航空公司因某种原因未能按照机票上所列明的航程提供航空运输服务或旅客出于突发情况自愿放弃其已购买机票的全部或部分旅行时，旅客要求退还未能使用的全部或部分旅行的客票即为退票。

纸质机票退票工作的一般规定如下。

1）客票有效性规定

在进行退票工作之前，受理人员首先要确认客票的有效性，如客票是否在有效期内（国内定期客票有效期为一年）、票联是否完整、票面内容是否被涂改等内容都是检查的重点。只有有效的客票才能进行相应的退票程序，相关工作人员有权拒绝受理无效客票的退票申请。

2）客票完整性

除遗失客票的情形外，原则上，旅客必须凭客票全部未使用的有效乘机联、旅客联办理退票手续，缺其中的任何一联均不能办理退票。

3）退票证件要求

旅客退票时，应提供旅客本人的有效身份证件。若为他人代理退票，则需提供客票中指明的乘客及经办人的有效身份证件原件。

4）退票地点规定

退票地点根据退票类型的不同而有所差别。

5）退票类型判别

根据退票原因的不同，可分为旅客非自愿退票和旅客自愿退票两种，两种退票的处理程序不同。

（1）旅客非自愿退票。可在原购票地、航班始发地、经停地及终止旅行地的票证所属承运人售票处或引起非自愿退票发生地的票证所属承运人的地面服务代理人售票地点予以办理。

（2）旅客自愿退票。若在出票地要求退票，只限在原购票地点办理；若在出票地以外的航班始发地或终止旅行地要求退票，可在当地的票证所属承运人的直属售票处办理，也可在承运人授权的代理点办理退票手续。

（3）持不定期客票和团体客票的旅客自愿退票，仅限在原购票地点办理。

（4）持特种票价客票的旅客自愿退票，按该特种票价的相关限制条件办理。

6）退票退款规定

根据相关规定计算出应收取的退票手续费和实退金额，并认真填写《退票、误机、变更收费单》。客票退款只能退给客票上所列明的旅客本人或客票的付款人。最后在已办理退票手续的客票上加盖"已退票"印章，回收退款单并妥善保管。

7)《退票、误机、变更收费单》的定义和组成

(1)收费单的定义。《退票、误机、变更收费单》简称收费单，是航空公司及其代理人为旅客办理误机、变更航班、变更舱位和退票的专用单据。

(2)收费单的组成。收费单一式四联，由会计联、出票人联、结算联及旅客联组成：

① 会计联为淡绿色。填制后，应随所收款项、客票一并交票证所属航空公司财务部用于记账。

② 出票人联为粉红色。填制后，由填制单位留存并用于记账、备案。

③ 结算联也称换取服务联，为黄色。填制后，由接受本联的航空公司，凭此联向本联所属航空公司开列账单，结算款项。

④ 旅客联为白色。填制后，交给旅客用于报销。

8)《退票、误机、变更收费单》的填制

(1)《退票、误机、变更收费单》的样式如图4-1所示。

海南航空股份有限公司退票、误机、变更收费单 880-50047551
HAINAN AIRLINES CO. LTD. REFUND/NO SHOW/REBOOK BILL

航空承运变更情况			应收应退额		
原承运航空公司 ORIGINAL CARRIER			退票使用栏	客票价款 AMOUNT PAID	
原客票号码/货运单号 TICKET AWB NO.				应收退票费 SERVICE CHARGE	
原承运日期 ORIGINAL DATE				实际退款 AMOUNT REFUNDED	
原航班号 ORIGINAL FLIGHT			应收误机费 NO SHOW FEE		
变更后承运航空公司 NEW CARRIER			应收变更费 REBOOK CHARGE		
变更后承运日期 NEW DATE			加盖公章 AGENT SEAL	制单地点： PLACE OF ISSUE	
变更后航班号 NEW FLIGHT					
退票、误机、变更原因 REASON			制单单位： AGENT OF ISSUE		

制单日期： DATE OF ISSUE	旅客签名： PASSENGER SIGN	经办人： AGENT

图4-1 《退票、误机、变更收费单》样式

（2）收费单由航空公司售票处或其代理人填制，并经旅客或旅客委托人签字、加盖填制单业务印章后，方为有效。

（3）收费单用于退还有关费用时，应填写下列栏目：

① 原承运航空公司；

② 原客票号码；

③ 原承运日期、原航班号；

④ 退票使用栏中的各项内容，其中：

"客票价款"栏中，应填写"原付票价款 – 已使用航段票价款 = 未使用航段票价款"；

"应收退票费"栏中，应填写按规定收取的退票费金额，退票手续费按不含税的票面计算；

"实际退款"栏中，应填写"客票价款"与"应收退票费"的差额。

⑤ "备注"栏中，应填写下列项目：付款方式；退票原因，如自愿或非自愿退票，退还 F 舱与 Y 舱票价差额；原航程及已使用航段；原付票款、已使用票款等。

（4）收费单用于收取有关费用时，应填写下列栏目：

① 原承运航空公司；

② 原客票号码；

③ 原承运日期、原航班号；

④ 变更后承运航空公司；

⑤ 变更后承运日期；

⑥ 变更后航班号；

⑦ "应收误机费"栏应填写所收取的误机费金额；

⑧ "应收变更费"栏应填写旅客航班变更、改签费或其他与航空公司运输有关的费用金额；

⑨ "备注"栏，应详细注明收费的项目名称、理由。

二、电子客票退票工作的一般规定

在进行退票之前，工作人员需先用 DETR 指令将电子客票记录提取出来。当电子客票在有效期内，且电子客票的状态为"OPEN FOR USE"时，方可进行相应的退票程序。如果有打印的电子客票报销凭证，须将其收回。注意：要认真检查报销凭证的真伪。

（1）电子客票的退票证件要求、退票类型判别、退票地点规定和退票退款规定同纸质客票。

（2）电子客票的退票步骤：

① 执行 DETR 指令，查看航段状态是否为"OPEN FOR USE"；

② TRFD：A/1/D，填写电子退票表格，生成退款单号；

③ 提取退款单号，并打印退款单；

④ 执行 DETR 指令再次提取电子客票，检查客票状态是否已经改成 REFUNDED；

⑤ XEPNR、NO 航段或取消航段释放座位。

举例：旅客李小华购买了 8 月 19 日从海口至郑州的单程 Z 舱客票，航班号为

ZH9320，票价共 1130 元（含 CN 及 YQ），票号是 4793724416170。旅客于航班起飞前要求退票。请根据所给条件填写以下电子退票表格。

第一步：执行 DETR 指令，查看航段状态是否为"OPEN FOR USE"。若是，则表明旅客客票有效；否则无效，无法办理相关退票手续。

DETR：TN/479 – 3724416170

ISSUED BY：CHINA SHENZHEN AIRLINE ORG/DST：HAK/CGOISI：SITI   BSP – D

TOUR CODE：

PASSENGER：李小华

EXCH：   CONJ TKT：

O FM：1HAK ZH 9320 Z 19AUG 2240 OK Z   20K OPEN FOR USE

（航班起飞前/起飞后退票扣 20% 的退票费）

　　　　　RL：LDZD7 /SJR03 1E   （客票有效可以退票）

TO：CGO

FC：19AUG10HAK ZH CGO720.00CNY 960.00END

FARE：   CNY 960.00|FOP：CASH

TAX：   CNY 50.00 |OI：

TAX   CNY120.00YQ

TOTAL：   **CNY 1130.00 |TKTN：4793724416170**

第二步：TRFD：A/1/D，填写电子退票表格，生成退款单号。

（1）TRFD：A/1/D（A 表示全屏，1 表示打票机号，D 表示国内）。

Rfd Number：0   Refund Type：   DOMESTIC Device – ID： 1

Date/Time：10JUL10/1845 Agent：11451 IATA：08065094 Office：HAK 104

Airline Code：____ Ticket No.：_____ – _____   Check：__

Conjunction No.：1 Coupon No.：1：0000 2：0000 3：0000 4：0000

Passenger Name：_____

Gross Refund：_____ Payment Form：CASH _____ Currency Code：CNY – 2

　　SN CD AMOUNT（SN – sequence number；CD – tax code） ET –（Y/N）：Y

T| 1 ___ ____   2 ___ ____   3 ___ ____   4 ___ ____

| 5 ___ ____   6 ___ ____   7 ___ ____   8 ___ ____

| 9 ___ ____   10 ___ ____   11 ___ ____   12 ___ ____

A| 13 ___ ____   14 ___ ____   15 ___ ____   16 ___ ____

| 17 ___ ____   18 ___ ____   19 ___ ____   20 ___ ____

| 21 ___ ____   22 ___ ____   23 ___ ____   24 ___ ____

X| 25 ___ ____   26 ___ ____   27 ___ ____

Commitment：____% Other Deduction：____ RMK：____/_____

Net Refund：_____   Credit Card：_____

P（Print）C（Copy）S（Save）D（Delete）I/F3（Igno）R/F4（REF）E/F5（Exit）____

注解：Airline Code 表示客票代码。

　　　Ticket No. 表示客票号码。

　　　Conjunction No.：1 Coupon No.：1：0000 2：0000 3：0000 4：0000 中的 1、2、3、4 表示连续客票本数，后面四个"0"表示第一航段、第二航段、第三航段、第四航段。若退第一本客票的第一航段，则将 1：0000 改成 1：1000；若退第一本客票的第

二航段，则将1：0000改成1：0200；若退第一本客票的第一、第二航段，则将1：0000改成
1：1200，以此类推。

　　　　　Passenger Name 表示旅客姓名。

　　　　　Gross Refund 表示票面价（不含税的票价）。

　　　　　ET－（Y/N）表示是否是ET客票。

　　　　　TAX：1，2，3…表示收取旅客的税款。

　　　　　Commitment 表示代理费。

　　　　　Other Deduction 表示退票手续费。

　　　　　Net Refund 表示实际退款（系统自动算出）。

　　　　　E 表示保存。

　　（2）填写退款单，生成退款单号。

AIRLINE/BSP　　　TICKET　　REFUND　　　INFORMATION　　　FORM

Rfd Number：0　　　　　　　　Refund Type：　　DOMESTIC Device－ID：　1

Date/Time：14JUL10/1845　　Agent：11451　　IATA：08065094　　Office：HAK　104

Airline Code：**479**　Ticket No.：**3724416170－4416170**　　Check：__

Conjunction No.：1　　Coupon No.：1：1000　　2：0000　　3：0000　　4：0000

Passenger Name：_____

Gross Refund：960.00 Payment Form：CASH _____ Currency Code：CNY－2

SN CD AMOUNT（SN－sequence number；CD－tax code）　　　ET－（Y/N）：Y

T｜　1　　CN50.00　　2　　YQ120.00　3 ____ _____　4 ____ _____

　｜　5 ____ _____　6 ____ _____　7 ____ _____　8 ____ _____

　｜　9 ____ _____　10 ____ _____　11 ____ _____　12 ____ _____

A｜　13 ____ _____　14 ____ _____　15 ____ _____　16 ____ _____

　｜　17 ____ _____　18 ____ _____　19 ____ _____　20 ____ _____

　｜　21 ____ _____　22 ____ _____　23 ____ _____　24 ____ _____

X｜　25 ____ _____　26 ____ _____　27 ____ _____

Commitment：_____%　　Other Deduction：216.00 RMK：__/_____

Net Refund：_____　　　　　Credit Card：_____

P（Print）C（Copy）S（Save）D（Delete）I/F3（Igno）R/F4（REF）E/F5（Exit）E

　　第三步：提取退款单号，并打印退款单。

TRFD：1/D/50844823

AIRLINE/BSP　　TICKET　　REFUND　　INFORMATION　　FORM

Rfd Number：50844823　　　　　Refund Type：　　DOMESTIC Device－ID：　1

Date/Time：14JUL10/2023　　Agent：11451　　IATA：08065094　　Office：HAK 104

Airline Code：479　　Ticket No.：3724416170　－ 4416170　　Check：_

Conjunction No.：1　　Coupon No.：1：1000　　2：0000　　3：0000　　4：0000

Passenger Name：LIXIAOHUA _____

Gross Refund：____ 960.00　Payment Form：CASH ____ Currency Code：CNY－2

SN CD AMOUNT（SN－sequence number；CD－tax code）　　　ET－（Y/N）：Y

T｜　1 CN ____ 50.00　　2 YQ ____ 120.00　3 ____ _____　　4 ____ _____

```
|  5 ___  _____    6 ___  _____    7 ___  _____    8 ___  _____
|  9 ___  _____   10 ___  _____   11 ___  _____   12 ___  _____
A| 13 ___  _____   14 ___  _____   15 ___  _____   16 ___  _____
| 17 ___  _____   18 ___  _____   19 ___  _____   20 ___  _____
| 21 ___  _____   22 ___  _____   23 ___  _____   24 ___  _____
X| 25 ___  _____   26 ___  _____   27 ___  _____
```

Commitment:3.00%　+1C Other Deduction：____　192.00 RMK：__/_____

Net Refund：_____ 909.20 CNY　　　　Credit Card：_____

P(Print) C(Copy) S(Save) D(Delete) I/F3(Igno) R/F4(REF) E/F5(Exit) __

第四步：执行 DETR 指令再次提取电子客票，检查客票状态是否已经改成 REFUND-ED。

DETR：TN/479－3724416170

ISSUED BY：CHINA SHENZHEN AIRLINE　ORG/DST：HAK/CGOISI：SITI　　BSP－D

TOUR CODE：

PASSENGER：李小华

EXCH：　　　　　　　　　　　　　　CONJ TKT：

O FM：1HAK ZH 9320　Z　19AUG　2240 OK　Z　　20K　REFUNDED

　　　　　RL：LDZD7　　/SJR03 1E　　　　　　　　（已退票）

TO：CGO

FC：19AUG10HAK ZH CGO960.00CNY960.00END

FARE：　　　　　　　CNY 960.00 | FOP：CASH

TAX：　　　　　　　CNY 50.00 | OI：

TAX　　　　　　　　CNY120.00YQ

TOTAL：　　　　　　CNY 1130.00 | TKTN：4793724416170

第五步：XEPNR、NO 航段或取消航段释放座位。

若当日发现 TRFD 输入有误，则需要进行调整，即需要先将原来错误的退款单删除，再用指令 ETRF：航段序号/票号/PRNT/打票机号/OPEN 修改客票状态。修改后重新做一个新的退票单即可。

注意事项：

（1）TRFD 只能在输入的当天进行修改。

（2）客票状态是 REFUNDED 时才能删除退款单，恢复退票。

举例：删除号码为 50844823 的退款单，并将客票 4793724416170 的状态恢复为"OPEN FOR USE"。

第一步：用 DETR 指令提取电子客票，查看客票状态是否为 REFUNDED。

DETR：TN/479－3724416170

ISSUED BY：CHINA SHENZHEN AIRLINE　ORG/DST：HAK/CGOISI：SITI　　BSP－D

TOUR CODE：

PASSENGER：李小华

EXCH：　　　　　　　　　　　　　　CONJ TKT：

O FM：1HAK ZH 9320　Z　19AUG　2240 OK　Z　　20K　REFUNDED

RL：LDZD7　　／SJR03 1E　　　　　　（已退票）

TO：CGO

FC：19AUG10HAK ZH CGO960.00CNY960.00END

FARE：　　　　　　CNY 960.00丨FOP：CASH

TAX：　　　　　　CNY 50.00丨OI：

TAX　　　　　　　CNY120.00YQ

TOTAL：　　　　　CNY 1130.00丨TKTN：4793724416170

第二步：提取退款单号，删除退款单号。

TRFD：1/D/50844823，(1 表示打票机号，D 表示国内，50844823 表示退款单号)

AIRLINE/BSP　　　　TICKET　　REFUND　　INFORMATION　　　FORM

Rfd Number：0　　　　　　　Refund Type：　DOMESTIC Device－ID：　1

Date/Time：14JUL10/1845　　Agent：11451　IATA：08065094　　Office：HAK　104

Airline Code：479　Ticket No.：3724416170－4416170　　Check：_

Conjunction No.：1　Coupon No.：1：1000　2：0000　3：0000　4：0000

Passenger Name：LIXIAOHUA ＿＿＿＿＿＿＿＿＿＿＿＿＿＿

Gross Refund：960.00 Payment Form：CASH＿＿＿ Currency Code：CNY－2

SN CD AMOUNT(SN－sequence number；CD－tax code)　　ET－(Y/N)：Y

	SN	CD AMOUNT	SN	CD AMOUNT	SN		SN	
T丨	1	CN50.00	2	YQ 120.00	3	___ ___	4	___ ___
丨	5	___ ___	6	___ ___	7	___ ___	8	___ ___
丨	9	___ ___	10	___ ___	11	___ ___	12	___ ___
A丨	13	___ ___	14	___ ___	15	___ ___	16	___ ___
丨	17	___ ___	18	___ ___	19	___ ___	20	___ ___
丨	21	___ ___	22	___ ___	23	___ ___	24	___ ___
X丨	25	___ ___	26	___ ___	27	___ ___		

Commitment：3.00%＋1C　　Other Deduction：192.00 RMK：__/_____

Net Refund：909.20CNY　　　　　　　Credit Card：＿＿＿＿＿＿＿＿＿

P(Print) C(Copy) S(Save) D(Delete) I/F3(Igno) R/F4(REF) E/F5(Exit) **D－S－I**

说明：

在最后空格中输入 D，等系统自动变成 S 后，系统显示 ACTION SUCCESSFUL，再在空格中输入 I，系统显示 SEGMENT ALREADY REFUND，电子客票删除成功。

第三步：使用 ETRF 指令将客票状态改成 OPEN FOR USE。

ETRF：1/479－3724416170/PRNT/1/OPEN

第四步：再次执行 DETR 指令，确认客票状态为 OPEN FOR USE。

DETR：TN/479－3724416170

ISSUED BY：CHINA SHENZHEN AIRLINE　ORG/DST：HAK/CGOISI：SITI　BSP－D

TOUR CODE：

PASSENGER：李小华

EXCH：　　　　　　　　　　　　CONJ TKT：

O FM：1HAK ZH 9320　Z　19AUG　2240 OK　Z　　20K　OPEN FOR USE

　　　　RL：LDZD7　　／SJR03 1E

TO：CGO

FC：19AUG10HAK ZH CGO720.00CNY720.00END

FARE：　　　　　　CNY 960.00 | FOP：CASH

TAX：　　　　　　 CNY 50.00 | OI：

TAX　　　　　　　 CNY120.00YQ

TOTAL：　　　　　 CNY 1130.00 | TKTN：4793724416170

三、处理退票的工作程序

（1）查验客票是否有效，未使用的乘机联和旅客联是否齐全。电子客票退票是否满足"OPEN FOR USE"状态。

（2）核对旅客的有效身份证件。

（3）根据退票原因确定是自愿退票还是非自愿退票。

（4）已订妥座位的旅客要求退票时，应取消原订座记录或旅客申请退票的航段。

（5）根据退票规定计算出实退金额，填开退票变更收费单。电子客票填写电子自动退票表格，生成退款单。

（6）将退款和收费单旅客联交给旅客。

（7）将客票未使用的乘机联和旅客联附在收费单的财务联上，并上交财务部门。

四、有下列情况之一的客票，严禁办理退票

（1）超过客票有效期的客票。

（2）不完整的客票（缺失乘机联或旅客联）。

（3）电子客票状态不是"OPEN FOR USE"。

（4）编造"航班延误""航班取消"理由要求退票的客票。

（5）提供虚假病历要求按因病退票处理的客票。

（6）办理了遗失票证手续，但未出有效期或未经结算中心确认是否已被冒乘、冒退的遗失客票。

（7）属性不能确定的客票。

（8）票价、航段、舱位进行了删改处理的客票。

（9）各类协议免票、特种航空产品免票。

（10）其他违反民航运输有关规定填开的客票。

五、退票分类

根据退票原因的不同，分为自愿退票、非自愿退票和旅客因病退票3种，不同退票原因的退票费率不同。

（一）自愿退票

1. 定义

旅客由于本人原因，未能按照运输合同（旅客客票）完成全部或部分航空运输，在客票有效期内要求的退票称为自愿退票。

2. 自愿退票费计费

各航空公司根据旅客购买客票折扣舱位和申退时间的不同，收取的退票费率也不同。旅客购买经济舱子舱位较高折扣的机票，退票时扣除退票手续费率较低。相反，旅客购买经济舱子舱位较低折扣的机票，退票时扣除的手续费率较高。特价折扣舱位客票一般不得自愿签改、退票。

3. 国航退票规定

退票费按票面价格计算，子舱位变更或升舱后如需退票，按变更前的票价规定执行，并全额退还补收的差额，已收取的变更费不退。多次变更后如需退票，按照第一次变更前的舱位规定执行，并全额退还补收的差额，已收取的变更费不退，并且以每个航段最后一次变更后的航班起飞时间计算取消订座的时间。

1）散客退票规定

（1）航班起飞前（含）取消订座（以客票上的航班起飞时间为准）：

① 使用 P/F/A 头等舱票价，C/D/Z 公务舱票价及使用儿童/婴儿/革命伤残军人和因公致残人民警察票价的客票，不收取退票费；

② 使用 W 超级经济舱票价，Y 经济舱正常票价的客票，收取 5% 的退票费；

③ 使用 B/M/M1/H/H1/K/K1/L/L1/Q/Q1 经济舱明折明扣票价的客票，收取 20% 的退票费；

④ 使用 G/V/V1 经济舱明折明扣票价的客票，收取 50% 的退票费。

（2）航班起飞后取消订座（以客票上的航班起飞时间为准）：

① 使用儿童/婴儿/革命伤残军人和因公致残人民警察票价的客票，不收取退票费；

② 使用 P/F/A 头等舱票价，C/D/Z 公务舱票价，W 超级经济舱票价，Y 经济舱正常票价的客票，收取 10% 的退票费；

③ 使用 B/M/M1/H/H1/K/K1/L/L1/Q/Q1 经济舱明折明扣票价的客票，收取 30% 的退票费；

④ 使用 G/V/V1 经济舱明折明扣票价的客票，不允许退票。

2）公布来回程运价的退票规则

公布来回程运价客票部分使用后要求退票，扣除已使用航段相应舱位单程运价，余额按相应舱位的规定办理。

3）自愿签转到外航的客票如需退票，应按照签转前国航客票的退票规则收取退票费，若收取的退票费未超过票价差额，则将差额退还旅客

4）团体旅客退票规定：适用于 2014 年 1 月 1 日（含）以后销售的客票

（1）普通航线团队（全部及部分）旅客自愿退票规则：

① 4 折以下团队，出票后不得退票；

② 4 折（含）以上团队按以下规定处理。取消订座的时间，以客票上的航班起飞时间为准，航班起飞 3 天（72 小时，含）前取消订座，收取 10% 的退票费；航班起飞 3 天（72 小时）内，1 天（24 小时，含）前取消订座，收取 30% 的退票费；航班起飞 1 天（24 小时）内，起飞（含）前取消订座，收取 50% 的退票费；航班起飞后取消订座，不允许退票。

（2）特例航线团队（全部及部分）旅客自愿退票规则：

① 特例航线：北京—九寨沟/拉萨/呼和浩特/乌兰浩特/佳木斯/包头/大连/赤峰/延吉/烟台/青岛/锡林浩特/通辽/丹东/兰州/西宁/银川/敦煌。

② 适用时间：7 月 15 日—10 月 31 日。

③ 退票规则：4 折以下团队，出票后不得退票；4 折（含）以上团队按以下规定处理，取消订座的时间，以客票上的航班起飞时间为准，航班起飞 7 天（168 小时，含）

前取消订座，收取 10% 的退票费；航班起飞 7 天（168 小时）内，5 天（120 小时，含）前取消订座，收取 30% 的退票费；航班起飞 5 天（120 小时）内，3 天（72 小时，含）前取消订座，收取 50% 的退票费；航班起飞 3 天（72 小时）内和航班起飞后取消订座，不允许退票。

课后作业： 确认以下案例中应收取的退票费及实际退还旅客的费用。

（1）某旅客购买来回程客票一张，去程为 5 月 13 日海口至北京的航班 CA1362，航班离站时间 13：30，订座舱位为 K 舱，票款为 1860 元（含机建费 50 元和燃油附加费 120 元）；回程为 5 月 18 日北京至海口的航班 CA1361，航班离站时间为 08：25，订座舱位为 Q 舱，票款为 1520 元（含机建费 50 元和燃油附加费 120 元）。旅客于 5 月 13 日 16：00 点提出退票，工作人员应收取多少元退票费，退还旅客多少元？

（2）某旅客购买来回程客票一张，去程为 7 月 13 日由海口至北京的航班 CA1356，航班离站时间为 20：55，舱位为 K 舱，票款为 1780 元（含机建费和燃油附加费）；回程为 7 月 18 日北京至海口的航班 CA1355，航班离站时间为 16：15，舱位为 Q 舱，票款为 1440 元（含机建费和燃油附加费）。旅客未办理值机手续，于 7 月 13 日 16：00 提出退票，工作人员应该收取多少退票费，实际退还旅客多少元？

（二）非自愿退票

1. 定义

由于天气、航行、机务或承运人等引起航班取消、提前、延误、航程改变、衔接错失或承运人不能提供座位时，旅客要求的退票称为非自愿退票。

2. 非自愿退票计费

（1）在航班始发站，退还旅客所付的全部票款。

（2）在航班经停站，退还未使用航段的票款，但所退金额不得超过原付票款金额。

举例： 旅客搭乘 MF8304 航班由海口到厦门，该航班因天气原因在经停站珠海取消当日飞行，旅客要求退票。假设旅客是按 8 折票价购买的海口到厦门航段的客票，实付票款为 880 元，且海口到珠海的 8 折票价为 540 元，珠海到厦门的 8 折票价为 550 元。则应退还的票款为 550 元。

（3）航班若在非规定的航站降落，取消当日飞行，旅客要求退票时，则应退还由降落站至到达站的票款，但不得超过原付票款金额，且不收取退票费。若旅客所付票价为折扣票价，则应按相同折扣率计退票款。

例如，旅客搭乘 CZ3391 航班由郑州到广州，但该航班因航路问题在太原取消当日飞行，若旅客要求退票，则该航空公司应退还旅客由太原到广州的票款。假设旅客按公布的正常票价购买郑州到广州的机票，实付票款为 1080 元，且太原到广州公布的正常票价为 1140 元，则应退还旅客的票款为 1080 元。

联程旅客由于上述原因在航班经停站或联程站停止旅行时，也应该按照相同的折扣率退还未使用航段的票款。

课后作业： 确认以下案例中实际退还旅客的费用。

（1）旅客乘坐的航段为 CAN－PEK 的航班 CZ3127，由于天气原因在经停站 NKG 取消当日飞行，旅客要求退票，应退还旅客哪一航段的票款。

（2）旅客购买的 CAN－PEK 机票，因飞机机械故障在深圳备降且取消飞行，旅客

要求退票，则应退还旅客的票款是多少。已知 SZX – PEK 的票价为 1400 元，CAN – PEK 的票价为 1360 元。

（3）联程航班 SIA – CAN – HAK，飞机从 SIA 出发后，由于天气原因在 CAN 备降，并取消当日飞行，旅客申请退票，则应退还旅客哪一航段的票款。

（4）旅客购买的 SHA – SIA 机票，航班在 CGO 经停时因为出现飞机机械故障取消飞行，旅客要求退票。已知 SHA – SIA 的票价为 1000 元，SHA – CGO 的票价为 600 元，CGO – SIA 的票价为 500 元。此情况下，应退还旅客的票款是多少。

（三）旅客因病退票

1. 定义

旅客因个人身体情况欠佳未能全部或部分完成机票中所列明的航程时，旅客提出的退票称为旅客因病退票。

2. 旅客因病退票的规定和计费

（1）旅客购票后，若因病不能旅行要求退票，则必须在航班规定离站时间前提出并提供县级（含）以上医疗单位的证明原件（如诊断书原件、病历和旅客不能乘机的证明）。如因病情突然发生，或在航班经停站突发病情，一时无法取得医疗单位证明，也必须经承运人认可后才能办理。

（2）若旅客因病退票在航班始发站提出，则退还全部票款。若在航班经停站提出，则退还的票款金额为旅客所付票价减去已使用航段相同折扣率的票价金额，但所退金额不得超过原付票款金额。

（3）旅客的同行人员要求退票时，必须与患病旅客同时提出，并且也按上述规定办理，否则一律按自愿退票处理。

课后作业：确认以下案例中实际退还旅客的费用。

某旅客搭乘 CZ3613 航班由 CAN – MDG，飞机经停 SHA。已知 CAN – MDG 的票价为 2080 元，CAN – SHA 的票价为 1020 元，SHA – MDG 的票价为 1460 元。问：

（1）若旅客因病在 CAN 要求退票，应如何处理？

（2）若旅客在飞机上突然发病不能继续旅行，在 SHA 要求退票，应如何处理？

（3）若该旅客病情严重需有一名亲属陪伴，在 SHA 要求退票，应如何处理？

六、客票变更

1. 定义

旅客购买定期客票后，由于个人原因或航空公司安排失误而发生的变更乘机日期、航班、航程、座位级别或换乘机人的行为称为客票变更。

2. 客票变更工作的一般规定

客票变更是旅客享有的基本权利，各相关承运人的营业部、售票处及销售代理人应根据实际情况积极予以办理，不得擅自拒绝旅客的客票变更申请。

3. 变更有效性规定

要求变更的客票必须在客票有效期内，逾期的无效客票不得变更；电子客票变更，必须先用 DETR 指令查看客票信息，状态为"OPEN FOR USE"才予以更改。要求变更的客票不得违反票价限制条件，如承运人提供的较低折扣的机票往往都附加"不得签转""不得变更"等限制条款，客票的变更工作一定要遵循限制条款。

4. 变更处理规定

变更处理规定根据变更原因的不同而有所差别。通常，把变更处理分为两类，即自愿变更和非自愿变更。各航空公司的变更业务规定可在销售系统里进行查询。

5. 国航客票变更规定

客票变更是指变更承运人/航班/日期/舱位/航程；变更费和舱位票价差额均按客票票面价计算；以每个航段最后一次变更后的航班起飞时间计算取消订座的时间。

1）变更费

航班起飞前（含）取消订座（以客票上的航班起飞时间为准）：

（1）使用 P/F/A 头等舱票价，C/D/Z 公务舱票价，W 超级经济舱票价，Y 经济舱正常票价及使用儿童/婴儿/革命伤残军人和因公致残人民警察票价的客票，客票有效期内免收变更费；

（2）使用 B/M/M1/H/H1/K/K1/L/L1/Q/Q1 经济舱明折明扣票价的客票，每次变更收取 10% 的变更费；

（3）使用 G/V/V1 经济舱明折明扣票价的客票，每次变更收取 30% 的变更费。

航班起飞后取消订座（以客票上的航班起飞时间为准）：

（1）使用儿童/婴儿/革命伤残军人和因公致残人民警察票价的客票，客票有效期内免收变更费；

（2）使用 P/F/A 头等舱票价，C/D/Z 公务舱票价，W 超级经济舱票价，Y 经济舱正常票价的客票，每次变更收取 5% 的变更费；

（3）使用 B/M/M1/H/H1/K/K1/L/L1/Q/Q1 经济舱明折明扣票价的客票，每次变更收取 20% 的变更费；

（4）使用 G/V/V1 经济舱明折明扣票价的客票，每次变更收取 50% 的变更费。

2）变更航班/日期

按变更费收费标准执行。

3）变更子舱位（不改变舱位等级）

（1）高舱位改低舱位，按自愿退票处理；

（2）低舱位改高舱位，收取变更费和实际舱位票价差额；子舱位变更后如需变更航班/日期，按子舱位变更后的票价规定执行；

（3）M1 与 M、H1 与 H、K1 与 K、L1 与 L、Q1 与 Q、V1 与 V 之间的舱位变更，需补齐差价。

4）变更航程

可按自愿退票处理，如按变更处理，需重新计算票价，差价少补多不退，有变更费需同时收取。

6. 非自愿变更

旅客购票后，由于天气、空中交通管制、飞机机务故障、承运人调度失误等无法控制或不能预见的原因导致航班取消、提前、延误、航程改变、衔接错失或不能提供旅客原已预定的座位时，旅客要求的航班、日期等的变更为非自愿变更。

非自愿变更发生后的具体规定如下：

（1）为旅客优先安排有可利用座位的本承运人的后续航班。

（2）征得旅客及有关承运人的同意后，办理签转手续。

（3）若由承运人原因造成航班的变更，则承运人有义务安排航班将旅客运达目的地或中途分程地点，票款、逾重行李费和其他服务费用的差额多退少不补。

（4）由于承运人原因，造成旅客舱位等级变更时，票款的差额多退少不补。如头等舱改为普通舱，应退还票价差额；普通舱改为头等舱，不再收取差额。

7. 客票变更工作程序

客票变更的工作程序如下：

（1）旅客购票后，若需要变更乘机日期，航班售票人员则应按照旅客所提的要求，查看航班订座情况，若有座位，则应取消原订座的记录并做相应地更改，但原 PNR 订座记录编码不变。若原 PNR 已取消，则重新订座。

（2）按照更改后的航班、乘机日期、离站时间等信息填写"更改条"或"签转证明"各项内容，并将"更改条"可粘贴部分粘贴在变更乘机联"订座情况"栏的右边，然后加盖业务印章。最后将填好的电子客票和加盖业务印章的"签转证明"交给旅客办理乘机手续。

8. 电子客票改期要求

（1）只有电子客票的状态为"OPEN FOR USE"时才允许改期。

（2）只允许改期至相同航段、相同舱位的航班。若原电子客票的 PNR 没有过期，则可将其提出，并直接在 PNR 中进行修改，操作流程如下：

① 提取电子客票旅客记录（PNR）；

② 取消原订航班，建立新航班；

③ 输入新的 SSR TKNE 项，删除原来的 SSR TKNE 项；

④ 封口后再次用 DETR 指令提取 PNR 查看电子客票的状态。

举例： 旅客牛牛要求将 5 月 28 日 CA1895 航班的票号为 999 – 2217417402 的 Y 舱客票更改为 5 月 30 日的 CA1895 航班。

步骤一：执行 DETR 指令，查看电子客票的状态是否为"OPEN FOR USE"。

```
DETR：TN/999 – 2217417402
ISSUED BY：AIR CHINA      ORG/DST：BJS/SHA      ISI：SITI      BSP – D
TOUR CODE：
PASSENGER：牛牛
EXCH：                        CONJ TKT：
O FM：1PEK CA  0949   Y 28MAY 0750 OK Y      20K OPEN FOR USE
          RL：LDZD7    /SJR03 1E
  TO：PVG
FC：28MAY05PEK CA PVG1380.00CNY1380.00END
FARE：            CNY 1380.00|FOP：CASH
TAX：             CNY 50.00       |OI：
TOTAL：           CNY 1430.00 |TKTN：999 – 2217417402
```

步骤二：提取电子客票旅客记录（PNR）。

```
RTSJR03 输入
ELECTRONIC TICKET PNR ＊ ＊
（1）牛牛 SJR03
（2）CA1895 Y MO28MAY  PEKPVG RR1  0750 0945   74E S 0   R   E
（3）BJS/T PEK/T 010 – 65538922/CHINA AIR SERVICE COMPANY/HOU
    ZHUABCDEFG
（4）NC
（5）T
（6）SSR FOID CA HK1 NI8790780790/P1
（7）SSR OTHS 1E TKTL ADV TKT NBR TO CA BY 21MAY05/0750/PEK TIM/OR NO
    ALL SG/BCS  CA 949 /Y/28MAY/PEKPVG
（8）SSR TKNE CA HK1 PEKPVG 949 Y28MAY 9992217417402/1/P1
（9）RMK CA/LDZD7
（10）FN/FCNY1380. 00/SCNY1380. 00/C3. 00/XCNY50. 00/TCNY50. 00CN/ACNY1430. 00
```

步骤三：建立新航班。

```
SSCA1895Y30MAYPEKPVGRR1 输入
RTSJR03
（1）牛牛  SJR03
（2）CA1895 Y MO28MAY  PEKPVG RR1  0750 0945   74E S 0   R   E
（3）CA1895 Y WE30MAY  PEKPVG RR1  0750 0945   74E S 0   R   E
（4）BJS/T PEK/T 010 – 65538922/CHINA AIR SERVICE COMPANY/HOU
    ZHUABCDEFG
（5）NC
（6）T
（7）SSR FOID CA HK1 NI8790780790/P1
（8）SSR OTHS 1E TKTL ADV TKT NBR TO CA BY 21MAY05/0750/PEK TIM/OR NO
    ALL SG/BCS  CA 949 /Y/28MAY/PEKPVG
（9）SSR TKNE CA HK1 PEKPVG 1895 Y28MAY 9992217417402/1/P1
（10）RMK CA/LDZD7
（11）FN/FCNY1380. 00/SCNY1380. 00/C3. 00/XCNY50. 00/TCNY50. 00CN/ACNY1430. 00
```

步骤四：取消原订航班。

```
@ 输入
RTSJR03
（1）牛牛 SJR03
（2）CA1895 Y WE30MAY  PEKPVG RR1  0750 0945   74E S 0   R   E
（3）BJS/T PEK/T 010 – 65538922/CHINA AIR SERVICE COMPANY/HOU
    ZHUABCDEFG
（4）NC
（5）T
```

（6）SSR FOID CA HK1 NI8790780790/P1

（7）SSR OTHS 1E TKTL ADV TKT NBR TO CA BY 21MAY05/0750/PEK TIM/OR NO

  ALL SG/BCS CA 1895 /Y/28MAY/PEKPVG

（8）SSR TKNE CA HK1 PEKPVG 1895 Y28MAY 9992217417402/1/P1

（9）RMK CA/LDZD7

（10）FN/FCNY1380.00/SCNY1380.00/C3.00/XCNY50.00/TCNY50.00CN/ACNY1430.00

  步骤五：输入新的 SSR TKNE 项。

SSR TKNE CA HK1 PEKPVG 1895 Y30MAY 9992217417402/1/P1

@输入

RTSJR03 输入

ELECTRONIC TICKET PNR＊＊

（1）牛牛 SJR03

（2）CA1895 Y WE30MAY PEKPVG RR1 0750 0945 74E S 0 R E

（3）BJS/T PEK/T 010 – 65538922/CHINA AIR SERVICE COMPANY/HOU

  ZHUABCDEFG

（4）NC

（5）T

（6）SSR FOID CA HK1 NI8790780790/P1

（7）SSR OTHS 1E TKTL ADV TKT NBR TO CA BY 21MAY05/0750/PEK TIM/OR NO

  ALL SG/BCS CA 1895 /Y/28MAY/PEKPVG

（8）SSR TKNE CA HK1 PEKPVG 1895 Y28MAY 9992217417402/1/P1

（9）SSR TKNE CA HK1 PEKPVG1895 Y30MAY 9992217417402/1/P1

（10）RMK CA/LDZD7

（11）FN/FCNY1380.00/SCNY1380.00/C3.00/XCNY50.00/TCNY50.00CN/ACNY1430.00

  步骤六：输入 XE8 指令，删除原来的 SSR TKNE 项。

  步骤七：封口后再次用 DETR 指令提取 PNR 查看电子客票的状态。

DETR:TN/999 – 2217417402

ISSUED BY：AIR CHINA ORG/DST：BJS/SHA ISI：SITI BSP – D

TOUR CODE：

PASSENGER：牛牛

EXCH：   CONJ TKT：

O FM：1PEK CA 1895 Y 30MAY 0750 OK Y 20K OPEN FOR USE

  RL：LDZD7 /SJR03 1E

 TO：PVG

FC：28MAY05PEK CA PVG1380.00CNY1380.00END

FARE：   CNY 1380.00|FOP:CASH

TAX：   CNY 50.00 |OI：

TOTAL： CNY 1430.00|TKTN：999 – 2217417402

  若原电子客票的 PNR 已过期，无法提取，则可执行如下操作流程：

（1）执行 DETR 指令，确认客票状态为"OPEN FOR USE"；

（2）重新订取同舱位、同航段的新的 PNR；

（3）在 PNR 中输入 SSR TKNE 及 TKT/票号项；

（4）封口后再次用 DETR 指令提取 PNR 查看电子客票的状态。

举例：旅客要求订 5 月 30 日从北京至上海的航班 CA1895，但该旅客之前订票的 PNR 已过期。

步骤一：执行 DETR 指令，确认客票状态为"OPEN FOR USE"。

```
DETR:TN/9992217417402
ISSUED BY：AIR CHINA      ORG/DST：BJS/SHA      ISI：SITI   BSP－D
TOUR CODE：
PASSENGER：牛牛
EXCH：                        CONJ TKT：
O FM：1PEK    CA OPEN    Y    OPEN        20K   OPEN FOR USE
         RL
  TO：PVG
FC：28MAY05PEK CA PVG1380.00CNY1380.00END
FARE：          CNY 1380.00│FOP：CASH
TAX：           CNY 50.00    │OI：
TOTAL：         CNY 1430.00│TKTN：999－2217417402
```

步骤二：重新订取同舱位、同航段的新的 PNR。

```
SSCA1895Y30MAYPEKPVGRR1
NM1 牛牛
CT65751535
TKT9992217417402
SSR FOID CA HK/NI10123456789
```

步骤三：在 PNR 中输入 SSR TKNE 及 TKT/票号项。

```
SSR TKNE CA HK1 PEKPVG 1895 Y30MAY 9992217417402/1/P1
@ 输入
  CA1895   Y WE30MAY   PEKPVG RR1     0750 0950
XDX2F
```

步骤四：封口后再次用 DETR 指令提取 PNR 查看电子客票的状态。

```
DETR:TN/9992217417402
ISSUED BY：AIR CHINA      ORG/DST：BJS/SHA      ISI：SITI    BSP－D
TOUR CODE：
PASSENGER：牛牛
EXCH：                        CONJ TKT：
O FM：1PEK CA    1895   Y 30MAY 0750 OK Y      20K OPEN FOR USE
         RL XDX2F
  TO：PVG
```

七、签转业务

客票是旅客持有的表明承运人航班的凭证。客票（乘机联）不能在各承运人之间任意交换使用，只能在满足一定条件时进行相关的运输和签转。按照签转原因的不同，分为旅客自愿签转和旅客非自愿签转，它们的规定和操作程序如下所述。

客票签转的一般规定如下：

1）旅客自愿签转

由于旅客自身原因，向承运人提出改变承运人的请求，称为旅客自愿签转。在办理旅客自愿签转时，工作人员必须首先判断客票是否满足航空公司的自愿签转条件。

2）国航签转（变更承运人）规定

（1）使用儿童/婴儿/革命伤残军人和因公致残人民警察票价的客票，允许自愿变更承运人。若变更后承运人适用票价高于国航票价，则需补齐差额后进行变更；若变更后承运人适用票价低于国航票价，虽允许变更，但差额不退，或按自愿退票处理。

（2）使用P豪华头等舱票价，F/C头等/公务舱正常票价，W超级经济舱票价，Y经济舱正常票价及使用儿童/婴儿/革命伤残军人和因公致残人民警察票价的客票，允许自愿变更承运人，若变更后承运人适用票价高于国航票价，则需补齐差额后进行变更，同时收取变更费；若变更后承运人适用票价低于国航票价，虽允许变更，但差额不退，同时收取变更费或按自愿退票处理。

（3）使用A/P/D/Z头等/公务舱子舱位票价，不允许自愿变更承运人，若旅客要求变更承运人，则按自愿退票处理；或者补齐与变更后承运人适用票价的差额后进行变更，同时收取变更费。

（4）使用经济舱其他明折明扣票价的客票，不允许自愿变更承运人；若旅客要求自愿变更承运人，则需补齐明折明扣票价与经济舱正常票价的差价，同时收取变更费。

（5）若自愿变更承运人时改变了舱位服务等级（升舱），则需补收国航票价与变更后承运人适用票价的差额，同时收取变更费。

举例： 旅客王嘉购买了7月12日从海口至上海海航的Y舱电子客票，票号为880－3769174322，现因个人原因要求改签至7月13日东航的MU5352航班，根据旅客要求办理改签手续的操作如下。

步骤一：DETR：TN/880－3769174322（提取电子客票，查看状态）。

ISSUED BY：HAINAN AIRLINES	ORG/DST：HAK/SHA	BSP－D
TOUR CODE：		RECEIPT PRINTED
PASSENGER：王嘉		
EXCH：	CONJ TKT：	
0 FM：1HAK HU 7319 Y 12JUL 1520 OK Y		20K OPEN FOR USE
（Y票价可变更承运人）		（该状态才可改签）
RL：J9QNT　/ P2XJS1E		
TO：PVG		
FC：12JUL10HAK HU PVG1660.00CNY1660.00END		
FARE：　　　　CNY 1660.00	FOP：CASH	
TAX：　　　　CNY 50.00CN	OI：	
TAX：　　　　CNY 40.00YQ		
TOTAL：　　　　CNY 1750.00	TKTN：880－3769174322	

步骤二：RTP2XJS（提取旅客订座记录）。

＊＊ELECTRONIC TICKET PNR＊＊

（1）王嘉 P2XJS

（2）HU7319 Y MO12JUL HAKPVG RR1 1520 1750 　　　　E

（3）HAK/T HAK/T0898 – 65751535/HAIKOU MEILAN INTERNATIONAL AIRPORT CO. ,LTD/
　　WU JIANGPING ABCDEFG

（4）15808901551

（5）T

（6）SSR FOID HU HK1 NI320103198007251271/P1

（7）SSR FQTV HU HK1 HAKPVG 7319 Y12JUL HU9000052963/C/P1

（8）SSR ADTK 1E BY HAK12JUL10/1031 OR CXL HU7319 Y12JUL

（9）SSR TKNE HU HK1 HAKPVG 7319 Y12JUL 8803769174322/1/P1

（10）RMK CA/J9QNT

步骤三：AVHAKPVG13JUL（按旅客要求的改签日期查询航班）。

13JUL(TUE) HAKPVG

1 - 　HU7119 HAKPVG 0805 1055 738 0^S 　E 　DS# FA PQ YA BQ HQ KQ LQ MQ QQ XQ ＊

2 　CZ3515 HAKPVG 0820 1055 733 0^C 　E 　AS# YL TQ KQ HQ MQ GQ SQ LQ QQ UL ＊

3 　MU5342 HAKPVG 1415 1650 319 0 S 　E 　DS# FA PS AA YL KL BQ EQ HQ LQ MQ ＊

4 　＊FM5342 HAKPVG 1415 1650 319 0 S 　E 　DS# FA AS YL SL BQ LQ MQ TQ EQ HQ ＊

5 　HU7319 HAKPVG 1520 1750 738 0^S 　E 　AS# FL PQ YA BQ HQ KQ LQ MQ QQ XQ ＊

6 　CZ6765 HAKPVG 1710 2000 733 0^D 　E 　AS# YA TQ KQ HQ MQ GQ SQ LQ QQ US ＊

7 + 　MU5352 HAKPVG 2005 2240 320 0 S 　E 　DS# FA PA AA YA KA BQ EQ HQ LQ MQ ＊

步骤四：SD7Y/RR1（按旅客的要求选择相应的航班）。

＊＊ELECTRONIC TICKET PNR＊＊

1）王嘉 P2XJS

2）HU7319 Y MO12JUL HAKPVG RR1 1520 1750 　　　　E

3）MU5352 Y TU13JUL HAKPVG DR1 2005 2240 　　　320 S 0 E – –T1

　（建立所需航班）

4）HAK/T HAK/T0898 – 65751535/HAIKOU MEILAN INTERNATIONAL AIRPORT CO. ,LTD/
　　WU JIANGPING ABCDEFG

5）15808901551

6）T

7）SSR FOID HU HK1 NI320103198007251271/P1

8）SSR FQTV HU HK1 HAKPVG 7319 Y12JUL HU9000052963/C/P1

9）SSR ADTK 1E BY HAK12JUL10/1031 OR CXL HU7319 Y12JUL

10）SSR TKNE HU HK1 HAKPVG 7319 Y12JUL 8803769174322/1/P1

11）RMK CA/J9QNT

12）RMK AUTOMATIC FARE QUOTE

13）FN/A/FCNY1660. 00/SCNY1660. 00/C3. 00/XCNY90. 00/TCNY50. 00CN/TCNY40. 00YQ/
　　ACNY1750. 00

14）TN/880 – 3769174322/P1

15）FP/CASH,CNY

16）HAK104

步骤五：XE2（取消原订航班）。

* * ELECTRONIC TICKET PNR * *

1）王嘉　P2XJS

2）MU5352 Y　TU13JUL　HAKPVG DR1　2005 2240　　　　320 S 0 E – – T1

3）HAK/T　HAK/T0898 – 65751535/HAIKOU　MEILAN　INTERNATIONAL　AIRPORT CO. , LTD/
WU　JIANGPING ABCDEFG

4）15808901551

5）T

6）SSR FOID HU HK1 NI320103198007251271/P1

7）SSR FQTV HU HK1 HAKPVG 7319 Y12JUL HU9000052963/C/P1

8）SSR ADTK 1E BY HAK12JUL10/1031 OR CXL HU7319 Y12JUL

9）SSR TKNE HU HK1 HAKPVG 7319 Y12JUL 8803769174322/1/P1

10）RMK CA/J9QNT

步骤六：SSR TKNE MU HK1 HAKPVG 5352 Y13JUL 8803769174322/1/P1（输入新的 SSR TKNE 项）。

XE9（删除原来的 SSR TKNE 项）。

* * ELECTRONIC TICKET PNR * *

1）王嘉　P2XJS

2）MU5352 Y　TU13JUL　HAKPVG DR1　2005 2240　　　　320 S 0 E – – T1

3）HAK/T　HAK/T0898 – 65751535/HAIKOU　MEILAN　INTERNATIONAL　AIRPORT CO. , LTD/
WU　JIANGPING ABCDEFG

4）15808901551

5）T

6）SSR FOID HU HK1 NI320103198007251271/P1

7）SSR FQTV HU HK1 HAKPVG 7319 Y12JUL HU9000052963/C/P1

8）SSR ADTK 1E BY HAK12JUL10/1031 OR CXL HU7319 Y12JUL

9）SSR TKNE MU HK1 HAKPVG 5352 Y13JUL 8803769174322/1/P1

10）RMK CA/J9QNT

步骤七：DETR：TN/880 – 3769174322（再次提取电子客票查看客票状态）。

ISSUED BY：HAINAN AIRLINES　　　　ORG/DST：HAK/SHA　　　　　　　　BSP – D

TOUR CODE：　　　　　　　　　　　　　　　　　　　　　RECEIPT PRINTED

PASSENGER：王嘉

EXCH：　　　　　　　　　　　　CONJ TKT：

O FM：1HAK MU　5352　Y 13JUL 2005 OK Y　　　　　20K OPEN FOR USE

　　　　RL：J9QNT ／ P2XJS1E

```
 TO：PVG
FC：13JUL10HAK MU PVG1660.00CNY1660.00END
FARE：          CNY 1660.00|FOP：CASH
TAX：           CNY 50.00CN|OI：
TAX：           CNY 40.00YQ|
TOTAL：         CNY 1750.00|TKTN：880－3769174322
```

第二节　旅客运输不正常情况的处理

一、一般规定

（1）旅客运输不正常情况是指误机、漏乘、错乘、登机牌遗失、无票乘机、航班超售等运输中某一环节发生问题的非正常情况。

（2）不正常情况发生时，工作人员应及时、慎重、妥善处理，并采取措施设法挽救。由于航空公司原因造成的不正常情况，航空公司必须主动承担责任，并做好解释工作；由于旅客原因造成的不正常情况，航空公司也要弄清楚情况，并按照规定实事求是地处理。

二、旅客运输不正常情况的分类及处理

1. 误机

误机是指旅客未按规定时间办妥乘机手续，或因旅行证件不符合规定而未能乘机。旅客误机按以下规定办理：

（1）旅客若发生误机，则应在获得乘机机场误机确认后，在乘机机场或原购票地点或航空公司售票处办理改乘航班手续或退票手续。

（2）旅客误机后，若要继续旅行，则在后续航班有可利用座位的情况下，航空公司应积极予以安排，并按照各航空公司自愿变更规定办理。

（3）旅客误机后，若要求退票，则按自愿退票的规定办理。

（4）持特种票价客票的旅客误机后，若要求退票或改签，则按该特种票价的相关规定办理。

课后作业：确认以下案例中需要收取的旅客费用。

（1）某旅客持国航（CA）HAK－PEK航段机票一张，Q舱，票价为1350元（不含机建费和燃油附加费），因为旅客本人原因误机，

① 如旅客要求改签后续海航（HU）HAK－PEK航班，应如何处理；

② 如旅客要求改签后续国航（CA）HAK－PEK航班，应如何处理。

（2）某旅客持东航（MU）HAK－SHA、V舱客票一张，票价为830元（不含机建费和燃油附加费），因旅客本人原因误机后，

① 如旅客要求改签后续海航（HU）HAK－SHA的航班，应如何处理；

② 如旅客要求变更后续东航（MU）HAK－SHA的航班，应如何处理。

2. 漏乘

漏乘是指旅客在航班始发站办妥乘机手续后，或者经停站过站时没有搭乘当班飞机到达终点站。

（1）由于旅客原因发生的漏乘按误机处理。

（2）由于承运人原因造成的旅客漏乘，承运人应尽量安排旅客乘坐后续航班，若旅客要求退票，则按非自愿退票处理。

3. 错乘

旅客未按客票登机牌上注明的航班乘坐飞机的旅行称为错乘。错乘主要是有关站把关不严造成的，承运人应承担主要责任。

旅客错乘飞机时，若在发现后的第一站下机，则原客票仍有效。承运人应该安排错乘旅客搭乘最早航班返回原始发站。若有其他航班飞抵其客票上的到达站，则承运人也可安排直接前往，票款不补不退；若旅客要求退票，则按非自愿退票处理。

4. 无票乘机

（1）承运人可根据需要随时检查客票。

（2）未满两周岁的婴儿无票乘机，应按婴儿票补收票款。

（3）成人或儿童无票乘机，在始发站应拒绝其乘机。在到达站发现时，若旅客确无特殊原因，则应加倍收取自始发站至到达站的票价。

5. 团体旅客误机

（1）误机发生在航班离站时间以前，收取客票票价50%的误机费。

（2）误机发生在航班离站时间以后，客票作废，票款不退。

第五章 团队业务

第一节 团队概述

一、旅游团队定义

（1）旅游团队。指采取支付综合包价或部分包价的方式购买航空机票出行的游客团体。旅游团队通过旅行社或旅游服务中介机构，有组织的按预定行程计划进行旅游消费活动。

参加旅游团队的游客一般按旅行社或旅游服务中介机构制订的日程、路线、交通工具、收费标准等做出抉择后事先登记，付款后到时成行。优点是日程、路线、所住旅馆等都按计划进行，费用比单独出游低，尤其是去某些有语言沟通障碍的国家和地区，团队派有导游，更有助于保障旅客的安全。根据客源性质和出行目的的不同，通常可以将旅游团队划分为游玩团队（纯玩团）、购物团队（购物兼旅游团队）和会议团队（会议兼旅游团队）。根据出游地域和周期的不同，通常又可以将团队划分为本地游、外地游、长线游和短线游。长线游主要适合长假期，如国庆七天黄金周、圣诞节、农历新年等。短线游主要适合短假期，如五一劳动节、端午节等。

（2）离团。指团队游客经导游同意不随团队完成约定行程的行为。

（3）脱团。指团队游客未经导游同意脱离旅游团队，不随团队完成约定行程的行为。

（4）转团。指由于低于成团人数，旅行社征得游客的书面同意，在出发前将游客转至其他旅行社所组的国内旅游团队的行为。

（5）拼团。指旅行社在保证其所承诺的服务内容和标准不变的前提下，在签订合同时经游客同意，与其他旅行社招徕的游客拼成一个团队统一安排旅游服务的行为。

二、旅游形式的分类

1. 以组团方式划分

1）旅游团队旅游

旅游团队旅游是一种旅游的模式，先付款、后消费。其价钱包括交通、三餐、酒店住房、观光景点的入场费等，其中的交通包括飞机票及旅游车。旅游团队是旅行社商业活动的主要收入来源。相对于旅游团队，即是自由行、自助游等。

2）散客旅游

业界对于散客的定义是和团队相对应的，一般情况下是根据每单交易的平均人数划分，10人以上（含10人）为团队，10人以下为散客，团队和散客的交通费用有很大的差异，即团队票价较低而散客票价相对较高。目前，旅游形式逐渐散客化，这是社会发展、接待环境成熟、个人实现意识加强的表现，具体到购买方式的变化就是朝多次和零星直接购买转变。

3）组合旅游

组合旅游即所谓的散拼团，该类旅游形式介于旅游团队旅游和散客旅游之间，游客分别从不同的地方来到旅游目的地，并由当地事先确定的旅行社组织活动。组合旅游有以下特点：①团队内没有领队；②组团时间短，游客办妥手续后，最多一周之内即可成行；③易于成行，改变了过去不足 10 人不成团的规定；④游客既可参加团队活动，也有充足的自由活动时间。

例如，北京、西安、广州、上海的游客想到张家界旅游，但是短时间内在北京、西安、广州、上海各地组团的旅行社可能都只收到了不足 10 人的游客订单，因此都不能单独成团。为降低成本，这些在不同城市组团的旅行社先将收到的游客订单根据旅游目的地进行分类，再将游客集合到共同的目的地——张家界，然后由张家界当地的地接旅行社委派导游组成团队在当地参观游览。

2. 以付费方式划分

1）全包价旅游

全包价旅游是指游客一次性付费就可以参加整个旅游行程，其费用包括：①交通费；②住宿费；③餐费（不含酒水费）；④旅行社统一安排的景区景点的第一道门票费；⑤行程中安排的其他项目费用；⑥导游服务费和旅行社（含旅游目的地地接社）的其他服务费用；⑦签证/签注费用（游客自办的除外）；⑧游客投保的个人旅游保险费用，但不包括合同约定需要游客另行付费项目的费用。

2）半包价旅游

半包价旅游通常是指旅游费用为全包价旅游产品去除中、晚餐费用的旅游，一般国内短途线路团多采取半包价旅游形式，若酒店不含早餐，则早餐也不包含在费用内。

3）零包价旅游

零包价旅游是一种独特的产品形态。如内地游客的港、澳探亲游，参加零包价旅游的游客必须随团前往和离开目的地，但是在旅游目的地的活动是完全自由的，形同散客。该类产品的优点：可获得团队机票、车票、船票的优惠；可由旅行社代办旅游团队签证。

3. 以游览区域划分

1）境内旅游

境内旅游是指旅行社依据《旅行社管理条例》等法律法规，组织游客在中华人民共和国境内（不含中国香港、中国澳门、中国台湾）旅游，代订公共交通客票，安排餐饮、住宿、游览等活动。

2）出境旅游

出境旅游是指旅行社依据《旅行社管理条例》等法律法规，招徕、组织游客出国及赴中国香港、中国澳门等旅游目的地旅游，代办旅游签证/签注，代订公共交通客票，安排餐饮、住宿、游览等活动。

三、旅行社

旅行社和旅游团队是紧密相关的，谈到旅游团队不得不提及旅行社。旅行社是旅游团队出游的主要载体之一。下面来讨论什么是旅行社，它在旅游团队中主要起到一个什么样的作用。

1. 什么是旅行社

旅行社是指有营利目的、从事旅游业务的、取得《旅行社业务经营许可证》和《企业法人营业执照》的企业。旅游业务是指为游客代办出境、入境和签证手续，招徕、接待游客，为游客安排食宿等有偿服务的经营活动。

2. 旅行社的主要职能部门

旅行社的组织机构一般包括12个职能部门：①办公室（统筹、管理、行政）；②财务部（会计、出纳、审计、预算核算）；③电子商务部（网络建设、网站编辑、网络宣传策划、网上交易）；④客服部（客户信息管理、投诉咨询受理、售前售后支持）；⑤出境部（出境手续办理、选择接洽酒店、长期客户谈判）；⑥国内部（国内各类手续办理、选择接洽酒店、长期客户谈判）；⑦策划部（旅游路线策划、产品推广策划）；⑧导游部（导游人员的招聘、培训和管理）；⑨票务部（各类交通票、门票的订票、价格交涉）；⑩地接部（地面接待）；⑪门市部（分销）；⑫车队。

3. 旅行社的职业

旅行社的职业有领队、导游、车长、订票员、签证专员、计调员、出入境操作员等。

4. 旅行社的权利与义务

旅行社在进行旅游经营活动中，根据我国现行法律法规和旅游政策的规定，其在享有一定权利的同时应履行相应的义务。

1）旅行社的权利

（1）旅行社有进行旅游广告宣传促销和组织旅游招徕活动的权利。旅行社可根据特许经营的业务范围，充分利用各种宣传媒体进行旅游广告宣传和开展旅游业务的促销活动，组织招徕和接待游客。但所有这些旅游信息必须真实可靠，不得做虚假旅游广告，不能以任何欺诈手段欺骗游客。

（2）旅行社有权利与任何旅游团队和个人签订旅游合同，约定旅游服务项目。旅行社与游客双方应本着公平、自愿、合情、合理、合法的原则，共同协商并签订旅游合同，旅行社要按照双方签订旅游合同所约定的项目为游客提供相应的服务。

（3）旅行社有权利向被提供服务的游客收取合理的服务费。由于旅行社为游客提供综合配套的各项服务，因此有权按双方合同的约定收取相应的报酬，提供质价相符的旅游产品和旅游服务。

（4）旅行社有权利按照双方签订的旅游合同安排旅游活动，如确定旅游时间、旅游线路及游览方式等。

（5）旅行社有权利向因未按旅游合同约定参加旅游活动的游客收取违约金，有权向因游客自身行为对旅行社造成的损失提出索赔要求。

2）旅行社的义务

（1）旅行社最基本的义务是保障游客人身、财产的安全。旅行社所提供的旅游产品和旅游服务必须符合相应的国家安全标准，有责任和义务在旅游活动期间保护游客的人身、财产不受侵害。

（2）旅行社有义务按旅游合同的约定向游客提供相应的旅游产品和服务，所提供的旅游产品和服务必须质价相符。

（3）旅行社有义务对由于自身过失对游客合法权益造成的损害承担赔偿的责任。除因不可抗力或法律特别规定外，因旅行社自身原因造成游客合法权益受损害的，旅行社应给予赔偿。

（4）旅行社有义务在旅游活动期间尊重游客的民族习惯。

5. 游客的权利与义务

游客在旅游过程中，根据我国现行法律法规和旅游政策的规定，有其相应的权利和义务。

1）游客的权利

（1）有权利要求旅行社按照合同和《行程单》兑现旅游行程服务。

（2）有权利拒绝未经事先协商一致的转团、拼团行为和合同约定以外的购物及另行付费的项目安排。

（3）有权利在支付旅游费用时要求旅行社开具发票。

（4）有权利在合法权益受到损害时向旅游、工商等部门投诉或者要求旅行社协助索赔。

（5）《中华人民共和国消费者权益保护法》和有关法律法规赋予消费者的其他权利。

2）游客的义务

（1）如实填写《旅游报名表》、游客安全保障卡等各项内容，并对所填的内容承担责任，如实告知旅行社工作人员询问的与旅游活动相关的个人健康信息，所提供的联系方式须是经常使用或者能够及时联系到的。

（2）按照合同约定支付旅游费用。

（3）按照合同约定随团完成旅游行程，配合导游人员的统一管理，发生突发事件时，采取措施防止损失扩大。

（4）遵守国家和地方的法律法规和有关规定，不在旅游行程中从事违法活动，不参与色情、赌博和涉毒活动。

（5）遵守公共秩序和社会公德，尊重当地的民族风俗习惯；尊重旅游服务人员的人格，举止文明，不在景观、建筑上乱刻乱画，不随地吐痰、乱扔垃圾。

（6）妥善保管自己的行李物品，尤其是贵重物品。

（7）行程中发生纠纷时，应当本着平等协商的原则解决，采取适当措施防止损失的扩大，不采取拒绝登机（车、船）等行为拖延行程或者脱团。

（8）自行安排活动期间，应当在自己能够控制风险的范围内选择活动项目，并对自己的安全负责。

（9）在合法权益受到损害要求旅行社协助索赔时，须提供合法有效的凭据。

6. 旅行社的分类

我国旅行社最初分一类社、二类社、三类社，由国际旅游局和各地旅游局管理；2000 年以后，旅行社又分为国内社、国际社（国际社又分为有出境权和无出境权两种），国家旅游局不再具体管理旅行社的事务，全交由当地的旅游局管理。

目前，国内各地的旅行社根据业务的不同又分为组团社、地接社、办事处（也可以称批发商、分销商、代理商、同行）。

1）组团社

组团社是指在出发地与游客签订旅游合同的旅行社，其在本地通过广告宣传和渠道关系组团收客。

组团社必须履行下列义务：

第一，组团社应当维护游客的合法权益。组团社向游客提供的旅游服务信息必须真实可信，不得作虚假宣传，报价不得低于成本。

第二，组团社应当与游客订立书面旅游合同。旅游合同应当包括旅游起止时间、行程路线、价格、食宿、交通及违约责任等内容。旅游合同由组团社和游客各持一份。

第三，组团社应当按照旅游合同约定的内容为游客提供服务。组团社应当保证所提供的服务符合保障游客人身、财产安全的要求；对可能危及游客人身安全的情况，应当向游客做出真实说明和明确警示，并采取有效措施，防止危害的发生。

第四，组团社组织游客出国旅游时，应当选择在目的地国家依法设立并具有良好信誉的旅行社（简称境外接待社），与之订立书面合同后方可委托其承担接待工作。

第五，组团社及其旅游团队领队应当要求接待社（地接社）按照约定的团队活动计划安排旅游活动，并要求其不得组织游客参与涉及色情、赌博、毒品内容的活动或者危险性活动，不得擅自改变行程、减少旅游项目，不得强迫或者变相强迫游客参加额外付费的项目。接待社（地接社）违反组团社及其旅游团队领队根据前款规定提出的要求时，组团社及其旅游团队领队应当予以制止。

第六，旅游团队领队应当向游客介绍旅游目的地国家或地区的相关法律、风俗习惯及其他有关注意事项，并尊重游客的人格尊严、宗教信仰、民族风俗和生活习惯。

第七，旅游团队领队在带领游客旅行、游览的过程中，应当就可能危及游客人身安全的情况，向游客做出真实说明和明确警示，并按照组团社的要求采取有效措施，防止危害的发生。

第八，旅游团队在境外遇到特殊困难和安全问题时，领队应当及时向组团社和中国驻所在国家使领馆报告；组团社应当及时向旅游行政部门和公安机关报告。

第九，旅游团队领队不得与接待社（地接社）、导游及为游客提供商品或者服务的其他经营者串通欺骗、胁迫游客消费，不得向接待社（地接社）、导游及其他为游客提供商品或者服务的经营者索要回扣、提成或者收受其财物。

第十，游客在境外滞留不归的，旅游团队领队应当及时向组团社和中国驻所在国家使领馆报告，组团社应当及时向公安机关和旅游行政部门报告。有关部门处理有关事项时，组团社有义务予以协助。如果组团社或者旅游团队领队有违反以上规定的行为，游客有权向旅游行政部门投诉。因组团社或者其委托的接待社（地接社）违约，使游客合法权益受到损害的，组团社应当依法对游客承担赔偿责任。

2）地接社

地接社是指旅游目的地接待出发地组团社游客的旅行社，即接待性旅行社，又称为接待社。它是指受组团社委托，按照接待计划委派当地导游，负责组织安排旅游团队在当地参观游览等活动的旅行社。地接社在异地无组团资质，不可以在异地打广告收客。但是，部分地接社在异地会有一个或多个外联社负责组团收客。

地接社必须履行下列义务：

第一，地接社是处在当地风景区的旅行社，组团社是与游客签订旅游合同的旅行社。地接社不负责对外直接面对客户，地接社直接和组团社对接。组团社负责联系地接社，并派导游全程陪同游客旅游，地接社负责安排住房、餐厅、交通、导游等。

第二，地接社不仅要和当地的风景区建立良好的合作关系，还要和当地的宾馆、酒店建立良好的合作关系，并负责联系导游，以及寻找组团社进行合作。

3）办事处

办事处也称地接社办事处，是指异地的旅行社设在客源地或出发地城市的接待机构、办事机构或者代理。办事处负责将小组团社和零散游客汇集起来并送达旅游地的地接社，再由地接社组织游客游览当地景区。但办事处没有经营权。

4）组团社与地接社的区别

地接社是旅游目的地的旅行社；组团社是游客所在地的旅行社。由于旅游目的地不同，因此一个组团社的旅行团可以由多个地接社负责接待。由于客源地不同，因此一个地接社可以接待多个组团社的游客。

例如，你是北京人要去上海玩，在北京的旅行社报名，但北京的旅行社并没有上海的旅行社对上海熟悉，所以就由上海的旅行社来接待。因为旅行社不可以跨地区招揽业务，所以上海的旅行社就是地接社，北京的旅行社就是组团社。反之，上海的游客通过上海的旅行社报名去北京，并由北京的旅行社来接待，那么北京的旅行社就是地接社。

一般情况下，组团社不会直接找当地的宾馆或景区，而是找当地的地接社，因为组团社的利润是地接价格与收客价格之间的差价，所以不存在宾馆、景区与组团社的利益冲突。由于各地的历史文化、风土人情不同，所以一般来说，一个旅行社都会在各地找一些旅行社来合作。出发地的旅行社会派一个领队全程陪同游客，即全陪导游，他将全程陪同旅游团队，负责游客的吃、住、行。到了目的地，再由当地的地接社委派本地导游，即地陪导游，他们只负责在当地带领游客观光游览。不同的旅游目的地由不同的地陪导游陪同，而全陪导游通常只有一位。

例如，西安的中国国旅、中国中旅、中青旅等旅行社通过广告宣传或渠道关系组织游客，若一部分游客要到海口旅游，则组团社就会联系在海口的旅行社，即地接社派驻西安本地的办事处或分公司，如海南椰辉、海口民间等旅行社作为他们的地接社，负责组织这部分游客在海南旅游。组团社只需支付给地接社一个综合服务费（如车船票、景点门票、餐食、导游等费用），并且这个费用是由组团社与地接社签订的定期价格协议决定的，一般不会发生变化。组团社唯一承担的价格风险就是大交通费（随时变化的飞机票款）。旅行社通过广告发布打包价格收客组团，然后将游客批发给各个旅游地的地接社，最后由组团社支付给地接社固定的服务费用。如到重庆的地接费、到桂林的地接费、到海口的地接费，这部分地接费用支付完后，再支付给航空公司机票款，那么打包价所剩余的钱款就是该旅行社的利润。

5）与旅游有关的组织及术语

（1）同业。是指所有做旅游行业的部门。

（2）二级票务。是指以销售团队客票为主的 BSP 代理人或者挂靠在正规旅行社旗下的无 BSP 代理资质的公司。二级票务是给一些同业、小旅行社或地接社提供团队位订座和出票的中间商，其主要盈利手段是赚取出完团队客票以后由航空公司返出的团队奖励金。

讲到旅行社，不妨和大家一同讨论在计划出游之前如何选择合适的旅行社。

6）如何选择旅行社

旅游旺季出门旅行，很多人喜欢参团。参团的第一件事就是选择旅行社，那么选择什么样的旅行社才使人放心？

（1）了解旅行社的经营范围。根据《旅行社管理条例》中的规定，国际旅行社的经营范围包括入境旅游业务、国内旅游业务；国内旅行社的经营范围仅限于国内旅游业务。游客报名时，可以要求旅行社出示旅游部门颁发的《旅行社业务经营许可证》和工商部门颁发的《企业法人营业执照》。若报名点与旅行社总部在一起时，则可要求其提供原件；若报名点远离旅行社总部时，则应要求其提供旅行社总部的办公地址和联系电话，以备核实。对于承接出国游项目的旅行社，其收客点一定要有旅游部门批准的证书。

（2）选择好的品牌。每一个旅行社都有自己的品牌，好的旅行社都千方百计地树立自己在市场中的形象。从 2010 年开始，旅行社要逐步推行资格等级评定。看一个旅行社的品牌，一般来说，如果这个旅行社采取挂靠或简单承包的方式经营，两张桌子一部传真机，那么它的信誉不会太好。中国国旅、中国中旅都是我国较早成立的一批骨干旅行社，随着旅游业的发展，这些年来又成长出了一大批信誉好、服务质量高的旅行社。

（3）不能用报价的高低来决定取舍，要看一个旅行社的报价是否合理。一般来说，旅行社的报价分为两种：一种是全包价，即包括行程中的交通、住宿、餐饮、门票等的全部费用；另一种是小包价，即只包行程中的一部分费用或在某一段行程中的费用。因此，游客在报名时一定要问清收费价格中包括哪些部分，还有哪些需要自理。

（4）不要轻信不实广告。目前，外出旅游主要是看广告。在看广告时，要看清旅行社的名称、地址、许可证号、经营范围，一旦发生旅行社违约或服务质量差等问题，这些信息都是投诉的重要依据。要注意：

① 没有社名、地址，只有报价、线路和联系电话的广告多数是挂靠在正规旅行社旗下的公司打的。

② 以商务考察、代办护照、机票等形式变相经营的出国旅游。

③ 以咨询公司名义经营的旅游业务，游客权益无法得到很好的保护，因为咨询公司不是旅行社，《旅行社管理条例》不约束它们。注意："旅游热线"提供各地旅游机构查询及各地旅游投诉机构的联系方式。

第二节　团队客票的销售

团队客票作为航空公司航班销售中剩余座位的有效补充，对航班收益水平的提升起着举足轻重的作用，下面就重点来讨论航空公司有关团队客票的销售问题。

一、团队客票的销售形式与利弊

针对团队客票的销售，有的航空公司是先直接在中国民航信息网络股份有限公司（中航信）的 eTerm 销售终端手动订座，然后根据航空公司公布的阶段性团队政策线下出票，这种团队客票的销售形式虽然看似比较方便，但是存在一定的弊端。具体原因如下。

（1）这种销售形式只适用于设立有票务部、有 BSP 代理人客票销售资质与销售终端、具有独立出票能力的旅行社，而目前市场上绝大多数旅行社都是不具备独立出票能力的，并且基本没有设立票务部。因此这些旅行社的团队客票一般都是外包给少数几家二级票务来操作，这样一来对于收客能力相对较差、又无独立出票能力的中小旅行社来讲是极为不利的，也严重阻碍了航空公司团队销售渠道的拓展。

（2）由于团队客票都是通过 eTerm 销售终端手动订座、出票，因此对旅行社提交团队订座需求的先后顺序和销售价格缺乏有效的过程监控，从而难以杜绝机票销售人员徇私舞弊的不良现象，无法给所有旅行社创造一个公开、公平的市场竞争环境，对行业的健康发展极为不利。

针对上述问题可以通过团队网上销售系统来解决。无论旅行社规模的大小，只需申请注册一个航空公司团队销售网操作账号，不需要任何销售终端，就可以通过团队网上销售系统实现从提交团队订单需求到网上成交、订座、票款支付、线上出票等服务。这种团队直通车似的服务更具有人性化和适用性，方便、快捷、公平、透明、易操作的优势得到了旅游市场上所有不同规模旅行社的青睐，为航空公司团队销售渠道的进一步拓展奠定了坚实的平台基础。

二、行业术语解析

（1）网上销售系统。网上销售系统是指航空公司销售航空产品的互联网销售平台。

（2）注册用户。注册用户是指遵守航空公司网上销售系统各项管理规定，完成注册程序，参与网上交易活动的用户。注册用户由所属营业部进行审核，通过营业部审核的注册用户方可登录网上销售系统进行交易。

（3）团队座位。团队座位是指在网上销售系统销售的所属航空公司航线航班的团队座位，即由航空公司提供的单程、来回程、缺口程、中转联程团队座位，团队座位的信息（航班、航段、日期）必须是确定的。

（4）销售方式。销售方式是指注册用户购买团队航班座位的成交方式，即注册用户在网上销售系统中根据同期团队政策提交的团队需求，并由航空公司市场部根据航班销售情况审核决定是否成交，团队座位的信息（航班、航段、日期、数量、价格）可以通过注册用户和市场部之间的信息互动进行调整。

（5）买受人。买受人是指在网上销售系统中按照各项管理规定成功购得团队座位的注册用户。

（6）成交记录编号。成交记录编号是指买受人在网上销售系统中成功购得团队座位后，系统自动生成的包括本次交易信息（航线、航班、人数、成交价格、个人信息）的唯一编码，由买受人持有，是买受人用于支付票款、订座与座位确认及换开客票的依据。

（7）"代扣税"与"不代扣税"。代扣税是指注册用户申请团队航班座位时，若选择代扣税（不提供发票），航空公司则按照代理费 5.5% 的比例扣除代理费税款；不代扣税是指若团队客户可以提供发票，则通过填写关于航空公司网上团队出票代理费营业税网下提交发票的申请来申请不代扣税，申请通过后航空公司将不扣除该税款。

（8）结算凭证。由网上销售系统根据网上出票信息或注册用户提交的出票信息，以及团队的交易要素生成的团队结算单，内容包括买受人、出票人、航班、航段、日期、团队座位数、成交价格、支付、使用情况、限制条件等销售成交信息，凡通过网上销售系统成交的团队，以此凭证作为结算的依据。

（9）BSP 电子客票。BSP（Billing and Settlement Plan）电子客票简称 BSP，BSP 是国际航空运输协会（IATA）规定的中性电子客票的英文缩写。电子票是一种流程化的电子数据，是普通纸质机票的电子形式，电子票将票面信息存储在订座系统中，可以像纸质机票一样执行出票、作废、退票、换票、改签和转签等操作。目前，它作为世界上最先进的客票形式，依托现代信息技术，实现了无纸化、电子化的订票、结账和办理乘机手续等全过程，给旅客带来诸多便利的同时为航空公司降低了成本。

（10）ICS。ICS 的全称是 Inventory Control System，即由中航信为航空公司提供的航班控制服务系统。

（11）CRS。CRS 的全称是 Computer Reservation System，即由中航信为代理人提供的计算机分销服务系统。

（12）eTerm 软件。eTerm 软件是中国民航计算机中心开发的通用网络前端平台，是专门为广大代理人、航空公司开发的基于 PC 的仿真终端软件，用户可以通过 Internet 或者中国民航计算机中心的企业网完成现在哑终端的所有功能。同时，该软件还能为用户提供哑终端不能提供的其他功能。

（13）中航信。中航信的全称是中国民航信息网络股份有限公司（TravelSky Technology Limited，TTL），是中国民航信息集团旗下的重点企业，是中国航空旅游业信息科技解决方案的主导供应商。它的客户涵盖航空公司、机场、非航空旅游产品和服务供应商、分销代理人、机构客户、民航旅客及货运商等所有行业参与者。

三、团队客票的销售

1. 旅游团队客源市场的调研与走访

航空公司市场销售部的经理是负责旅游团队客源开发的客户经理，其主要工作是：①能对本市及其周边地区的旅行社进行定点走访，拓展销售渠道，使团队销售渠道尽可能终端化，并将航空公司制定的各种销售政策、促销产品努力延伸到市场末端；②大力推行团队客票的网上销售，争取为客户提供一个一对多的公正透明的交易平台，在渠道拓展上实现一个质的飞跃；③建立一个健康、多元化的销售渠道，如团队销售网让更多的旅行社有机会和资格参与进来，让客户都能够熟悉团队销售网、使用团队销售网、喜欢团队销售网；④推行团打散卖的销售理念，做到航空公司直接与中小旅行社合作，渐渐剥离中间商，大力缩短渠道通路，拓展渠道范围；⑤协助第三方部门监控航线员和营业部销售人员的团队客票销售行为；⑥通过团队销售网生成有效的销售数据分析报表来支持对未来航班的预测销售及旅行社的管理。

2. 团队客票的网上销售

1）团队销售网使用账号的注册申请

旅行社可通过所在地航空公司营业部申请注册的团队销售网的使用账号，登录团队销售网，点击注册，输入单位名称、所属营业部、所在城市、营业执照号等相关信息，然后点击"确定"，并等待营业部审核。由当地营业部指定人员对团队客户提交的申请信息审核通过后，可提交团队申请。

团队申请适用于航空公司的所有干线、支线航班，类型包括单程、来回程、缺口程、中转联程团队。

2）注册用户需遵守网上销售的各项规定

注册用户必须按照诚实守信的原则遵守网上销售的各项规定，成交之后必须履行其买方义务——按照团队销售网的规定支付票款，未按照约定支付款项的，应当承担违约责任。

3）营业部/售票处对注册用户的管理

各营业部/售票处应该加强在其所在地的代理人、旅行社、企事业单位、有组团能力的个人之间推广团队销售网，积极发展注册用户；加强对交易的监控，杜绝风险交易。

4）团队客票的出票途径

团队客票既可以通过团队销售网在线出票，也可以通过航空公司营业部直属售票处（含合办售票处）、销售有限公司所辖售票处出票，或者通过航空公司授权处 BSP 团队的 BSP 代理人出票。

5）销售政策与座位控制

（1）销售政策。由市场部收益管理中心在投放时制定并在其网站上公布，最终以团队销售网上的公布为准。注册用户申请成功之后，按照团队规定的限制条件履行其缴纳押金、票款的义务。

（2）座位控制。团队销售网上销售的所有团队座位均由航空公司市场销售部收益管理中心控制。

3. 团队客票网上销售的方式

团队客票网上销售的方式是由注册用户提交团队需求，航空公司市场部（各所属营业部、收益管理中心）根据销售淡旺季及航班销售情况来确定是否成交。具体过程如下：注册用户在网上销售平台通过"提交需求"功能提交所需的团队班期、时刻、航段、票价、促销费率，该需求由系统分配给营业部处理，经营业部、收益管理中心审核同意后成交，成交后系统自动生成成交记录编号及 PNR。具体操作规则如下。

（1）航线始发地或客户选择的营业部负责处理需求。由航线始发地营业部负责处理、回复或者由航线始发地营业部通过"需求转交"提交给其他营业部（如一用户提交的海口—深圳—北京的团队需求，团队销售网默认为是海口营业部负责处理，但航线始发地营业部可以选择其他营业部负责处理，旅行社也可以选择所在地营业部进行处理）。

（2）处理客户需求的操作——价格、座位协调。由营业部团队管理员登录团队销售网中的"需求管理"对客户提交的新需求进行处理，处理结果提交航线管理员审核，并由营业部团队管理员负责回复客户处理结果。

（3）处理需求的标准。营业部、收益管理中心处理客户需求时，必须按照如下标准进行：

① 对于客户在当天 17:30 之前提出的需求（含前一天 17:30 之后客户提出的需求）必须在当天处理完毕；

② 回复用语应礼貌客气，不得简单粗暴，用词应准确、恰当，回复处理意见清晰

明了；

③ 对于客户提出的需求若其格式不合规范不得简单拒绝；

④ 积极主动，对于不能满足的需求应该尽量引导客户选择其他替代产品或更改行程。

4. 团队客票的网上交易规则及相关内容

1）交易规则

在团队销售网交易团队客票时，一般按照"价格优先，时间优先"的原则来处理需求，并将团队座位销售给最优先者；此外，用户出价必须是 10 元的倍数。

（1）客户提交需求的交易规则是注册用户通过团队销售网提交团队需求，由营业部、收益管理中心按照团队规则处理客户提出的需求。

（2）营业部、收益管理中心按照"价格优先，时间优先"的原则处理需求。

（3）注册用户按团队分段价格提交需求，并且必须填写团队的联系电话，以方便团队变更或者不正常航班的通知。

2）成交——确认买受

注册用户按照交易规则成功购买团队座位后即视同已经达成成交要约，该购买行为已经生效，此时，在团队销售网的客户界面上会出现"确认注册用户的买受"提示，确认买受后，注册用户应履行其买方义务，即在出票时限前确认出票；航空公司应履行其卖方义务，即在出票时限内保留座位。成功买受的团队项下会显示航段、班期、价格、座位数、出票时限/比率、促销费率即构成要约的各项具体内容。

3）成交价格

注册用户按照交易规则成功买受团队座位时的价格即为成交价格，成交价格是计算票款、票面填开及结算时的价格依据。

4）团队票款与座位保留

注册用户必须按照规定的时限及时缴纳足额票款并出票，否则网站将自动取消订座，座位不予保留。若用户申请座位保留，则营业部应根据用户提出的时限需求在权限范围内对已经成交但未出票团队的出票时限进行调整，超出权限范围的，由营业部经理或副经理决定（特殊情况下航线管理员可根据航班销售情况参与延时）。

5）团队座位的清理

清理团队座位的人员（包含营业部团队管理员、代理人）必须按 PNR 内的订单在团队销售网上将旅客量变更为 0 或将状态改为拒绝，遵循"谁清理谁负责修改"的原则。

5. 团队交易押金的收取与申退

春运、国庆正向航班及其他需要缴纳押金（票款）的日期段，航空公司考虑到团队需求溢出的市场情况，会针对一些客流较大的日期对需要申请团队座位的旅行社加收一定比例的团队座位保证金，即所谓的押金，才能分给其实际比例的团队座位。

1）团队押金（票款）的缴纳方式

需缴纳押金（票款）的团队，必须通过团队销售网支付不少于 97% 的全票款金额。

2）团队押金（票款）的申退条件

已经缴纳押金（票款）的团队，原则上押金（票款）不退，但以下情形除外：

（1）承运人取消航班。如承运人取消航班，已缴纳的未出票团队的押金（票款）

可以申退，已出票的团队按照本公司不正常航班的退票规定处理。

（2）团队座位被征用。当航空公司征用未出票的团队座位时，被征用团队座位的押金（票款）可以申退。

（3）市场原因。由于市场原因导致团队座位价格调整时，未出票的团队座位价格应随本公司政策进行调整，押金（票款）多退少补。

6. 团队客票变更通知、改签、退票、误机操作的规定

1）航班不正常变更通知

因航班不正常需通知团队进行变更的，各营业部需要根据 PNR 中 TRADEID 项中的订单编号在团队销售网中提取团队的详细信息，然后进行通知。同时，营业部应提醒各用户在提交需求时填写正确的联系电话，以方便进行不正常航班的通知及协调。

2）团队客票改签

在非航班不正常的情况下，团队客票是不允许改签的。

3）团队自愿变更

团队旅客姓名因音同字不同（含异体字、生僻字、音似字、形似字、偏旁差错、英文个别字母出错）的变更，团队乘机人的变更和整团航班、日期的变更均为团队自愿变更。

4）团队自愿退票

（1）全部团队旅客自愿退票。在航班规定的离站时间 72 小时（含）以前，收取客票价 10% 的退票费；在航班规定离站时间的 72 小时以内至规定离站时间的前一天中午12:00（含）以前，收取客票价 30% 的退票费；在航班规定离站时间前一天中午的12:00点至航班规定截载时间以前，收取客票价 50% 的退票费；在航班规定的截载时间以后，客票作废，票款不退。

（2）部分团队旅客自愿退票，除附有限制条件的客票外，按下列规定办理：

① 如乘机的旅客人数不少于该票价规定的最低成团人数时，分别按以下规定处理：

● 单程团及全部未使用的来回程、联程、缺口程团队票退票，按"团队旅客自愿退票"规定办理；

● 部分使用的来回程、联程、缺口程团队票（来回程、联程、缺口程退单程的情况）退票，应先将团队旅客原付折扣票价总金额扣除该团队已使用（或需使用）航段的单程团票款后，再按"团队旅客自愿退票"规定向需退票的团队旅客收取需退票航段的退票费，差额多退少不补。

② 如乘机的旅客人数少于该票价规定的最低成团人数时，分别按以下规定办理：

● 若客票全部未使用，则应先按团队旅客原折扣票价总金额扣除乘机旅客按退票时航班开放的最低散客舱位票价计算的票款总金额后，再扣除"团队旅客自愿退票"规定的退票费，差额多退少不补。

● 若客票部分未使用，则应先将团队旅客原付折扣票价总金额扣除该团队已使用（或需使用）航段的单程团票款后，再扣除乘机旅客按退票时航班开放的最低散客舱位票价计算的未使用航段票款总金额及"团队旅客自愿退票"规定的退票费，差额多退少不补。

5）团队客票退签、改签操作规定的差异性

每个航空公司团队客票退签、改签的一般适用性操作规定会略有差异。航空公司市场部会根据黄金周及微观时间销售的具体特点制定相关规定。团队销售网、营业部及售票处在实际销售过程中，都必须严格遵守各航空公司最新下发的团队客票销售业务提示和业务守则。

第六章　民航特殊旅客运输业务

第一节　民航特殊旅客概述

学习目标

（1）掌握民航特殊旅客的定义。

（2）掌握民航特殊旅客的分类。

（3）能根据实际情况判断民航特殊旅客的类别。

学习内容

一、民航特殊旅客的定义

民航特殊旅客是指需给予特殊礼遇和照顾或由于健康、用药和精神状况等其他情况，在旅途中需特殊照料并符合一定条件才能运输的旅客。

民航特殊旅客运输服务工作是事关航空公司及机场空地服务质量全面提升的关键环节，也是提升旅客对航空公司及机场优质服务认可度的重要因素。如何做好民航特殊旅客运输服务工作已成为中国民航业内关注的课题。

民航特殊旅客虽然是民航运输中极其少数的群体，但是航空公司及机场的旅客服务部门应十分重视。民航特殊旅客的情况一般都比较复杂，是民航旅客运输的重点和难点。

其重点性表现为：如果对民航特殊旅客运输服务的处理稍有疏忽，就容易给特殊旅客本身造成不良影响或波及其他旅客的航空运输感受，甚者会危及航空运输安全。

其难点性表现为：能够提供民航特殊旅客运输服务的机场较少，特别是在中小型机场，更加不具备提供特殊旅客运输服务的能力，民航运输一线工作人员缺乏特殊旅客运输服务经验是造成提供特殊旅客运输服务困难的最大原因。

二、民航特殊旅客的分类

由于民航运输有其自身的特殊性，因此其特殊旅客分类的标准与其他行业的标准有一定的区别。根据中国民用航空局相关文件规定，民航特殊旅客可以分为：重要旅客、婴儿及有成人陪伴儿童、无成人陪伴儿童、孕妇、病残旅客、担架旅客、老年旅客、醉酒旅客、特殊餐食旅客、犯罪嫌疑人及有人陪伴遣返旅客、盲人等。

民航特殊旅客运输服务主要体现在购票、值机和机舱三个环节，三个环节只有相互协调配合，才能为需要特殊旅客服务的旅客提供优质的服务。

各个航空公司及机场针对民航特殊旅客运输服务都提出了各自的解决方案，但基本都遵循如下规定：

（1）因旅客的行为、年龄、身体和精神状况不适合航空旅行的，或使其他旅客感到不舒适或反感的，或对其自身、其他人员或财产可能造成任何危险或伤害的，航空公司有权依据自己的合理判断，拒绝运输这类已持有客票的民航特殊旅客及其行李。

（2）民航特殊旅客必须在订座时提出申请，只有在符合航空公司规定的条件下，经航空公司相关部门预先同意，并在必要时做出相应安排后方可接受其购票和乘机。

（3）由于民航特殊旅客需要的特殊照顾和服务可能会影响空服人员对同一航班其他旅客的服务质量，因此，每一航班对接受的各类特殊旅客（除重要旅客外）应有数量限制，对民航特殊旅客接受人数的控制由航班的控制部门负责。

（4）通常航班控制部门要在航班起飞前一天下午 16:00（各航空公司有各自的规定时间）前，将所有的民航特殊旅客情况，如旅客的姓名、职务、随行人数、乘机日期、航班、起飞时间、订座舱位、PNR 代码、目的地、特殊服务要求和需要的特殊设备等，以传真或拍发电报的形式通知公司的航班生产调度部门、运行管理部门和始发站当地的航班运行管理部门。

以上为民航特殊旅客的分类，由于民航特殊旅客类别较多且相关服务要求差异较大，因此将在第二节对各种民航特殊旅客运输业务的要求做具体阐述。

学法指导

掌握民航特殊旅客服务的定义；明确民航特殊旅客服务的分类；了解民航特殊旅客服务在提升民航旅客服务工作中的重要性。

训练项目

（1）请分别举例说明民航特殊旅客的分类。

（2）角色扮演：5 名同学各扮演一类特殊旅客；5 名同学扮演机场地面服务人员。请表演机场地服人员在出发大厅遇到各种特殊旅客的正确应对的情景。

自我检测

（1）民航特殊旅客的定义。

（2）民航特殊旅客的分类。

（3）讨论民航特殊旅客服务的重要性。

思考与讨论

随着民航服务趋向个性化，请大家讨论列举新型的民航特殊旅客服务还有哪些？

第二节　民航特殊旅客服务

学习目标

（1）掌握重要旅客的分类及服务要求。

（2）掌握无成人陪伴儿童旅客购票及服务要求。

（3）掌握病残旅客的分类及服务要求。

（4）了解醉酒旅客、孕妇等其他民航特殊旅客服务的要求。

 学习内容

一、重要旅客

1. 重要旅客的分类

1）最重要旅客 VVIP（VERY VERY IMPORTANT PERSON）

（1）中共中央总书记、中央政治局常委、委员、候补委员；国家主席、国家副主席；全国人大常务委员会委员长、副委员长；国务院总理、副总理、国务委员；全国政协主席、副主席；中央军委主席、副主席；最高人民检查院检查长、最高人民法院院长。

（2）国家元首、政府首脑、议会议长及副议长、联合国秘书长。

2）重要旅客 VIP（VERY IMPORTANT PERSON）

（1）省部级（含副职）党政负责人、在职军级少将（含）以上军队领导；国家武警、公安、消防部队主要领导；港、澳特别行政区政府首席执行领导。

（2）外国政府部长（含副职）、国际组织（包括联合国、国际民航组织）的领导、外国大使和公使级外交使节。

（3）由省部级（含）以上单位或我国驻外使领馆提出要求按 VIP 接待的客人。

（4）著名科学家、中国科学院院士、社会活动家、社会上具有重要影响的人士。

2. 工商界要客 CIP（COMMERCIALLY IMPORTANT PERSON）

（1）工商业、经济和金融界等重要、有影响的人士。

（2）重要的旅游业领导人。

（3）国际空运企业组织、重要的空运企业负责人等。

3. 重要旅客的订座和售票

1）辨明要客身份

凭工作证或军官证辨明重要旅客身份、职务和级别有差异时，以比较高身份者为准。

2）订座要求

详细问清职务、级别和所需提供的特殊服务，在有关订座记录中注明，并做好保密工作。重要旅客及随从人员在同一售票处办理；VIP 及随从人员的订座情况一定为"OK"状态；VIP 的职务、级别及随行人员的相关情况要在 OSI 项中注明。

3）出票要求

除按规定建立电子客票或打印客票外，要在重要旅客的姓名后加注"VIP"字样；客票内所填项目应与订座记录逐一核对，并交值班主任检查，确保航班号、日期、起飞时间正确无误。

4. 重要旅客运输信息传递

（1）重要旅客的购票手续办理完毕后，在重要旅客的订座记录中用 OSI 项注明重要旅客身份。通常，座位控制部门要在航班起飞前一天下午 16:00（各航空公司有各自的

规定时间）前将重要旅客的姓名、职务、随行人数、乘机日期、航班、起飞时间、订座舱位、PNR 代码、目的地、特殊服务要求和需要的特殊设备等用传真或拍发电报的方式通知公司的航班生产调度部门、运行管理部门和始发站当地的航班运行管理部门。

（2）若旅客的身份要求保密或身份不明，则在职务项注明"旅客身份保密"或"身份不明"；发完通知后，应与收文单位电话联系，在确认对方已收到通知后，将对方的电话、受话人和收到的时间记录在传真或电报上。

（3）重要旅客取消旅行或变更航班、日期时，办理变更的售票部门或重要旅客上机地点的运输业务部门应及时在订座系统中取消或变更有关订座信息，或拍发变更电报通知有关航站的运输业务部门。

（4）航空公司的航班生产调度部门、运行管理部门在接到售票部门报告的重要旅客情况后，要逐项做好记录，并编制次日航班重要旅客乘机名单，报送管理局、航空公司、机场值班领导和有关部门；临时收到的重要旅客信息应及时补充通知。

5. 重要旅客服务保障要求

1）重要旅客航班的载运限制

重要旅客乘坐的航班上严禁押送犯人，严禁接收重病号或担架旅客；在接收婴儿、儿童及无成人陪伴的儿童时，应严格按规定办理，座位不得超售；禁止在该航班上装载危险物品，原则上优先安排重要旅客的运输。

2）重要旅客乘机手续的办理

重要旅客及其随行人员的乘机手续在头等舱柜台办理。办理乘机手续的时间按一般旅客的要求，若重要旅客未按指定时间到达机场，则应将信息及时反馈到航班控制部门。对于重要旅客随行人员的认定，以所获得的重要旅客信息为准。重要旅客办理乘机手续时，应为重要旅客本人和持头等舱客票的随行人员填发"头等舱服务卡"。在旅客舱单上填写重要旅客姓名后，需在舱单备注栏内注明"VIP"字样。

3）引导重要旅客登机

重要旅客登机时，需提供相应的引导服务。在航班起飞前，需准确填写"特殊服务通知单"，并主动向机组交代重要旅客的身份和要求的特别服务事项。

4）重要旅客服务电报的拍发

航空公司始发站的值机部门在航班起飞后，应及时拍发 VIP 电报，通知有关中途站和到达站的相关重要旅客服务部门，并由重要旅客服务部门通知机场各有关单位领导和相关的业务部门。

5）重要旅客进港服务

重要旅客服务部门应及时了解重要旅客信息，掌握航班的进港动态，做好服务准备。在飞机到达前一小时，重要旅客服务部门应将航班信息通知接待单位；在飞机到达前 10 分钟，接待人员应在停机位等待，并在重要旅客到达后，引导重要旅客下机；飞机到达后，行李部门应立即按照重要旅客行李到达信息卸机，无信息时，应优先卸下带有"VIP"字样标志和头等舱旅客的行李。

6）航班不正常

航班不正常时，应及时将航班延误的情况电告各有关经停站和到达站的重要旅客服务部门，重要旅客服务部门应及时报告有关领导、部门和接待单位。

二、婴儿及有成人陪伴儿童

1. 婴儿旅客购票及乘机的规定

在民航运输中，婴儿旅客的服务代码为 INF，一般是指自旅行开始之日年龄未满 2 周岁的人。从医学角度来说，一个出生不超过 14 天的婴儿是不适合高空飞机的客舱环境的。因此，航空公司一般都规定不得接收未满 14 天的新生儿乘机。中国国内航空公司规定：婴儿旅客购票乘机按适用成人全价票价的 10% 计算票款，不提供单独座位，没有免费行李额，需要和其陪同成人合用一个座位。如旅客需要婴儿单独占用座位时，应购买儿童票。每一位成年旅客携带未满 2 周岁的婴儿超过一名时，超过的人数，应购买儿童票，并可单独占用一个座位。为了方便携带婴儿的旅客，航空公司一般规定可以为携带不占座位婴儿的旅客免费收运一个折叠式的轻便童车或婴儿摇篮，如果空间允许也可将其带入客舱。

2. 婴儿旅客值机规定

航空公司及机场值机服务部门应优先为携带婴儿的旅客办理乘机手续。在办理乘机手续时，应查验婴儿的"出生证明"以核实其年龄；应将携带婴儿的旅客安排在设有婴儿摇篮的座位，不能安排在飞机的紧急出口处；应为婴儿发无座位号的婴儿登机牌；填写舱单时，应在婴儿姓名后的备注栏内注明"INF"字样，以区别成人旅客。航班起飞后，应尽快拍发旅客服务电报给航班的经停站和到达站，告知其搭乘航班携带婴儿旅客的信息。

3. 婴儿旅客接收数量及座位安排规定

为了达到航空器安全程序要求并保证客舱服务的质量，航空公司一般需对每一航班接收婴儿旅客的数量加以限制。原则上，要求每一航班接收婴儿的数量应少于该航班机型的总排数，每排旅客座位只允许安排一名婴儿，并且必须确保可以为每一名婴儿提供独立的氧气装置。当然，具体的座位安排办法因航空公司要求不同和其机型的差异有所不同，不能一概而论。

4. 有成人陪伴儿童的乘机规定

在民航运输中，儿童是指自旅行开始之日年龄在 2 周岁（含）以上至 12 周岁以下的人。有成人陪伴儿童是指有家长或 18 岁以上旅客同行的儿童。因为有成人陪伴儿童在民航运输的全过程中有人照料，所以航空公司一般将其运输程序视为一般旅客运输。在我国，儿童一般按适用成人全价票价的 50% 付费购票，占有座位并享有所持客票座位等级规定的免费行李额。

三、无成人陪伴儿童

1. 无成人陪伴儿童购票及乘机的规定

无成人陪伴儿童的服务代码为 UM，它是航空公司最早推出的一类针对旅客需求的个性化服务项目，旨在服务那些因工作繁忙、无法陪同子女乘坐飞机的旅客，该服务既可以帮助旅客节省时间又可以免去其陪同子女乘机的费用。无成人陪伴儿童是指年龄在 5 周岁（含）以上至 12 周岁以下的无家长或 18 岁以上旅客同行的儿童。年龄在 5 周岁以下的儿童，一般情况应有成人陪伴。

需要办理无成人陪伴儿童服务的旅客，需要在购票时向航空公司提出申请，经销售部门向相关部门提出申请，确定申请结果后方能答复旅客，并要求旅客承诺无成人陪伴儿童应由儿童的父母或监护人陪送到乘机地点，并在儿童的下机地点安排人员予以迎接和照料。若运输的全航程包括两个或两个以上航段，则在航班经停站，均应由儿童的父母或监护人安排人员予以接送和照料，并提供接送人的姓名和地址。若儿童父母或监护人在上述航班经停站安排人员接送有困难，要求由航空公司或在当地雇用的服务人员照料儿童时，则应预先提出申请并经航空公司同意后，方可接受运输并为其出票。通常航空公司为了不影响正常旅客的空中服务质量，会根据机型对同一航班载运的无成人陪伴儿童人数有所规定。如表6－1所示为某航空公司不同机型对无成人陪伴儿童数量的限制。

表6－1　某航空公司不同机型对无成人陪伴儿童数量的限制

机　型	舱　位		
	F	C	Y
B－777A	—	不接受	8人
B－757	—	不接受	5人
B－737	—	—	5人
A－321	不接受	—	5人
A－320	—	不接受	5人

2. 无成人陪伴儿童值机服务流程

航空公司一般都需要旅客在办理值机手续前填写《无成人陪伴儿童运输申请书》，并承诺内容的真实性，同时为无成人陪伴儿童办理乘机所需的各项手续。航空公司应专门安排地面服务人员接待无成人陪伴儿童，并为其佩戴专用的无成人陪伴儿童标识。值机前需确认儿童是否佩戴"无成人陪伴儿童文件袋"，仔细核对文件袋中的有关凭证资料，如客票、行李票和旅行证件，并确保正确无误。若发现儿童未佩带"无成人陪伴儿童文件袋"，则应予以补发，此外，"无成人陪伴儿童文件袋"中的相关资料在儿童的父母或监护人确认无误后，方可为儿童佩戴。

为无成人陪伴儿童办理乘机手续时，应按照如下原则为无成人陪伴儿童安排座位，最大限度地避免影响其他旅客的客舱服务及体验。无成人陪伴儿童座位的安排原则如下：

（1）安排在便于指定的随机服务员或乘务员照料的适当位置；

（2）靠近机上厨房，最好是过道座位；

（3）若有可能，则应与其他旅客的座位分开；

（4）若座位满座，则应安排在与女乘客连在一起的座位；

（5）不得安排在应急出口旁的整排座位中。

地面服务人员引导和协助无成人陪伴儿童办理安全检查等手续，并引导其进入候机室内休息等候。在广播该航班上客后，地面服务人员将无成人陪伴儿童交给指定的随机服务员或乘务员，并清楚填写"特殊服务通知单"交给乘务员。最后向相关部门报告无成人陪伴儿童情况，以便相关部门向经停站或到达站拍发有关特殊服务的电报。

3. 无成人陪伴儿童经停站及到达站服务

经停站工作人员在接到前方站拍发的关于无成人陪伴儿童服务的电报后，应第一时间与迎送儿童的父母或监护人或由他们所安排的人员取得联系，以保证在续程期间有人照料儿童。

对于提供的儿童所要求的服务事项，应将相关费用通知承办的售票服务处。无成人陪伴儿童到达时，应与随机服务员或乘务员进行联系并尽可能地给儿童提供帮助。若航班在经停站更换机组，则应将儿童的文件袋转交给下一个机组的随机服务员。

当飞机到达目的地时，指定的随机服务员或乘务员应将儿童和文件袋交给到达站的地面服务人员。地面服务人员将儿童和文件袋交给迎接儿童的儿童父母或监护人并签字交接。如遇特殊情况应与始发站联系。航空公司须全力确保将无成人陪伴儿童安全地交给迎接儿童的儿童父母或监护人。

四、孕妇

1. 孕妇旅客购票及乘机的规定

由于大部分民航飞机的飞行高度较高，飞机内的氧气含量减少、气压降低，而孕妇或新生儿对运输条件变化的适应能力比较弱，因此航空公司一般都要求孕妇旅客在申请购票时满足以下运输条件：

（1）怀孕32周或不足32周的孕妇乘机，除医生诊断不适宜乘机者外，可按一般旅客运输。

（2）怀孕超过32周的孕妇乘机，一般不予接受，如有特殊情况，怀孕超过32周、不足36周的孕妇乘机，应提供包括下列内容的医生诊断证明：旅客姓名、年龄，怀孕时间，旅行的航程和日期，是否适宜于乘机，在机上是否需要提供特殊照料（诊断证明书应在旅客乘机前72小时内填开，并经县级以上的医院盖章和该院医生签字方能生效）。

（3）预产期在4周以内，或预产期不确定，但已知为多胎分娩或预计有分娩并发症者，不予接受运输。

2. 孕妇旅客值机服务流程

航空公司及机场地面服务人员应在接到有关特殊旅客（孕妇）运输电话通知后，按通知中所述旅客要求的服务事项作相应的安排。办理乘机手续时，检查必备文件［如"诊断证明书"和"特殊旅客（孕妇）乘机申请书"］是否齐备和符合要求。值机员应尽可能为孕妇旅客提供方便出入和服务的座位。如孕妇不能提供有效的医院证明，为确保孕妇及胎儿安全，航空公司不予承运。

五、病残旅客

1. 病残旅客的定义及分类

在航空运输中，病残旅客是指由于在精神或身体上有缺陷（或病态）而无自理能力，或其行动需要他人照料的人。如果是年事甚高的老年旅客，即使该旅客没有疾病，航空运输中也应视其为病残旅客，并给予特殊服务。特别需要指出的是，那些带有些许先天残疾，但行动能自理不需要他人照料的旅客，不应视为病残旅客。

航空运输中，病残旅客的分类情况因各航空公司规定的不同而有较大差异，一般包括身体患病、精神患病、肢体伤残、失明旅客（盲人）、担架旅客、轮椅旅客等。下面会对失明旅客、担架旅客、轮椅旅客等较常见的病残旅客运输的业务流程做具体介绍。

2. 病残旅客购票及值机规定

由于病残旅客往往需要航空公司提供特殊服务并需要准备特殊服务器具，因此病残旅客在购票前需要向航空公司有关部门提出申请，经过航空公司允许后方能购票并享受特殊服务。航空公司一旦为病残旅客出票，就意味着承诺接收病残旅客乘坐飞机，就需要协调各服务相关部门做好各项服务准备工作。

航空公司及机场地面服务人员在收到航空公司销售部门拍发的"病残旅客运输通知"电报之后，应检查各有关部门对运输病残旅客的准备情况，如担架、轮椅、升降机、餐食等准备情况。值机人员应仔细验收旅客的"诊断证明书"和"特殊旅客乘机申请书"，并留存，应尽量将病残旅客安排在靠近客舱服务员的座位或靠近舱口的座位（但绝不能安排在应急出口处的座位）。地面服务人员应在座位布局（表）上标明病残旅客座位号，并向当班乘务长做简要交代，安排病残旅客提前登机以免影响其他旅客登机。飞机起飞后，地面服务人员需向该航班沿途所经各站拍发"病残旅客运输通知"电报。

3. 盲人旅客运输规定

盲人旅客，即失明旅客，服务代码为 BLND，航空公司通常把盲人旅客分为有导盲犬引路的盲人旅客和无成人陪伴的盲人旅客。有成人陪伴旅行的盲人旅客航空公司一般视为正常旅客运输；有导盲犬引路的盲人旅客可以免费携带其导盲犬进入飞机客舱；无成人陪伴的盲人旅客需要由地面服务人员协助送到登机门，再由乘务员协助引导其到指定座位，并由乘务员口述相关设备的使用办法。为了不影响航空运输的服务质量，航空公司一般会限制航班上盲人旅客的人数，通常同一航班上盲人旅客或聋哑旅客不得超过两名。

4. 担架旅客运输规定

担架旅客的服务代码为 STCR，是指在飞机上无法在客舱座位上就座，必须处于水平状态的旅客。由于担架旅客往往是病情较重的旅客，因此其运输条件相对严格，必须至少有一名医护人员或家属陪同。

担架旅客在购票时需向航空公司提出申请，经过航空公司综合各方面因素后答复旅客是否承运，其票价通常为 6 个成人经济舱全价，且在器具条件符合要求的航段上每个航班只能载运一名担架旅客。航空公司地面服务人员接到担架旅客通知后，应做好以下安排：提前了解预留、拆座的座位数等有关信息；安排值机人员协助旅客或其家属办理乘机手续；通知有关单位准备所需的车辆、人员到场；落实拆座情况；必要时，值机员需上机检查；拆座位必须本着避免影响紧密门的使用和乘务员的服务；担架旅客应先安排登机；飞机起飞后，应发电告知本站各有关单位及各中途站、到达站等相关部门；担架旅客一般应安排最后下机。

5. 轮椅旅客运输规定

轮椅旅客是相对常见的病残旅客。在航空运输中，轮椅旅客一般分为以下三种类型：

（1）客舱轮椅旅客，服务代码为 WCHC。此类旅客尽管能在座位上就座，但完全不能动弹，并且前往/离开飞机或休息室时需要轮椅，在上下客梯和进出客舱座位时需要背扶。

（2）客梯轮椅旅客，服务代码为 WCHS。此类旅客可以自己进出客舱座位，但上下客梯时需要背扶，远距离前往/离开飞机或休息室时需要轮椅。

（3）机坪轮椅旅客，服务代码为 WCHR。此类旅客能够自行上下客梯，并且在机舱内可以自己走到自己的座位上去，但远距离前往/离开飞机时，如穿越停机坪、站台或前往休息室时需要轮椅。

为了不影响航空运输的服务质量，航空公司一般会对每个航班上接收的各种轮椅旅客的人数有一定的限制，并且对不同的轮椅旅客有不同的人数限制，如 WCHC 和 WCHS 限两名，WCHR 的接收人数不限。

六、醉酒旅客

醉酒旅客是指由于酒精、麻醉品等中毒，可能给其他旅客带来不愉快或造成不良影响的旅客，航空公司一般不接受其乘坐飞机的要求。航空公司工作人员有权根据旅客的言谈、举止判断旅客是否属于醉酒旅客。若在飞行途中，对于发现旅客处于醉态、乘务长判断其不适应旅行或妨碍其他旅客的旅行时，机长则有权令其在下一经停地点下机。醉酒旅客被拒绝乘机时，若需退票，则按自愿退票处理。

七、犯罪嫌疑人及有人陪伴遣返的旅客

在我国，押解犯罪嫌疑人任务执行"谁押解，谁负责"的原则，未采取防范措施、不能确保安全的，不准乘坐民航班机。公安机关押解犯罪嫌疑人，一般不准乘坐民航班机。确实需要乘坐民航班机押解犯罪嫌疑人的，必须报经押解单位所在地或押解出发地省、自治区和直辖市公安厅、局批准。各地公安机关执行押解任务前，必须征得航班出发当地民航公安机关同意，并办理相关押解手续。由境外押解犯罪嫌疑人、偷渡人员乘坐民航班机回国的，必须经押解单位所在地省、自治区和直辖市公安厅、局批准后，报民航总局同意，由民航总局通知民航相关单位协助运输。监送人员在运输的全航程中，对所监送的犯罪嫌疑人负全部责任。

航空公司一般对犯罪嫌疑人的运输是有限制条件的，即每个航班可同机押解三名（含三名）以下的犯罪嫌疑人，押解警力应三倍于犯罪嫌疑人，押解方必须落实各项安全防范措施，可以使用必要的械具，防止失控。但在任何情况下，都不得将犯罪嫌疑人铐在机舱座位或航空器内其他无生命的物体上。押解人员乘机时，不得携带武器，押解人员应遵循"内紧外松，早上机，晚下机"的原则。重要旅客乘坐的民航航班禁止押解犯罪嫌疑人、偷渡人员。运输犯罪嫌疑人，只限在运输始发地申请办理订座售票手续。

在办理犯罪嫌疑人值机手续时，工作人员须查验旅客的押运证明，同时核查押运犯罪嫌疑人的运输是否已向航空公司申报并获得批准。押解人员和犯罪嫌疑人必须提前登机，并安排在客舱尾部的三人座，被押解人员须坐中间座位。他们的座位不能靠近或正对任何出口，也不能在机翼上方的舷窗出口旁，到达目的地后最后下机。

在空中飞行时，要求押解人员在进入机舱前及整个飞行途中给犯罪嫌疑人戴上手铐，并适当伪装，以免影响其他旅客。值机员应将航班有犯罪嫌疑人的信息报航班乘务员，并做好交接记录，同时提醒机组不要让犯罪嫌疑人接近可能造成危害的物品。航班起飞后，拍发电报通知各经停站和到达站。

学法指导

　　明确重要旅客的定义及分类标准；明确婴儿旅客的定义及运输要求；明确无成人陪伴儿童的定义及运输要求；掌握无成人陪伴儿童机舱座位的安排规定；明确病残旅客的分类；能辨析轮椅旅客的分类并完成其地面服务流程；能了解担架旅客运输的基本要求；明确醉酒旅客的定义及处理要求；了解犯罪嫌疑人运输的规定。

训练项目

　　（1）张小明今年8岁，他爸爸为其购买了从广州到北京的机票并办理了无成人陪伴儿童服务。如果作为机场地面服务人员的你接受了该项工作任务，请你用文字描述旅客从抵达机场到旅客登机的时间段中，你该向张小明提供哪些服务？

　　（2）角色扮演：一名学生扮演老年旅客，一名学生扮演机场地面服务人员。请根据老年旅客运输要求完成地面运输工作。

自我检测

　　（1）简要说明重要旅客的分类规定及服务要求。
　　（2）简要说明无成人陪伴儿童旅客的购票及服务要求。
　　（3）简要说明病残旅客的分类及服务要求。

思考与讨论

　　请同学们讨论：随着旅客个性化服务要求意识的增强，本节民航特殊旅客运输业务的流程还有哪些值得改善的地方？为什么？如何改善？

第七章 不正常航班及其业务处理

学习目标

（1）了解不正常航班的概念。

（2）掌握造成不正常航班的原因。

（3）学会处理不正常航班旅客的安排及处置。

导入案例

2009 年 4 月 3 日，一架计划由广州飞往武汉的东航航班因机械故障发生延误。因航空公司无法给出具体起飞时间，部分旅客情绪失控，一度闯入停机坪抗议。其中有 6 名旅客由于踹坏了登机口的玻璃门而被机场派出所带走。飞机故障排除后，由于要等这 6 名旅客，因此又等待了近一个小时才于下午 13：31 起飞，之后 127 名乘客顺利到达武汉。

具体经过：4 月 3 日上午 9:47，一架东航客机飞抵白云机场，按照计划该飞机将执行 10:50 的 MU2472 广州至武汉的航班任务。然而当 10:03 打开舱门时，机组人员发现飞机备用地平仪出现故障。在紧急处理未果后，航空公司于 10:34 向旅客发出"航班因机械故障发生延误，至于何时才能修复故障重新起飞尚不得知"的通知。

遇到问题后，机务和维修工程师迅速到场研究解决方案，并判断该故障是否会对航班的安全正常飞行造成影响。东航驻白云机场的负责人对记者表示，因为飞机故障不像汽车等其他交通工具，任何小的故障不排除都有可能影响飞行安全，并且何时能够修复谁都不能做出准确判断。但旅客对这些情况并不了解，他们觉得，如果没有给出具体延误时间就是侵犯了他们的知情权。该负责人告诉记者，其实不仅是旅客想让飞机尽快起飞，航空公司也很想让飞机尽快起飞。

经过修理，故障于 11:49 排除，航空公司通知可以上客。该负责人告诉记者：按照计划这个航班可以在 12:40 起飞，但由于有 6 名旅客因情绪失控踹坏了登机门被机场公安带走调查，航班再次延误。

为了等候这 6 名旅客，航班被迫又延误了近 1 个小时。据悉，该 6 名乘客最终接受了处罚，返回航班时情绪已经恢复正常。当天下午 13：31，载着包括 6 名情绪失控旅客在内的 127 名乘客的 MU2472 航班终于起飞。

第一节 不正常航班概述

一、不正常航班的定义

正常航班是指飞机在航班时刻表上公布的离站时间前关好机门，并在公布的离站时间后 15 分钟内起飞，又在公布的到达站正常着陆的航班；反之为不正常航班。

二、不正常航班原因的分类

造成不正常航班的原因有很多，既有旅客方面的原因，也有非旅客方面的原因。

旅客方面原因的分类情况见第四章第二节旅客运输不正常情况及处理；非旅客方面原因的分类情况如下：

1. 承运人原因

承运人原因造成的旅客运输不正常包括航班提前起飞、延误、取消、合并、加降、备降和飞越不正常情况，也包括由于机组原因造成的航班不正常。

2. 非承运人原因

由于天气、突发事件、空中交通管制、安检和旅客等非承运人原因造成航班在始发站延误或取消的，承运人可协助旅客安排餐食和住宿，费用由旅客自理。

天气原因这简单的四个字实际包含了很多种情况，如出发地机场的天气状况不宜起飞；目的地机场的天气状况不宜降落；飞行航路上的气象状况不宜飞越等。具体情况如下。

（1）出发地机场天气状况（能见度、低空云、雷雨区、强侧风）；

（2）目的地机场天气状况（能见度、低空云、雷雨区、强侧风）；

（3）飞行航路上的气象情况（高空雷雨区）；

（4）机组状况（机组技术等级、分析把握当前气象及其趋势做出的决策）；

（5）飞机状况（该机型对气象条件的安全标准、符合安全的前提下某些机载设备失效导致飞机不宜在该天气状况下飞行）；

（6）因恶劣天气导致的后续状况（如机场导航设施受损、跑道不够标准、结冰、严重积水等）。

从世界各地的民航运输情况看，天气原因是影响航班正常飞行的主要原因。

第二节　不正常航班的业务处理

一、不正常航班处理的依据

近年来，不正常航班情况下的赔偿责任问题成为航空公司与旅客之间的一个主要矛盾，双方经常为此发生纠纷。目前，解决航班不正常情况下的赔偿问题尚未有专门的法律法规，可供参考的法律法规仅有 1985 年 1 月 1 日制定，1996 年 2 月 28 日修订的《中国民用航空旅客、行李国内运输规则》（以下简称《国内客规》）；1996 年 3 月 1 日施行的《中华人民共和国民用航空法》（以下简称《民用航空法》）；1999 年 3 月 15 日第九届全国人民代表大会第二次会议通过的《合同法》；2004 年 7 月 1 日中国民航总局出台的《航班延误经济补偿指导意见》（以下简称《补偿指导意见》）和《深航顾客服务指南》。

其中，《补偿指导意见》是目前我国使用比较广泛的专门用来解决航班延误的规定，但由于航班延误的赔偿问题比较复杂且难以操作，所以该指导意见对航班延误的补偿问题只做了原则性的规定，并把具体的补偿标准和补偿方案交由航空公司自行制定。

《补偿指导意见》的具体内容如下：

（1）航空公司因自身原因造成航班延误的标准分为两个，一个是延误4小时以上、8小时以下；另一个是延误超过8小时。这两种情况的航班延误，航空公司都要对旅客进行经济补偿。

（2）补偿方式可以通过现金、购票折扣和返还里程等方式予以兑现。

（3）在航班延误的情况下，为了不再造成新的延误，经济补偿一般不在机场现场进行，航空公司可以采用登记、信函等方式进行。

（4）机场应该制止旅客在航班延误后，采取"罢乘""占机"等方式影响航班的正常飞行。

二、不正常航班旅客运输赔偿

1. 航班不正常时承运人的义务

1）补救义务

承运人应按照规定认真做好后续的航班安排或退票工作。

2）告知义务

航班延误或取消时，承运人应迅速及时地将航班延误或取消等消息告知旅客，并做好解释及安抚工作。

3）赔偿义务

对旅客因延误造成的损失须按规定予以赔偿或补偿。

2. 航班不正常时违约责任的承担方式

对于航班由于承运人原因造成的不正常航班违约责任的承担方式主要包括以下四种：

1）赔偿损失

赔偿损失的归责原则采取的是过错推定原则，即由承运人证明自己已经采取一切必要措施或者不可能采取此种措施，但最终仍造成了旅客的损失，且对此损失应承担赔偿责任。我国《民用航空法》虽然规定了航空延误应当赔偿，但是赔偿什么损失，赔偿多少损失并没有具体规定。《国内客规》及其他规则也无赔偿的具体规定。《补偿指导意见》指出，航空公司应依照航班延误的时间和原因对旅客进行经济补偿。然而该文件既不是国务院制定的行政法规，也不是民航总局制定的部门规章，其不具有法律效力，且"赔偿"与"补偿"一字之差，天壤之别，因此，该文件不能称为是航班延误具体赔偿的规定。

根据国际惯例，航班延误赔偿的内容是实际的经济损失，赔偿的范围一般包括：旅客在等候另一航班过程中所支出的特殊费用；旅客耽误乘坐下一经停地点航班的损失；旅客购买另一航空公司机票而额外支出的票款。

2）继续履行

继续履行采取无过错归责原则。根据《合同法》规定，能够继续履行而守约方又要求继续履行的，违约方应承担继续履行的违约责任。航班发生延误后，旅客不愿意承运人继续履行运送义务的，可以退票；要求继续履行的，承运人应及时为旅客改签后续班次或转签其他承运人的航班。对此，《国内客规》第19条和第23条做了规定。

3）采取补救措施

《合同法》第107条指出，当事人一方不履行合同义务或者履行的合同义务不符合约定的，应当承担继续履行、采取补救措施或者赔偿损失等违约责任。采取补救措施主要是针对履行的义务不符合约定或者避免损失的发生。在航班延误中，采取补救措施主要是为了及时安排班次以满足旅客尽快出行的要求，尽全力采取措施避免延误损失的发生，具体内容与上述"继续履行"的内容重合。

4）支付违约金

我国《合同法》第114条规定，当事人约定一方可以违约时，应当根据违约情况向对方支付一定数额的违约金，此外，可以约定因违约产生的损失赔偿额的计算方法。

目前在民航客运中，极少有事先约定航班延误违约金的情况，但是航空公司制订并对外公布的"服务承诺"可以视为对违约金的认可和遵照执行。例如，深圳航空公司于2004年7月公布了《深航顾客服务指南》，承诺因自身原因造成的航班延误将给予旅客经济补偿，并制定了相应的标准。这个补偿的金额经深圳航空公司向社会公众承诺后就可以视为航空公司承诺会对其违约行为给予违约金。

此外，在整个合同履行的过程中，承运人人均应承担通知、协助及保密的附随义务。出现航班延误时，承运人也应履行附随义务，即及时告知旅客延误的原因、何时能成行等信息，提供或协助旅客解决食宿等问题。对此，《国内客规》第57条～第60条也有相应的规定。

三、不正常航班的业务处理

航班延误后，为了缩短延误时间，减少因延误造成的影响，航空公司各业务部门和空勤组应积极配合，尽量缩短过站经停时间。

由于天气等原因造成航班大量延误、旅客大量滞留的，旅客服务部可根据情况决定是否办理未开办航班的乘机手续，并疏散旅客。但对外已公布延误的航班，不得早于公布起飞时间前30分钟截止办理乘机手续。飞机在本站的航班取消前已安排旅客住宾馆的，应待明确起飞时间（得到后方站的起飞信息）后，方可通知接送旅客到机场。两站间飞行时间不足1小时的除外。

不正常航班服务质量的好坏是检验机场服务质量好坏的关键。因此，机场应在此方面多下功夫，旨在让旅客在延误后仍能感觉到机场的优质服务。保证不正常航班仍能遵循"应急处置要到位，准备工作要提前，协调工作要统一"的原则，避免出现航班不正常时因各航空公司服务标准不一致而导致的机场整体服务水平下降，应想尽一切办法让旅客从一开始就能够迅速获取不正常航班的动态信息，以及机场对不正常航班的处理方案，最大限度降低不正常航班可能带来的不良影响，提高航班不正常时的服务质量。

1. 航班信息通报

航班延误时，旅客最想在第一时间得到准确的航班信息，以便做好准备或及早调整行程。机场内部需尽早做好各方面信息的通知工作，以避免服务工作的被动。

（1）飞机起飞前150分钟内获得延误信息：

① 由机场商务调度部门直接与航空公司联系，请航空公司根据旅客订座记录的联系信息提前通知旅客，尽量让旅客按最新的时间到机场办理乘机手续，避免长时间在机场等候；

② 由机场指挥中心将延误信息直接输入机场的查询系统，通过查询终端和候机大厅航班显示屏幕，向旅客公布延误信息；无查询系统的机场可通过广播或通告牌向旅客

公布；

③ 服务台的工作人员根据查询系统的查询结果向问询旅客解释航班延误的原因；

④ 值机员提前 90 分钟办理乘机手续，并在值机柜台上放置"延误航班信息通告牌"，及时通知未接到延误信息的旅客；

⑤ 广播室每隔 20 分钟广播一次航班延误信息。

（2）飞机起飞前 90 分钟内获得延误信息：

① 由指挥中心将延误信息直接输入查询系统和电子显示屏向旅客公布延误信息；

② 值机员正常办理乘机手续，并在值机柜台上放置"延误航班信息通告牌"将延误信息及时通知旅客；

③ 服务台的工作人员根据查询系统的查询结果向问询旅客解释航班延误的原因；

④ 广播室每隔 20 分钟广播一次航班延误信息；

⑤ 登机口的工作人员在登机口放置"延误航班信息通告牌"向旅客公布延误信息；

⑥ 若需要解决旅客食宿时，则由广播室向旅客进行正式通知；

⑦ 头等舱工作人员负责通知头等舱旅客航班延误信息。

（3）飞机起飞前 30 分钟内获得延误信息：

① 由指挥中心将航班延误信息直接输入查询系统和电子显示屏向旅客进行公布；

② 广播室立即广播航班延误信息，并隔 20 分钟再次通知航班最新情况；

③ 登机口的工作人员在登机口放置"延误航班信息通告牌"向旅客公示航班延误信息；

④ 必要时，登机口的工作人员可用小喇叭向旅客进行反复通知；

⑤ 若需要解决旅客食宿时，则由广播室向旅客进行正式通知；

⑥ 头等舱工作人员负责通知头等舱旅客航班延误信息。

2. 客票签转

1）签转原则

（1）遵循"保障重点、照顾一般"的原则，签转时按照重要贵宾、持国际中转客票、持国内中转客票（含空陆联运的票证）、有重要公务会议的旅客、一般旅客的顺序进行签转。

（2）遵循"隔离签转"原则，在后续航班座位无法满足全部旅客签转需求的时候，应把旅客化整为零，依次签转，避免发生冲突。

2）签转注意事项

（1）确定承运双方互有签转协议。

（2）签转前，确定有可利用的空余座位并做好预留工作。

（3）确保收回已签转旅客原先的登机牌及行李提取牌，若让旅客持原行李牌提取行李，则应与实际承运方做好交接。

3. 航班信息的及时跟踪

在航班延误时间较长的情况下，部分有急事或家住本市的旅客会提出离开机场自行活动的要求。此时，机场完全可以满足旅客的需求，但需请旅客将联系电话留下，待航班有确定起飞时间后由机场服务部门负责通知旅客航班信息。这是一项个性化服务，能够满足旅客的不同需求。但其必须包括的服务事项如下：

1）接收旅客

当航班延误时间较长、旅客向机场的服务值班员提出离开机场自行活动时，服务值班员应主动向旅客说明航班延误情况；并由服务值班员询问旅客是否有适当的交通工具，是否能够在得知航班信息的第一时间迅速赶到机场。一般情况下，以提前60分钟通知旅客为限；若旅客有交通工具，则服务值班员应向旅客申明其自留的联系电话一定是有效的，否则，若发生电话无法接通而造成未通知到的后果，机场不承担责任；若旅客同意机场方的规定，服务值班员则可请旅客按机场的《不正常航班旅客跟踪服务登记表》填写自己的详细资料，并签名予以确认；服务台也需将机场问询电话告知旅客，请旅客及时拨打电话进行询问；当该航班所有旅客的信息登记完毕后，服务值班员需立即将所有《不正常航班旅客跟踪服务登记表》交予电话问询员，由电话问询员负责通知旅客。

2）信息通知

当航班有最新信息或已确定起飞时间后，由电话问询员负责将最新信息一一打电话通知旅客，并在《不正常航班旅客跟踪服务登记表》上做好通知记录。若旅客的电话打不通，则由电话问询员负责多次拨打，并将打电话的时间和次数均在服务单上做好记录。当通知完旅客后，电话问询员需及时将通知旅客的情况向服务值班员汇报。

4. 旅客滋事的处置

当旅客对航班延误、延误服务或延误时间等产生异议时，易情绪激动引发激烈行为，旅客滋事一般是认为自己受到了不公平对待，故机场在明白哪些原因容易引起旅客滋事以后，应将工作前移，尽量最大限度地化解旅客的不满意情绪，避免机场与旅客之间发生冲突。

1）旅客滋事的一般原因

（1）航班计划调整（取消），旅客未接到信息通知。

（2）航班延误时间一推再推。

（3）工作人员解释的口径不一致，理由不统一。

（4）旅客认为航空公司故意隐瞒航班延误或取消的真实原因。

（5）航班延误较长时间，但航空公司不愿意为旅客提供休息和餐食服务。

（6）航班延误较长时间，但航空公司不出面解决问题。

（7）旅客索赔未果。

（8）其他原因。

2）航班计划调整（取消），旅客未接到信息通知的（不可控）

（1）当服务值班员或值机员发现航班已进行了计划的调整（取消），旅客前来办理乘机手续时，需及时向旅客说明航班情况，若旅客情绪激动，则尽量专门安排一名工作人员向其做好解释工作。

（2）针对有急事的旅客，服务值班员或值机员需带其到补退票柜台，请补退票柜台人员根据航空公司的具体要求确定是否给予客票签转。

（3）若确定不能进行客票签转，值机员则应立即将信息传递给服务值班员，并请服务值班员根据航空公司事先的安排派人提供服务。

（4）服务人员到达旅客位置后，需先向旅客道歉，然后将机场何时得到的调整（取

消）信息及航空公司事先做好的服务安排向旅客一一说明，并听取旅客的意见。

（5）若旅客意见非常大、情绪非常激动，服务人员则应将旅客请到人员较少的地方（如国际厅或 X 接待室），让旅客坐下说明具体情况。

（6）请旅客坐下后，服务人员应尽量给旅客提供茶水或饮料，并对旅客的意见表示理解，然后向旅客解释民航的相关规定和航空公司的服务安排，尽可能让旅客接受。

（7）若旅客仍不接受，服务人员则应请服务值班员给旅客做进一步解释，必要时，请航空公司代表出面与旅客进行解释或安排后续航班。

（8）若旅客不止一人，则当服务值班员（航空公司代表）在做情绪激动旅客的工作时，其余服务值班员需在一旁做好其他旅客的解释工作。

（9）当旅客接受意见后，服务值班员需派人派车将旅客送到酒店休息或送回家中。

3）因航空公司原因，延误时间一推再推的（不可控）

（1）在没有将再次修改的航班信息通知给旅客之前，服务值班员需与航空公司代表进行意见沟通，询问延误原因及后续的服务安排，并要求航空公司代表在旅客情绪激动时必须出面给旅客做解释工作。

（2）由服务值班员派员工请旅客到达"不正常航班服务区"休息，并召集旅客进行打扑克、看电视等娱乐项目。

（3）由广播室将延误信息通知旅客，由登机口服务员更改"不正常航班信息通告牌"内容；当旅客情绪激动时，服务值班员和登机口服务员应尽量给旅客做好解释工作。

（4）若航空公司同意给旅客安排饮料或餐食服务，则服务值班员应事先安排人员准备好餐食，并在给旅客做解释工作时一同发放给旅客，尽量减少旅客的怒气。

（5）在给旅客做解释工作时，机场工作人员应尽量避免与情绪最激动的人员争辩，应侧重回答其他旅客的问题。

（6）当旅客要见航空公司代表时，服务主管应请航空公司代表出面给旅客做出合理解释，同时也需配合航空公司代表为其他旅客做好服务工作。

（7）在服务区内，应尽量给旅客提供最舒适的服务，并遵从航空公司代表的意见给旅客提供其他服务。

5. 旅客拒绝登机

1）处置原则

（1）服务值班员必须亲临现场，耐心做好旅客的思想工作，尽最大努力劝说旅客登机。

（2）了解航空公司意见，迅速协商拟定解决方案，避免造成旅客的长时间等待，贻误处理问题的最佳时机。

2）处置程序

（1）迅速将拒绝登机旅客的行李找出，提前将行李拉下，做好减人准备。

（2）了解相同航段后续航班座位的可利用情况，根据拒绝登机旅客的人数，预订后续航班的座位。

（3）及时了解航空公司代表及机长的意见，确定是否拉下拒绝登机的旅客，还是继续等待。

（4）确定拉下旅客后，需确保未登机旅客的行李全部拉下。

（5）协助旅客改签后续的航班，协调航空公司代表确定旅客的赔偿方案。

6. 返航航班

（1）了解航班返航的原因，做好航班长时间延误、取消的准备工作。

（2）了解相同航段后续航班座位的可利用情况，提前做好旅客签转的准备工作。

（3）协助旅客办理退票、改签工作，对于已退票或改签的旅客，应确保收回其登机牌和行李提取牌。

（4）航班重新登机时，需重新核对旅客人数及行李件数，并向登机引导部门通报航班旅客人数。

7. 航班超售

1）航班超售的原因

（1）主动超售。为提高航班收益，减少座位虚耗，在规定的航班和权限内，由航空公司驻场代表执行或授权执行的超售。

（2）临时强行超售。航空公司因保障临时 VIP、临时加机组、临时机务跟班等原因的强行超售。

（3）机型变更超售。由于机型变更造成的航班旅客超售。

2）航班超售的处理原则

（1）提前预知，及时确定处置方案。

（2）处理方法得当，避免矛盾激化。

（3）航班超售的处理办法：

① 因超售造成的无法登机旅客的保障和赔偿标准需经航空公司代表同意，机场服务部门协助保障。

② 接到航空公司航班超售预报后，应对预计超售的航班制定处理预案。

③ 超售航班办理乘机手续时，应采用逐一核对姓名接收旅客的方式。

④ 航班超售时，应按以下先后顺序保证旅客的座位：

a. 重要旅客及其随行人员；

b. 持有航空公司金银卡、贵宾卡的旅客；

c. 头等舱旅客（可降低舱位等级旅行）；

d. 经本公司同意、并事先做出安排的特殊旅客；

e. 团体旅客；

f. 到达站转机衔接时间短的联程旅客；

g. 有特别困难急于成行的旅客。

⑤ 当较低舱位等级座位发生超售而较高舱位等级有空余座位时，可根据逐级升舱的原则按非自愿升舱将较低舱位等级的旅客安排在较高舱位等级的座位上。选择提升舱位等级的旅客顺序如下：

a. 重要旅客；

b. 持卡的常旅客；重要旅客的重要随行人员；

c. 其他付费旅客；

d. 选择提升到头等舱的旅客时，应考虑旅客的身份、文化素质等因素，不得将可能影响本公司形象的旅客安排在头等舱。

⑥ 当较高舱位等级座位发生超售而较低舱位等级有空余座位时，可在征得旅客同意的情况下，按非自愿降级将较高舱位等级的旅客安排在较低舱位等级的座位上。

⑦ 航班预计出现超售时，应寻找付费旅客中的志愿者，动员其改乘，并给予超售补偿。在航班出现超售时拉下旅客的顺序：

a. 享受优惠票的本公司职工和其家属；

b. 本站始发的本公司工作人员；

c. 原机过境的本公司工作人员；

d. 无订座记录旅客；

e. 其他非本公司重要宾客的免票旅客；

f. 本站有订座记录的经济舱旅客（按旅客办理乘机手续的先后顺序）。

⑧ 对拉下的超售旅客，机场服务部门应与航空公司协商根据情况按下列办法办理：

a. 优先安排乘坐本公司的后续航班；

b. 持本公司客票要求改变乘运人，若客票无签转限制，则可予以签转；

c. 持本公司客票要求改变航程，若客票无签转和改变航程限制且改变航程后的票价不高于原客票价，则可按非自愿改变航程办理；

d. 旅客要求退票，应协助旅客按非自愿退票办理；

e. 外航国内客票，签注后请旅客到原购票地点或出票乘运人售票处办理；

f. 若不能安排当日成行，则需免费安排旅客住宿，并向旅客提供超售补偿。

3）航班取消时的业务处理

（1）国内航班：

① 值机前取消，停止办理乘机手续；

② 值机过程中取消，继续办理乘机手续；

③ 在值机柜台摆放信息通告牌，通告信息应当包含航班取消原因、航班预计补班时间（无法预计时可写待定）、为旅客提供的信息跟踪查询方式；

④ 根据航空公司的意见，向旅客通报航班取消后的食宿安排情况；

⑤ 安排值机人员在原定值机柜台答复旅客的问询；

⑥ 了解相同航段后续航班的座位可利用情况，协助旅客进行改签；

⑦ 已办理值机手续的航班重新登机时，需告知安检部门旅客使用原先的登机牌，并重新核对旅客人数及行李件数，然后向登机引导部门通报航班旅客人数。

（2）国际航班：

① 无论是在值机前取消还是在值机过程中取消，均停止办理值机手续；

② 已办理值机手续的旅客需通知出入境检查站注销出境登记；

③ 在值机柜台摆放信息通告牌，通告信息应当包含航班取消原因、航班预计补班时间（无法预计时可写待定）、为旅客提供的信息跟踪查询方式；

④ 根据航空公司的意见，向旅客通报航班取消后的食宿安排情况；

⑤ 安排值机人员在原定值机柜台答复旅客的问询；

⑥ 行李全部退还旅客，协助中转联程旅客办理后续航班的改签手续；

⑦ 收回旅客的登机牌，退还旅客的乘机联；

⑧ 取消所有旅客的值机状态，补班时间确定后，重新为旅客办理值机手续。

第三篇　民航国际客票销售业务

第八章　国际旅客运输

第一节　民航国际旅客票价计算基础知识

一、基本术语

（1）航程。旅客客票上标明的全部航程，它由客票上的始发点经若干中间点到终点的若干航段共同组成。

（2）票价计算组。如图 8-1（a）和图 8-1（b）所示是票价计算组的示例图，票价计算组代表两个连续票价计算点之间的航程，如果航程仅有一个票价计算组，那么始发点和到达点间仅有一组票价计算点。

（3）开票点。即客票点，旅客客票"航程"栏中标示的所有的点。

（4）票价计算点。票价计算组的端点，标志着票价计算的开始和结束，也称为票价断开点或票价组合点。

（5）始发点。客票上标出的航程最初开始的点，是第一个开票点，同时也是票价计算点。

（6）到达点。客票上标出的最终停止点。它既是开票点，同时也是票价计算点。

（7）中间点。票价计算点之间的开票点，亦称中转点，还可以进一步细分为：

① 中途分程点（Stopover Point）；

② 非中途分程点（No Stopover Point）。

如果在航程中的某一点发生了超过 24 小时的航班转换，那么该点就叫中途分程点。在客票上，常用一个特别的代号"O"标注在作为中途分程点的城市名称或代号的前面。但这个代号是非强制性的，也可以不标注。

如果旅客在旅途中非自愿地打断航程，并在 24 小时内换乘航班继续旅行，那么该点就叫非中途分程点。它可以是本航空公司间中转（Online Connection）或航空公司间中转（Interline

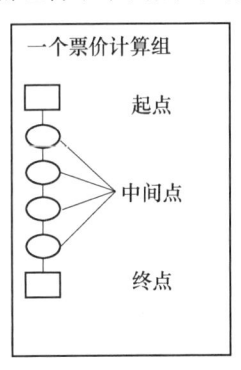

图 8-1（a）　一个票价计算组的示例图

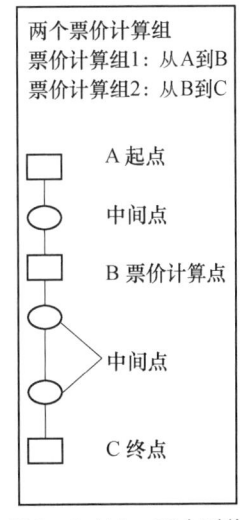

图 8-1（b）　两个票价计算组的示例图

117

Connection）。

为了表明这种联程中转，应将代号"X/"标注在城市名称或代号之前。如果是填写在客票航程栏（Good for Passage）前的 X/O 栏，那么仅需填写 X，而不必再填写斜线"/"。这是一个必须要填写的代号，因为它不仅影响所适用的正确的票价检查，还涉及票价的分摊。

二、航程的种类

1. 单程

单程是使用单程票价的旅行，并且有以下特征：始发地点和目的地点不在同一国家内。

举例： 示例航程如图 8 – 2 所示。

FROM/TO		
CAS	CARR	FARE CALC
NYC	YY	M
SJU	YY	1155. 61
———		
		ROE
NUC1155. 61		

图 8 – 2 一个票价计算组的航程单

这个航程有一个票价计算组，CAS 到 SJU，票价按照旅行方向计算，1155. 61 为 CAS 到 SJU 的单程票价。

举例： 示例航程如图 8 – 3 所示。

FROM/TO		
TPE	CARR	FARE CALC
SGN	YY	M
KUL	YY	576. 19
BWN	YY	167. 90
———		
		ROE
NUC744. 09		

图 8 – 3 两个票价计算组的航程单

这个航程由两个票价计算组构成，即由两段单程相加组合而成。

票价计算组 1：576. 19 为 TPE 到 KUL 的单程票价。

票价计算组 2：167. 90 为 KUL 到 BWN 的单程票价。

2．来回程

来回程是指航程从一点出发，连续经过若干中间点，最后返回原始出发点，且全程都为航空旅行。来回程具有以下特征：

（1）仅有两个票价计算组：去程的票价计算组和回程的票价计算组，并且这两个票价计算组票价的数额相等。

（2）始发地和到达地是同一个城市。

来回程的例外是当去程和回程的路线完全一致，但去程和回程票价不相等，且票价不相等是由于承运人、淡旺季、服务等级等原因造成时，该航程同样视为来回程。

举例：示例航程如图 8 – 4 所示。

FROM/TO		
BNE	CARR	FARE CALC
SIN	YY	
BOM	YY	M
SHJ	YY	BNESHJ
DHA	YY	1795.10
X/MCT	YY	M
BKK	YY	BNEMCT
BNE	YY	1795.10
————		
	ROE	
NUC3590.20		

图 8 – 4　航程单

票价计算组 1（BNE – SIN – BOM – SHJ – DHA）：即去程，票价 1795.10 为 BNE – SHJ 航段的 1/2RT，该数值为 BNE 到 SHJ 航段的中间较高点票价，票价方向选用与实际旅行方向一致的方向。

票价计算组 2（DHA – X/MCT – BKK – BNE）：即回程，票价 1795.10 为 BNE – X/MCT 航段的 1/2RT，该数值与去程票价相等，但对应的航段不同。回程票价为 BNE 到 X/MCT 的中间较高点票价，票价方向选用与实际旅行方向相反的方向。

结论：该航程为来回程。尽管去程和回程的路线不一致，但全程由两组票价组成，且经过计算，去程的票价与回程的票价相同，所以依然属于来回程航程。

3．环程

环程是指旅客的航程从一点出发连续经过若干中间点，最后回到始发地的航空旅行。环程的航程中至少包括两个票价计算组，但与来回程的条件不同。它具有以下特征：

（1）环程的始发点和终点相同，去程和回程路线不一致；

（2）去程和回程的票价不同；

（3）每一票价计算组均适用于 1/2RT 票价；

（4）除使用特种票价外，环程可以有两个或多个票价计算组，且使用特种票价的环

程仅允许有两个国际票价计算组；

（5）对于运输目的地是运输始发国的票价计算组，应使用与实际旅行方向相反的票价。

举例： 示例航程如图 8 – 5 所示。

FROM/TO		
GBE	CARR	FARE CALC
HRE	YY	
DAR	YY	M
NBO	YY	403. 12
LUN	YY	M
JNB	YY	JNBNBO
GBE	YY	407. 80
——		
	ROE	
NUC810. 92		

图 8 – 5　航程单

票价计算组 1（GBE – HRE – DAR – NBO）：即去程票价为 403. 12，该数值为 GBE 到 NBO 的 1/2RT 票价，票价方向与实际旅行方向一致。

票价计算组 2（NBO – LUN – JNB – GBE）：即回程票价为 407. 80，该数值为 JNB 到 NBO 的中间较高点票价，票价方向与实际旅行方向相反。

环程最低限额检查（CTM）适用于环程旅行。

课后作业：

针对图 8 – 5 所示的航程单回答以下问题：

1. 查询城市的中文名称，说出旅客的航程。

2. 中间点有几个？中途分程点是哪些城市？非中途分程点是哪些城市？

3. 查询每一个航段对应承运人的中文名称及对应的具体承运航段。

4. 抵达 DAR 的具体日期，离开 DAR 的具体日期和时间。

第二节　IATA 地理分区和 GI 方向代码

一、IATA 地理分区

IATA（International Air Transport Association，国际航空运输协会）是一个由世界各国航空公司组成的大型国际组织，IATA 将世界区域划分如下。

为了票价调整的便利，IATA 将全球分为三个大的"区域"，即一区，主要是指美洲大陆；二区，主要是指欧洲、中东、非洲大陆；三区，主要是指亚洲大陆、大洋洲及太平洋地区。这些区域通常被用于运价规则的解释及计算国际航空票价。航空公司有时也称这些区域为 TC1（一区）、TC2（二区）、TC3（三区）。其中，TC 是 Traffic Conferences 的缩写，代表 IATA 运输大会，数字分别代表有关的区域。

在每一个区域下面有小的"次区"，或称"地区"。在国际航协的概念里，这些次区或地区的范围与通常的地理概念有所不同。

例如，国际航协二区的欧洲不仅包括自然地理上的欧洲，还包括以下的国家和岛屿：

（1）三个北非国家，即摩洛哥、阿尔及利亚和突尼斯；

（2）亚速尔群岛、马德拉群岛和加那利群岛；

（3）位于亚洲大陆的国家土耳其。

所以，像安卡拉、阿尔及尔、拉巴特、突尼斯和拉斯帕耳马斯等城市就全都位于国际航协欧洲地区。

次区可以依次再细分为小的地区或一组国家，如非洲可以再细分为东非、西非、南非等。

此外，欧洲又能细分为斯堪的纳维亚和欧共体成员国。国际航协概念中的 EC（European Conformity，欧洲共同体）成员国分别为奥地利、比利时、丹麦、芬兰、法国、德国、希腊、冰岛、爱尔兰、意大利、卢森堡、荷兰、挪威、葡萄牙、西班牙、瑞典和英国。这个国际航协概念中的 EC 成员国仅用于国际航协运价的计算，与实际的"EC"概念不同。

1. IATA 一区（TC1）

一般而言，IATA 一区包括西半球的全部，但一区的构成会根据分类规则的不同而变化。

当依照承运人票价选择系统的概念来解释规则的时候，IATA 一区分为北美洲、中美洲、加勒比海岛屿和南美洲次区。

1）北美洲

加拿大（CA）	美国（US）	墨西哥（MX）
圣皮埃尔和密克隆（PM）		

2）中美洲

伯利兹（BZ）	萨尔瓦多（SV）	洪都拉斯（HN）
哥斯达黎加（CR）	危地马拉（GT）	尼加拉瓜（NI）

3）加勒比海岛屿

安圭拉（AI）	海地（HT）	安提瓜和巴布达（AG）
牙买加（JM）	阿鲁巴（AW）	马提尼克（MQ）
巴巴多斯（BB）	蒙特塞拉特（MS）	英属维尔京群岛（VG）
尼维斯和圣基茨（KN）	开曼群岛（KY）	荷属安的列斯（AN）
古巴（CU）	圣卢西亚（LC）	多米尼加（DM）
特立尼达和多巴哥（TT）	多米尼加共和国（DO）	圣文森特和格林纳丁斯（VC）
格林纳达（GD）（卡里亚库岛、马斯蒂克岛和棕榈岛）		瓜德罗普岛、北圣马丁岛（GP）

4）南美洲次区

对于全部在南美洲的旅行，下列国家也视为南美洲部分：

阿根廷（AR）	厄瓜多尔（EC）	秘鲁（PE）
玻利维亚（BO）	法属圭亚那（GF）	苏里南（SR）
巴西（BR）	圭亚那（GY）	乌拉圭（UY）
智利（CL）	巴拿马（PA）	委内瑞拉（VE）
哥伦比亚（CO）	巴拉圭（PY）	

另一种分类方法是将 IATA 一区分为北大西洋次区、中大西洋次区和南大西洋次区。

（1）北大西洋次区，包括加拿大、墨西哥、美国、波多黎各和美属维尔京群岛。

（2）中大西洋次区，包括巴哈马、百慕大、加勒比海所有岛屿、中美洲、法属圭亚那、圭亚那、荷属安地列斯，以及除去阿根廷、巴西、智利、巴拉圭、乌拉圭的南美洲。

（3）南大西洋次区，包括阿根廷、巴西、智利、巴拉圭、乌拉圭。

2. IATA 二区（TC2）

IATA 二区是指欧洲、非洲及其附属岛屿、阿森松岛和乌拉尔山以西的亚洲部分，包括伊朗。

IATA 二区也被分为 3 个次区：欧洲、非洲和中东。

1）欧洲（EU）

阿尔巴尼亚（AL）	希腊（GR）	拉脱维亚（LV）
阿尔及利亚（DZ）	匈牙利（HU）	圣马力诺（SM）
安道尔（AD）	冰岛（IS）	斯洛伐克（SK）
亚美尼亚（AM）	爱尔兰共和国（IE）	斯洛文尼亚（SI）
奥地利（AT）	意大利（IT）	阿塞拜疆（AZ）
白俄罗斯（BY）	列支敦士登（LI）	瑞典（SE）
俄罗斯（乌拉尔山以西）（RU）	西班牙（ES）（包括巴利阿里群岛和加那利群岛）	葡萄牙（PT）（包括亚速尔群岛和马得拉群岛）
比利时（BE）	立陶宛（LT）	瑞士（CH）
英国（GB）	卢森堡（LU）	突尼斯（TN）
罗马尼亚（RO）	马其顿（MK）	土耳其（TR）
保加利亚（BG）	马耳他（MT）	乌克兰（UA）
克罗地亚（HR）	波斯尼亚—黑塞哥维那（BA）	摩尔达维亚共和国（MD）
捷克共和国（CZ）	摩纳哥（MC）	南斯拉夫（YU）
丹麦（DK）	摩洛哥（MA）	格鲁吉亚（GE）
爱沙尼亚（EE）	荷兰（NL）	德国（DE）
芬兰（FI）	挪威（NO）	直布罗陀（GI）
法国（FR）	波兰（PL）	

注：补充说明如下。

（1）欧洲大陆是指所有上述欧洲国家，但除去阿尔及利亚、冰岛、爱尔兰、突尼斯

和英国。

（2）经济与货币联盟（EMU）是指欧洲的十一个欧元国家，即奥地利、比利时、芬兰、法国、德国、卢森堡、爱尔兰、意大利、荷兰、葡萄牙、西班牙。

（3）斯堪的纳维亚的丹麦（不包括格陵兰）、挪威、瑞典视为一国。

2）非洲

中非

马拉维（MW）	赞比亚（ZM）	津巴布韦（ZW）

东非

布隆迪（BI）	肯尼亚（KE）	坦桑尼亚（TZ）
吉布提（DJ）	卢旺达（RW）	乌干达（UG）
埃塞俄比亚（ET）	索马里（SO）	

南非

博茨瓦纳（BW）	莫桑比克（MZ）	纳米比亚（NA）
莱索托（LS）	南非（ZA）	斯威士兰（SZ）

西非

安哥拉（AO）	几内亚（GN）	贝宁（BJ）
几内亚比绍（GW）	布基纳法索（BF）	利比里亚（LR）
喀麦隆（CM）	马里（ML）	佛得角（CV）
毛里塔尼亚（MR）	中非共和国（CF）	尼日尔（NE）
乍得（TD）	尼日利亚（NG）	刚果（CG）
圣多美和普林西比（ST）	刚果民主共和国（CD）	赤道几内亚（GQ）
科特迪瓦（CI）	塞内加尔（SN）	加蓬（GA）
塞拉利昂（SL）	冈比亚（GM）	多哥（TG）
加纳（GH）		

印度洋岛屿

科摩罗（KM）	毛里求斯（MU）	留尼汪岛（RE）
马达加斯加（MG）	马约特岛（XM）	塞舌尔（SC）

利比亚

利比亚（LY）		

3）中东

巴林（BH）	塞浦路斯（CY）	埃及（EG）
伊朗（IR）	伊拉克（IQ）	以色列（IL）
约旦（JO）	科威特（KW）	黎巴嫩（LB）
卡塔尔（QA）	沙特阿拉伯（SA）	苏丹（SD）
阿曼（OM）	叙利亚（SY）	阿拉伯联合酋长国（AE）
也门共和国（YE）		

尽管地理概念中的埃及和苏丹位于非洲大陆，但它们在 IATA 概念中属于中东。虽然塞浦路斯通常被视为欧洲的一部分，但它却包含在 IATA 的中东次区之中。此外，利比亚属于 IATA 二区中的非洲次区，而不是中东。

3. IATA 三区（TC3）

IATA 三区是指亚洲及其附属岛屿（除去已包括在二区的部分）、东印度群岛、澳大利亚、新西兰和太平洋中的岛屿（除去已包括在一区的部分）。

IATA 三区包括 4 个次区，即东南亚、南亚或印度次大陆、西南太平洋和日本、韩国、朝鲜。

1）东南亚

文莱（BN）	柬埔寨（KH）	新加坡（SG）
关岛（GU）	中国香港特别行政区（HK）	印度尼西亚（ID）
老挝（LA）	哈萨克斯坦（KZ）	吉尔吉斯斯坦（KG）
澳门（MO）	马来西亚（MY）	马绍尔群岛（MH）
密克罗尼西亚（FM）	蒙古（MN）	缅甸（BU）
北马里亚纳群岛（MP）	贝劳（PW）	菲律宾（PH）
俄罗斯（乌拉尔山以东）（XU）	科科斯群岛	中国（CN）（不包括香港特别行政区）
中国台湾省（TW）	塔吉克斯坦（TJ）	泰国（TH）
土库曼斯坦（TM）	乌兹别克斯坦（UZ）	越南（VN）
圣诞岛		

次区的说明如下：

（1）东南亚国家联盟指文莱、印度尼西亚、马来西亚、菲律宾、新加坡、越南和泰国。

（2）密克罗尼西亚包括除去帕劳群岛的加罗林群岛的夸贾林、马朱罗、波纳佩、罗塔、塞班、提尼安、特鲁克、雅浦。

2）南亚或印度次大陆

阿富汗（AF）	尼泊尔（NP）	孟加拉国（BD）
巴基斯坦（PK）	不丹（BT）	斯里兰卡（LK）
印度包括安达曼群岛（IN）	马尔代夫（MV）	

3）西南太平洋

美属萨摩亚（AS）	纽埃（NU）	澳大利亚（AU）
巴布亚新几内亚（PG）	库克群岛（CK）	萨摩亚群岛（WS）
斐济（FJ）	所罗门群岛（SB）	法属波利尼西亚（PF）
汤加（TO）	基里巴斯（KI）	图瓦卢（TV）
瑙鲁（NR）	瓦努阿图（VU）	新西兰（NZ）
瓦利斯群岛和富图纳群岛（WF）	新喀里多尼亚包括洛亚蒂群岛（NC）	诺福克群岛

4）日本、韩国、朝鲜

日本、大韩民国、朝鲜民主主义人民共和国。在一些运价会议和公报中，该次区也被非正式地叫作 JAP/KOR。

二、GI 方向代码

运价并非只取决于旅客乘坐的舱位等级，它还取决于旅客航程的方向。例如，一名旅客乘坐经济舱从美国的洛杉矶至香港，他既可以选择太平洋航线也可以选择大西洋航线，但如果旅客选择的是大西洋航线，那么旅客的运价将比太平洋航线的价格高出许多。因此，根据旅客的实际航程正确选择运价是十分重要的。

由于 GI 方向代码不同（航程方向不同），即使舱位等级相同，始发地、目的地相同，票价也会不同。例如，从 LAX 到 HKG 经大西洋的票价要比经太平洋的同舱位票价贵许多。

因此，为了正确地计算票价，确定旅客选择路线的 GI 方向代码是十分重要的。常用的 GI 方向代码有以下几种：EH、WH、AT、PA、AP、FE、TS 和 SA。

1. 在同一个 IATA 区域中旅行的

（1）TC1 代表在一区或西半球以内旅行。

GI 方向代码：WH——在西半球内旅行。

Western Hemisphere travel.

例如，RIO – MIA。

（2）TC2 代表在二区或东半球以内旅行。

GI 方向代码：EH——在东半球内旅行。

Eastern Hemisphere travel.

例如，GVA – JNB。

（3）TC3 代表在东半球以内的三区之间旅行。

GI 方向代码：EH——在东半球内旅行。

Eastern Hemisphere travel.

例如，SIN – KBL。

2. 在两个或多个区域之间旅行的（涉及跨区域或跨洋的旅行）

（1）TC12 在一区和二区之间的旅行。

GI 方向代码：AT——经大西洋。

Via the Atlantic Ocean.

例如，ZRH – NYC – BOG；JNB – RIO。

（2）TC31 在三区和一区之间经太平洋的旅行。

GI 方向代码：

① PA——经北/中太平洋。

Via Pacific Ocean.

例如，CAN – SFO。

② PN——经过北美洲太平洋航路的一个特殊种类。

Between South America and South West Pacific which is via North Amercia but not via the North and Central Pacific.

例如，SYD – LAX – RIO。

（3）TC123 在一区和三区之间（经二区）的旅行。

GI 方向代码：

① AT——经大西洋航路。

例如，HKG – LON – NYC。

② SA——南大西洋航路是经大西洋航路的一个特定类型，特征是在南大西洋地区和东南亚之间经约翰内斯堡的旅行。

Via South Atlantic routing, between South Atlantic sub – area and South East Asia via the Atlantic and only via points in Central Africa, Southern Africa, Indian Ocean Islands or via direct services.

例如，RIO – HKG。

（4）TC23 在二区和三区之间的旅行。

GI 方向代码：

① AP——经大西洋和太平洋。

Via the Atlantic and Pacific Oceans.

例如，HKG – YTO – LON。

② RU——俄罗斯的欧洲部分和三区之间的航线，有一个直达（中间无经停站）航班在俄罗斯和日本/韩国（朝鲜）之间，不经过欧洲的其他国家。

Between Russia（in Europe）and TC3 with nonstop service between Russia（in Europe）and Japan/Korea（N/S）；not via another country in Europe.

比如：

a. MOW – TYO。

b. HKG – SEL – MOW – LED。

③ TS——经西伯利亚航路，二区和三区之间的航线，有一个直达（中间无经停站）航班在欧洲和日本/韩国（朝鲜）之间，不包括 RU/FE 路线。

Between Area 2 and 3（Trans Siberian route）with a sector having non-stop service between Europe an Japan/Korea（N/S）（other than RU/FE）.

比如：

a. TYO – STO。

b. BKK – TYO – PAR。

c. JED – IST – TYO。

④ FE——在俄罗斯（乌拉尔山以西）、乌克兰和三区之间的旅行，并且在俄罗斯（乌拉尔山以西）、乌克兰和三区（不包括日本、朝鲜、韩国）之间是不经停航班。

Between Russia（in Europe）/ Ukraine and Area 3, with nonstop service between Russia（in Europe）/Ukraine and Area 3 other than Japan, Korea（N/S）.

例如，MOW – HKG – POM。

例外：如果航程已经被确定为 TS 航路，就不能再被视为远东（FE）航路。

例如，SEL – MOW 是 TS 航路，因此，就不能使用 FE 票价。

⑤ EH——经东半球（不属于上述任何一个 GI 方向代码的二区和三区之间的旅行）。

Eastern Hemisphere.

例如，HKG – DXB – MOW。

课后作业：

判定以下航程的 GI 方向代码：

1. BUE – SAO – MIA – YTO。
2. JNB – NBO – CAI – ZRH。
3. SYD – LAX – SCL – BUE。
4. LED – MOW – BJS – TYO。
5. LED – MOW – TYO – BJS。
6. STO – MOW – SEL – BJS。
7. HKG – BKK – IST – MOW。
8. SHA – LON – NYC – WAS。
9. HKG – TPE – YVR – NYC。
10. HKG – JNB – RIO – SAO。

第三节　民航国际旅客运输资料介绍

一、旅客运价资料介绍

1. 概述

旅客运价资料（PASSENGER AIR TARIFF，PAT）由 IATA 和 SITA 联合出版发行，分为 4 本分册。

1）GENERAL RULES（规则卷）

该分册每季度出版一本，且已经出版了电子版本。

该分册的主要内容包括：

（1）按字母顺序排列的使用指南（AUHABETICAL INDEX）。

（2）国家的代号（COUNTRY CODES）。

（3）城市的全称和代号（CITY NAMES AND CODES）。

（4）运价规则部分（RULES SECTION），此部分为该手册的主要内容，以基础运价的计算规则为主，同时还包含以下要点：

① 定义及缩写（ABBREVIATIONS AND DEFINITION OF TERMS）；

② 行李运输规则（BAGGAGE）；

③ 税费和其他收费（TAXES/FEES/CHARGES）；

④ 旅客客票（PASSENGER TICKET）；

⑤ 签转手续（ENDORSEMENTS）；

⑥ 航空公司的特别声明（CARRIERS SPECIAL REGULATIONS）；

⑦ 客票点里程/实际里程（TICKETED POINT MILEAGES）。

2）WORLDWIDE FARES（全球运价分册）

该分册每年出版 8 册，分别在 2 月、3 月、5 月、6 月、8 月、9 月、11 月、12 月出版，主要内容包括：

（1）货币兑换率表（CURRENCY CONVERSION RATES），在运价计算时所采用的兑换率。

（2）如何查阅 PAT 中的运价（HOW TO USE FARES），教授使用者如何正确查阅 PAT 中的价格。

（3）运价类别代号（FARE CLASS/TYPE CODES），介绍 PAT 中的各种运价类别代号、季节代号、运价及旅客类别的代号。运价部分将告知有关 IATA 的运价使用规定，包括普通运价和特殊运价，这些价格包括用 NUC 和用当地货币表示的价格。

（4）比例运价表（ADD – ON），介绍在无公布直达运价的情况下，ADD – ONS 组合的新运价。

3）WORLDWIDE RULES（全球运价规则分册）

该分册每季度出版一本，主要内容包括：

（1）东半球运价规则（EASTTERN HEMISPHERE FARES AND RULES）。使用东半球运价时需要了解的特别注解（SPECIAL NOTES）。

（2）西半球运价规则（WESTERN HEMISPHERE FARES AND RULES）。使用西半球运价时需要了解的特别注解（SPECIAL NOTES）。

（3）标准运输条件（STANDARD CONDITIONS SC100 AND SC101）。

（4）承运人的指定航程（ROUTINGS）。

4）MPM（最大允许里程分册）

MAXIMUM PERMITTED MILEAGES（最大允许里程，MPM）分册在每年的 4 月出版一本。该分册的主要内容是运价表中没有的 MPM 里程。一般情况下，在无公布直达运价时，即在航程的运价为 ADD – ONS 的组合运价时，该航程的 MPM 需要通过查阅 MPM 分册获得。

2. PAT 的实例查阅说明

根据复制的 PAT 中的运价表，可以查阅如下各个始发城市至目的站的不同等级的价格。

1）始发货币栏

PAT 的价格分为用始发国家当地货币表示的价格和用 NUC 表示的价格，同时公布这两个价格可以便于工作人员的查阅和对照。如图 8 – 6 所示 PAT 样表，由于该 PAT 样表中的四个始发城市分别是雅加达、伦敦、孟买和温哥华，因此所显示的当地货币分别为美元、英镑、印度卢比和加元。而这四个始发城市中，因为印度尼西亚的当地货币不可独立使用所以采用了国际航协规定的美元为计算运价的当地货币，该类货币通常称为软货币（soft currency），非常容易出现波动且不够稳定。因此，在计算运价时需要使用美元（通常称为硬货币，hard currency）为计算单位以保持运价的相对稳定。其中，从孟买至 AMD 的货币单位表示为星号加 USD，这是因为该到达城市情况特殊所以采用美元为计算单位，与印度尼西亚的情况有所不同。

2）NUC 栏

NUC 栏表示的价格为国际航协的中间计算单位，该价格不是一种现实货币，而是根据国际航协的规定制定的与美元等值的货币计算单位。

3）运价级别栏

运价级别栏中的运价级别为从该城市出发所包括的各类相关的运价类别，包括普通运价和特殊运价。

FARE TYPE	LOCAL CURRENCY	NUC	CARR CODE	RULE	GI MPM & ROUTING
JAKARTA (JKT)					
INDONESIA					US DOLLAR (USD)
To MOSCOW (MOW)				EH	8972
				FE	6974
				RU	9930
				TS	9930
				AP	16328
Y	3000	3000.00		Y146	EH
Y	5456	5456.00		Y146	EH
LONDON (LON)					
UNITED KINGDOM					POUND STERLING (GBP)
To SYDNEY (SYD)				EH	13206
				TS	13294
				AP	15007
Y	2854	4453.73		Y169	EH
Y	4391	6852.26		Y169	EH
Y	3003	4686.25		Y169	TS AP
Y	4622	7212.74		Y169	TS AP
J2QF1	4413	6886.59	QF	E823	EH
F2QF1	6252	9756.40	QF	E823	EH
Y	2771	4324.21	VS	E871	EH
YR	4263	6652.51	VS	E871	EH
MUMBAI (BOM)					
INDIA					INDIAN RUPEE (INR)
To AHMEDABAD (AMD)					
	(USD)				
Y	75	75.00	IC	D051	EH 9998
JRT	185	185.00	IC	D051	EH 9998
J	115	115.00	IC	D051	EH 9998
VANCOUVER (YVR)					
CANADA					CANADIAN DOLLAR (CAD)
To BEIJING (BJS)				PA	6333
				AT	12819
Y	1836	1171.74		X1143	PA
Y	3465	2211.37		X1143	PA
C	2799	1786.32		X1146	PA
C	5282	3370.98		X1146	PA
F	4264	2721.29		X1146	PA
F	8046	5134.97		X1146	PA
YLEE6M	2209	1409.79		X1119	PA
YHEE6M	2401	1532.32		X1119	PA
C	2643	1686.77	CI	P0100	PA
CCT	5286	3373.54	CI	P0338	PA 0315
F	4390	2801.71	CI	P0100	PA
FCT	8780	5603.42	CI	P0338	PA 0315
BLAP3M	2300	1467.86	CX	P0223	PA 0174
BHAP3M	2600	1659.32	CX	P0223	PA 0174

图 8-6　PAT 样表

4）承运人栏

若在某些运价后出现了承运人的两字代码，则该运价表示只适合于该承运人运营。若运价后未出现任何承运人的代码，则表示该运价适合所有国际航协承运人。

5）注解栏

注解栏后的注解代码表示在使用该运价时需要参考适用条件，只有符合该适用条件时，该运价才能被运用。

6）运价方向代码、MPM 和指定航程栏目

该栏目有 3 个信息：①运价的 GI 方向代码；②最大允许里程 MPM；③与运价相对应的适用的指定航程代码。

二、OAG 航班资料介绍

OAG 航班资料是世界航空公司的指南，包括上下两个分册，由英国 REED 集团出版发行。该资料每月出版一套，提供全球超过 800 家航空公司的航班信息。全年共有 12 套，主要内容包括世界范围内的航班时刻表和票价表。以下分三部分介绍：

1. 上册提供关于航空旅行的信息

（1）国际时间换算表。提供有关国际时区和时差的换算标准，为工作人员提供了方便。

（2）航空公司的机型代号表。通过该表可以了解全球主要商业飞机的情况。

（3）航空公司资料（全称、缩写、总部、飞机的机型介绍）。帮助工作人员查阅相关航空公司的信息，了解航空公司的情况。

（4）全球机场和城市的三字代号表。介绍全球的主要城市和机场，可供工作人员查询。

（5）某些国家的州或省的两字代号表。如美国、澳大利亚等。

（6）机场的资料（全称、缩写、候机楼介绍）。提供相关机场的情况，帮助旅客了解有关机场的基本情况，为旅客的出行提供便利条件。

（7）最短停留时间。当某位旅客的航班无法到达他所要到达的目的站时，工作人员会为其查找非直达航班，而该非直达航班需要旅客在某个中途经停点转换飞机，旅客转换飞机所需要的最短时间限制为最短停留时间。

（8）联程航班路线表。当某个航班为中途经停航班时，在该路线表中将列出该航班的所有经停站，以便于旅客查询。非直达航班均可在本表中查到相关的经停站。

（9）查阅航班的样表。该表列举了 OAG 航班表的查阅方法，具有示范作用。该表的主要内容为：

① 航班的生效和截止日期（DATE WHEN SERVICE STARS AND ENDS）：如果在 FROM 和 TO 的栏目中显示的是横线，就代表航班在本期的时间范围内无限制。除此以外，此处显示的日期均为该航班的生效或截止日期。

② 航班的运行日期（DAYS OF THE WEEK）：如果航班的运行时间为星期一至星期日，那么此处显示 DAILY，或者显示"1234567"。如果显示"135"，就表示航班的运行时间为星期一、星期三和星期五；如果显示"X36"，就表示该航班的运行时间为除了星期三和星期六的其他时间，此处的"X"是英文 EXCEPTION 的缩写。

③ 起飞和到达时间（DEPARTURE AND ARRIVAL TIME）：显示航班的起飞和到达时间，所有的时间均为当地时间（LOCAL TIME），以 24 小时制显示。如果显示的时间为黑体，那么就是本航班的始发时间和到达时间。如果该航班为非直达航班，那么只有始发时间和到达时间显示为黑体，其余的中转时间均显示为明体。

④ 到达日期显示（DATE INDICATORS）：如果在到达时间后有" +1、+2、+3"，就表示本航班的到达时间是起飞的次日（第二天）、第三天等。

⑤ 始发机场的代码（AIRPORT CODES）：显示始发机场的三字代码，一般和城市的三字代码相同。如果该城市有两个或两个以上机场时，那么此处显示的是本航班始发机场的三字代码，其与城市的三字代码不同。

⑥ 航班号码（FLIGHT NUMBER）：此处显示的是本航班的号码，一般国际航班的号码为 3 位数。在航班号码中，如果有"◆"，就表示该航班为号码共享航班，它是由两个以上航空公司共同经营的航班。

⑦ 飞机的机型（TYPE OF AIRCRAFT）：此处显示的机型代号为 OAG 手册中所表示的特殊形式，说明见图 8-7。

⑧ 航班所提供的服务等级（CLASS OF SEVICE AVAILABLE ON THE FLIGHT）：用代号表示该航班所提供的服务等级情况，一般为三个服务等级，即 F/C/Y。其他的代号表示该航班的子舱位，在订座时有区别，它们的限制条件是不同的。

图 8-7　OAG 附图

⑨ 中间经停站（NUMBER OF STOPS）：此处用 1、2 或 0 表示该航班的经停情况，0 表示航班无经停站；1、2 表示该航班有 1 个或者 2 个经停站。

⑩ 直达航班和中转航班的区别（DIRECT FLIGHT AND TRANSFER CONNECTION）：直达航班（DIRECT FLIGHT）为一个从始发站至目的站使用相同航班号码的航班，该航班可以有中间经停站，也可以无中间经停站。中间经停航班也称为中转航班（TRANSFER CONNECTION），其需要中转一次以上才能到达目的站。一般中转航班显示在直达航班的后面，并且以"TRANSFER CONNECTION"开始。如果该城市对之间无直达航班，就直接显示中转航班，而且也无"TRANSFER CONNECTION"的字样。中转航班有两种情况，即单个航班的中转"SINGLE TRANSFER"和两个航班的中转"DOUBLE TRANSFER"。

（10）世界各城市之间的航班信息表。其主要内容如下：

① 直达航班（DIRECT FLIGHT）；

② 中途经停航班（TRANSFER CONNECTIONS）；

③ 非公布航班信息（UNPUBLISHED TRANSFER CONNECTIONS）。

2. OAG 航班资料查阅实例

（1）查阅始发机场的信息。查阅英国首都伦敦的机场情况，即 HEATHROW（LHR）、GATWICK（LCW）、STANSTED（STN）、LUTON（LTN）和 LONDON CITY AIRPORT（LCY），包括机场与市区的距离和机场的位置、机场候机楼的情况（AIRPORT TERMI-NALS），例如，查阅 HEATHROW 机场 4 个候机楼的情况和航空公司办理乘机手续的时间要求等。

查阅去机场的各种地面交通情况，例如，去 HEATHROW 机场可以选择 RAIL 或 LONDON TRANSPORT UNDERGROUND，或 BUS。

查阅机场之间换乘的地面交通工具，如 INTER AIRPORT SERVICE、BUS。

（2）查阅机场的最短衔接时间信息。最短衔接时间是在选择非直达航班时，需要为旅客考虑的在中转机场的等候时间。该时间是非常重要的，决定了旅客是否能顺利地衔接后续的航班。以新加坡的樟宜机场（CHANGI）为例。

在两个候机楼内的转换，在第一候机楼国际航班转国际航班 INT TO INT，1 小时，在第二候机楼国际航班转国际航班 INT TO INT，1 小时。

在两个候机楼之间的转换，第一候机楼至第二候机楼，国际航班转国际航班 INT TO INT，1 小时；第二候机楼至第一候机楼，国际航班转国际航班 INT TO INT，1 小时。

在新加坡的两个机场之间的转换，即 INTER AIRPORT SIN TO/FROM XSP，2 小时。

（3）查阅航空公司的非直达航班衔接信息。由于非直达航班的经停站在航班表中无显示，因此可以通过查阅航班航程表（ROUTINGS）来了解该航班的经停情况，如 AIR CHINA 的中途经停航班：

CA177 航班的航程为：PEK – PVG – MEL – SYD。

CA983 航班的航程为：PEK – PVG – LAX。

（4）查阅直达航班的信息。例如，从上海至荷兰阿姆斯特丹的直达距离为 5513 英里，现在每周有 3 个直达航班，即周三、周五、周六的荷兰皇家航空公司的航班 KL896，在上海的起飞时间为 08:50，到达时间为 14:20。执行任务的机型为波音 747，提供的舱位等级为 JCZSB，该航班无中间经停站。

（5）查阅中转航班的信息。例如，从上海至荷兰阿姆斯特丹的非直达航班，若旅客要求选择星期二的航班，则只能选择非直达航班，如在航班表中的经香港中转的航班。

（6）查阅非公布中转航班的信息。例如，旅客要求在星期一乘坐航班从上海至印尼的泗水，查阅后发现，当天无直达航班，也无中间经停航班，因此选择从新加坡中转。查阅在新加坡机场的中转时间限制为 1 小时。且上海至新加坡的第一班直达航班为 SQ815 航班，起飞时间为 07:35，到达新加坡的时间为 12:45。继续查阅从新加坡至泗水的航班，发现由于时间的关系，无法选择 B0395 航班和 5Q134 航班，只能选择 GA843 航班，起飞时间为 16:45，到达时间为 18:05。

3. 下册提供关于旅客旅行的信息

（1）常旅客信息（FREQUENT FLYER）。

（2）世界主要航空联盟及汽车租赁公司的信息（AIRLINE SERVICE AND CARREN-TAL SERVICE）。

（3）世界疾病感染区介绍（WORLD HEALTH）。

三、TIM 旅行资料介绍

TIM 作为查询世界各国航空旅行信息资料的手册，为航空公司、代理人和旅客提供了权威的国际旅行的相关信息。该手册的主要内容包括护照、签证、健康信息、海关、税款和货币信息，是查询国际旅行信息的重要参考资料。

该手册由 IATA 出版发行，每月出版一本。该手册的内容十分重要并且实用，是工作人员的好助手。当工作人员在无法确定该旅客是否符合出票条件时，通过查阅手册的相关规定，就能避免出现不必要的工作失误和差错，这样不但提高了工作效率，还提升了航空公司的信誉，十分有利于市场的开拓和发展。

由于该手册只出版英文版本，因此需要工作人员有一定的英文阅读能力，以便于准确把握和理解其中的内容和信息。根据目前网络发展的现实情况，该手册已出版了电子版本，方便了用户查阅，提高了效率，其内容包括 Passport、Visa、Health、Customs、Tax、Currency。

该手册在国际航班处理过程中，与国内航班流程相比多了海关申报、边防检查和健康检查。在旅行途中，鉴于护照和签证是非常重要的文件资料，下面将重点介绍这两种文件资料。

1）护照（PASSPORT）

护照是一个国家的公民出入本国国境和到国外旅行或居留时，由本国发给的一种证明该公民国籍和身份的合法证件。护照是公民旅行通过各国国际口岸的一种通行证明。

目前，世界上大多数国家颁发的护照一般可分为外交护照、公务护照和普通护照三种。个别国家只发一种护照，如英国；少数国家发两种护照，如印度等；也有的国家发四五种护照，如美国和法国等。

我国政府颁发三种护照，即外交护照、公务护照和普通护照。

（1）护照使用时的注意事项：

① 国内旅行时，旅客必须携带有效的居民身份证办理乘机手续。出国旅行之前，旅客必须申请护照作为整个旅行过程中的有效身份证件。在国际旅行过程中，护照是国际统一认可的有效身份证明。

② 护照的有效期至少是要能够包含整个旅行过程，还有一些国家要求入境时护照的有效期至少是在本国领土境内停留时间的基础上延长六个月。

③ 持有家庭护照的成员必须一起出行。例如，一位母亲带着自己的孩子去澳大利亚游玩，母亲不能继续自己的行程前往其他国家而把自己的孩子留在澳大利亚，因为这个孩子没有有效的身份证件来表明自己是合法进入澳大利亚的。

④ 旅客不能擅自更改护照上的任何信息。

⑤ 护照的有效期通常是 5 年或者 10 年，少数国家有一些其他的有效使用期限的规定。

⑥ 在旅行途中，护照一旦到期，旅客将被拒绝入境，遣送回国，若要继续旅行则需回国更新护照的使用期限。

⑦ 超过 16 周岁的旅客在出行时，要求持有自己姓名的个人护照。

⑧ 护照是颁发机构的信息财产，因此颁发机构有权利根据实际情况提取和查阅旅客的护照资料。

（2）护照包含如下信息：

每个国家护照的版本均不同，但大多数护照包括的内容有：持有者的姓名、相片；出生日期、地点；婚姻状况；家庭成员；性别；国籍；出境事由；持有者的签名。

2）签证（VISA）

签证是一个主权国家为维护本国主权、尊严、安全和利益而采取的一项措施，是一个主权国家实施出入本国国境管理的一项重要手段。一个国家的公民如果希望到其他国家旅行、定居、商贸、留学等，除必须拥有本人的护照或旅行证件外，另一个必备的条件就是必须获得前往国家的签证，否则是不可能成行的。

大多数的签证是在一个人所持的护照或旅行证件上签注（盖章）（如图 8 - 8 所示），或贴上一张标签，盖章处或标签须带有清晰的说明文字，包括指明持有人进入该国的事由、允许停留的时间或通过其领土前往其他国家的许可。

图 8 - 8　签证

签证制度是国家主权的象征，是一个国家对于其他国家的公民入境实施控制和管理的具体表现，以此达到维护国家安全及国内社会秩序的目的。通常情况下，一个国家发给外国人的签证是以外国给其本国国民的待遇是否平等互惠的原则来为两国国民彼此往来给予同等的优惠和便利的。

（1）签证的有效期是指从签证签发之日起到以后的一段时间内准许持有者入境的时间期限，超过这一期限，该签证就是无效签证。一般国家发给 3 个月有效的入境签证，也有的国家发给 1 个月有效的入境签证。有的国家对签证有效期的限制很严，如德国只按申请日期发放签证。过境签证的有效期一般都比较短。

（2）签证的停留期是指持证人入境该国后准许停留的时间。它与签证有效期的区别在于签证的有效期是指签证的使用期限，即在规定的时间内持证人可出入或经过该国。

如某国的人，出境签证有效期为 3 个月，停留期为 15 天，那么，这个签证从签发日开始的 3 个月内无论哪一天都可以入、出该国国境，但从入境当日起，到出境当日止，持证人在该国只能停留 15 天。有的国家的签证签发后必须在 3 个月之内入境，而入境后的停留期为 1 个月。有的国家的签证入境期限和停留期是一致的，如美国访问签证的有效期和停留期都是 3 个月，即在 3 个月内入境方为有效，入境后也只能停留 3 个月。签证有效期一般为 1 个月或者 3 个月；最长的一般为半年或者 1 年以上，如就业和留学签证；最短的为 3 天或者 7 天，如过境签证。

（3）签证除了有效期、停留期，还规定了有效次数。一般分为一次有效签证、两次有效签证和多次有效签证等。签证的有效次数是指该签证在有效期内可以使用的次数。两次有效签证，即在签证有效期内可以使用两次。多次有效签证，即在签证有效期内持证人可以多次出入其国境。例如，澳大利亚的旅游签证有的是在 3 个月或者 6 个月内允许多次出入境。有些国家受雇签证也是多次入境有效。当然签发何种签证、有效期限是多长、有效次数是多少及签证机关都是根据入境申请者的具体情况决定的。

（4）一般签证按出入境性质可分为出境签证、入境签证、出入境签证、入出境签证、再入境签证和过境签证六种类别。

有的国家（地区）根据申请签证者的入境事由，把颁发的签证分为外交签证、公务签证、移民签证、非移民签证、礼遇签证、旅游观光签证、工作签证、留学签证、商务签证及家属签证等。

目前，世界上大多数国家的签证分为外交签证、公务（官员）签证和普通签证。我国现行的签证有外交签证、公务签证和普通签证。

第四节　票价的选择

一、票价的类别

国际航协（IATA）公布将直达旅客票价分为普通票价和特殊票价两种，普通票价水平较高，一般没有限制或者限制较少；特殊票价水平较低，使用范围较大，但旅客的行程必须满足特定的条件才能使用。在国际客票的实际销售工作中，优先考虑特殊票价的同时必须注意相关条件是否满足要求，否则只能使用较高水平的普通票价。

1. 普通票价（Normal Fares）

普通票价一般是指无任何限制的全额票价，包括头等、公务和经济等级的全额价格及按一定百分比记得的儿童和婴儿票价。

根据市场需要，国际航协制定了一些附有相应限制条件的较低水平的票价，如 Y2、C2、F2，它们同样也属于普通票价，称作 Restricted Normal Fares。票价水平低于对应航段的 Y、C、F 票价，称作 Unrestricted Normal Fares，但这些票价多了一些限制。这些限制条件包括：

（1）航程中的中途分程和转机的限制；

（2）季节和 Day of Week 的限制；

（3）航班和承运人的选用。

2. 特殊票价（Special Fares）

特殊票价是指除了普通票价外的附有特殊限制条件（Fence or Restrictions）的票价。此类限制条件包括：

（1）最短和最长停留时间（Length of stay such as minimum and maximum stay requirements）；

（2）停留点的时间长短（Stopover or no stopover point）；

（3）订座、付款和出票的限制（Advance purchase requirements）；

（4）一天中某个时段的旅行要求（Day/time of travel）；

（5）资格限制（Eligibility restrictions）；

（6）退票和变更的限制（Refundability and changeability）。

下面以航协公布的 LON – SEL 的直达票价为例进行说明，如图 8 – 9 所示：

（1）该航段航协公布的直达票价表的票价分为两大类，分别是：普通票价，即 Y/Y2 票价；特殊票价，即 YEE6M 票价；

（2）限制条件下普通票价 Y2 的限制条件为注释 E1012；

（3）不同特殊票价的限制条件各不相同，YEE6M 的限制条件为注释 Y077。

当然，也可以看到票价加粗字体部分为来回程票价，普通字体部分为单程票价；国际航协在公布两点间直达票价时同时采用 NUC 和当地货币两种形式进行公布；不同 GI 方向代码的票价，即使始发地和目的地完全相同，公布的两点间直达票价依然会不一样。

FARE TYPE	LOCAL CURRENCY	NUC	CARR CODE	RULE	GI MPM & ROUTING
LONDON UK（LON）					
To SEOUL (SEL)					EH8919 TS8374 AP11766
Y	2952.00	5692.22		Y094	AP
Y	**4115.00**	**7934.79**		**Y094**	**AP**
YEE6M	**1897.00**	**3657.91**		**Y077**	**EH TS**
Y2	638.00	1317.00	KE	E1012	TS
Y2	**1366.00**	**2634.00**	**KE**	**E1012**	**TS**
YRT	**4115.00**	**7934.79**	**KE**	**E198**	**EH TS**
YOW	2675.00	5158.09	KE	E198	EH TS

（Primary normal fares → Y/Y行；Special fares → YEE6M 行）

图 8 – 9　LON – SEL 的直达票价

二、OW 票价和 1/2RT 票价的区别

在实际生产过程中，当查询航协两点间直达票价时，通常遇到的情形是航协将 OW（单程）票价和 RT（来回程）票价同时公布，而且二者的数量关系为 OW > 1/2RT，也就是会给予来回程多于单程的优惠。但是有时候也会遇到只公布单程或者来回程其中一种票价的情况，那么这个时候该怎么处理呢？

若没有公布直达来回程票价，则可以采用 2OW 票价代替 RT 票价；但若没有公布直达单程票价，则不能采用 1/2RT 票价代替 OW 票价。

三、GI 方向代码与票价确定

旅客票价必须选用与旅客行程的 GI 方向代码一致的票价。同一个航程，始发地、

目的地完全相同，但是票价也会出现不同，究竟应该选择哪一个，就需要结合旅客的实际行程，这一部分在 GI 方向代码章节已做相关介绍，这里不再赘述。

四、承运人选择与票价确定

一般而言，当查阅航协公布的两点间直达票价时，对承运人不做特别规定，任何承运人都适用。但是在某些特定的航程中，承运人的不同将直接影响票价水平的高低，以下分别介绍。

1. 从美国/加拿大出发或者到达的航程，且 GI 方向代码为 PA/AT

当旅客行程同时满足以上条件，在票价选择时，要优先考虑使用以下两类承运人的适用票价，即：

（1）跨大西洋航段承运人；

（2）跨区域航段承运人。

下面举一个例子进行说明：

Fare type：F

Journey

JED

WAS　　　　　　SV

NYC　　　　　　TW

由于该航程的第一段跨越大西洋，因此该航段的承运人 SV 对应的票价是优先予以考虑选用的票价。查询 PAT FARES 卷，公布的 JED–NYC 两点间直达票价如图 8–10 所示。

JEDDAH（JED）					
FARE TYPE	LOCAL CURRENCY	NUC	CARR CODE	RULE	GI MPM & ROUTING
To NEW YORK（NYC）					AT7648
Y2	4286	1144.45		X0842	AT
Y1	5418	1446.72		X0842	AT
C	6600	1762.34		X0842	AT
F	9403	2510.81		X0842	AT
S	5418	1446.72	BA	N0234	AT
S2	4286	1144.45	BA	N0840	AT
J	6600	1762.34	BA	N0234	AT
F	9403	2510.81	BA	N0234	AT
S	5418	1446.72	KL	N0235	AT
S7	4286	1144.45	KL	N0569	AT
C	6600	1762.34	KL	N0306	AT
Y2	4286	1144.45	SV	N0816	AT
Y	5418	1446.72	SV	N0816	AT
J	6600	1762.34	SV	N0106	AT
F	9403	2510.81	SV	N0105	AT
Y22	4286	1144.45	AA	N0816	AT

图 8–10　公布的 JED–NYC 两点间直达票价

该航程优先选用承运人 SV 的头等舱票价，即 NUC2510.81。

2. 欧洲境内的票价选择

当旅客的全部航程都在欧洲境内时,在以下两种票价中选择最低的作为实际采用的票价:

(1) 承运旅客航程的第一个国际航段的承运人;

(2) 承运的实际里程数最大的承运人。

下面举一个例子进行说明:

Fare type: F

TPMs	Journey	
	LON	
217	AMS	UK
375	ZRH	KL
134	MIL	AZ

该航程第一个国际航段为 LON – AMS,对应承运人是 UK,承运实际里程最远的航段是 AMS – ZRH,对应承运人是 KL。最终选择哪一个承运人的票价呢?查询 PAT FARES 卷,公布的 LON – MIL 两点间直达票价如图 8 – 11 所示。

LONDON（LON）					
FARE TYPE	LOCAL CURRENCY	NUC	CARR CODE	RULE	GI MPM & ROUTING
To MILAN（MIL）					EH714
Y	262	395. 13		Z001	EH
S	244	367. 98	AZ		EH
SLPX6M	281	423. 79	AZ	C744	EH 0200
Y	179	269. 95	BD	C701	EH
LXSX2M	199	300. 12	BD	C067	EH
YOW	262	335. 13	UK	C702	EH
VPASS	99	149. 30	UK	C712	EH 0200

图 8 – 11　公布的 LON – MIL 两点间直达票价

由于最远航段对应承运人 KL 没有相应票价,因此选择第一个国际航段承运人 UK 的对应票价 NUC335. 13。

注:若旅客的行程全部都在斯堪的纳维亚半岛境内,则视为欧洲境内国际旅行,也适用本条规定。

第五节　货币规则

一、基本术语

1. 中间组合单位（NUC）

国际航空运价是以当地货币的形式公布的,但在计算联程运输的票价时,会经过几个国家,仅用当地货币形式难以完成复杂的计算。为解决这一问题,国际航协制定了中间组合单位。

NUC 是 Neutral Unit of Construction（中间组合单位）的缩写。这是一个以美元为基础用于票价计算的标准单位。当 NUC 被用作票价计算时，它须以运输始发国的 NUC 转换数额将其转换成当地货币价。这个转换数额就是国际航协转换比价，即 IROE。

2. 国际航协转换比价（IROE）

国际航协转换比价（IATA Rates of Exchange）是国际航协制定的，是将当地货币转换成 NUC，以及将 NUC 总额转换成运输始发国货币的转换比价。

国际航协转换比价是由国际航协清算所（IATA Clearing House）根据到每月 15 日为止的美元与所涉及货币的五天平均比价得出的平均汇率作为 IROE 来公布的。它每年公布四次，每次保持三个月不变。如果在这个期间某一货币的价格变化了 10%，那么这一货币与 NUC 间新的 IROE 将公布在最新的 PAT 票价卷中。因此，查阅每期新的 PAT 中公布的 IROE 是十分重要的。

二、国际航协转换比价的使用方式

国际航协转换比价的使用方式主要有以下两种：

1. 将 NUC 转换成当地货币价（Local Currency Fare，LCF）

举例： 将 NUC 转换成 NZD。

AKLSIN NUC 1793.45 ＊ IROE 1.6084 ＝ NZD 2885.00

2. 将当地货币价（LCF）转换成 NUC

举例： 将 INR 转换成 NUC。

BOMNBO INR 34315 ÷ IROE 16.0728 ＝ NUC 2134.37

三、票价计算尾数取舍规则

1. 对 NUC 尾数的取舍

计算 NUC 时，尾数仅保留到小数点后两位，小数点后两位以后的数字舍去不计。

举例： NUC2132.90458 即为 NUC2132.90。

NUC2132.0190 即为 NUC2132.01。

2. 对 LCF 尾数的取舍

每一种当地货币价尾数的取舍规则都能从 PAT 中的国际航协转换比价表内找到。在对 LCF 尾数进行取舍时，应注意：

（1）将尾数计算到国际航协转换比价表中表明所需保留小数位数的后一位；

（2）舍去其后的任何小数；

（3）除非附注另有其他说明，否则将最后一位小数调整到上一位。

示例：

（1）当货币取舍为整数时，如 100，需保留小数点后一位。除非另有说明，将其进到上一位。

（2）当货币取舍为保留到小数点后一位时，如 0.1，需保留小数点后两位。除非另有说明，将其进到上一位。

（3）当货币取舍为保留到小数点后两位时，如 0.05，需保留小数点后三位。除非另有说明，将其进到上一位。

举例： 格陵兰岛（Greenland）用的丹麦克朗票款应如何取舍？查出当地货币价丹

麦克郎的取舍规则如表 8 - 1 所示。

表 8 - 1   货币价丹麦克郎的取舍规则

Rounding Units			
Local curr. fares	Other charges	Decimal Units	Notes
5	1	0	8

（1）DKK4238.165 - - -DKK4238.1 - - -DKK4240.00。

（2）DKK4240.09 - - -DKK4240.0 - - -DKK4240.00。

（3）DKK4241.10 - - -DKK4241.1 - - -DKK4245.00。

举例：约旦第纳尔票款尾数的取舍。

（1）JOD758.0309 - - -JOD758.03 - - -JOD758.10 - - -JOD758.100。

（2）JOD744.122 - - -JOD744.12 - - -JOD744.20 - - -JOD744.200。

当保留整数时，如果小数点后一位为零，就舍去所有的小数，并检查整数是否还需要进一步进位。

当把当地货币价标注在客票的"票价"和"实付等值货币"栏内时，需要根据规则将小数点后的数字标足。

并非所有的当地货币价都要求做进位。如果另有附注，就应检查是否还需做进一步的调整。

针对所有以美元为当地货币的国家：

（1）如果小数点后是 50 美分或更多，就进整为 1 美元；

（2）如果小数点后不足 50 美分，就舍去不计。

比如：USD1422.32 取舍为 USD 1422.00；

USD1422.02 取舍为 USD 1422.00；

USD1422.66 取舍为 USD 1423.00。

此外，当对港币（HKD）取舍时，应取舍到其最近的单位。具体为：

（1）对于 5 港币或更多，进到 10 港币；

（2）对于不足 5 港币，舍去不计。

比如：HKD8777 取舍为 HKD8780；

HKD8774.02 取舍为 HKD8770；

HKD8780.09 取舍为 HKD8780。

3. 对 IROE 尾数的处理

无论是纸制客票还是电子客票，国际航协转换比价（IROE）是一定要标注的，且应将其标注在票价计算栏内。IROE 不存在尾数取舍和进位的问题，只需直接使用查到的 IROE 数字即可。在实际应用中，其小数点末尾的数字若为零，则舍去不标。

比如：IROE 1.0000 取舍为 1.00；

IROE 1.0890 取舍为 1.089；

IROE 1.08020 取舍为 1.0802。

4. 对其他收费尾数的处理

票价以外的各种收费，如税、费等，不包括超重行李费，其尾数的取舍应按照 PAT 中的其他收费检查栏目中所标的规则处理。例如，对于以美元收取的其他费用（不包括加拿大、美国和新西兰的税款），保留到最接近的 0.1。如 USD3.04 取舍为 USD3.00。

对于加拿大、美国、新西兰的税款，进位到 0.01。如 CAD57.025 进到 CAD57.03，CAD57.022 舍到 CAD57.02。

税款以当地货币价标注在客票上的"税款"栏内。

一些其他收费，如以 NUC 形式标出的附加费（Q）应标注在票价计算栏内。

例如，一个在香港中途分程后再次出港旅客的费用。

其客票填开的竖式表达：

FROM/TO		
YVR	CARR	FARE CALC
HKG	YY	
BKK	YY	
X/HAN	YY	
SGN	YY	M
KUL	YY	1578.17
JKT	YY	222.27
———		
HKG	✕	
BKK	Q	2.58
	ROE	126221
NUC1803.02		

其客票填开的横式表达：

```
YVR  YY  IIKG  YY  BKK  Q2.58YY  X/HAN  YY  SGN  YY  KUL  M1578.17YY
JKT222.27 NUC1803.02 END ROE1.26221
```

课后作业：

查询各始发国货币的进整规则和保留位数，并确认始发国货币票价：

始发国	始发国货币票价	进整后结果
AUSTRALIA	AUD1382.18	
SWITZERLAND	CHF633.45	
INDONESIA	USD794.18	
UK	GBP3822.00	
CHINA	CNY5879.32	
BELGIUM	EUR543.125	

JORDAN	JOD522. 08
JAPAN	JPY300500. 08
INDIA	INR433. 00
SPAIN	EUR522. 08

第六节　国际票价计算

一、国际票价的制定依据

影响国际票价水平高低的因素如下：

（1）国家的政治、经济政策。对于某类特殊旅客、货物国家会给予扶持或压制，如特殊票价和指定商品票价等。

（2）区域经济的发达程度。地区经济越发达，票价越高，此外，航程的 GI 方向代码也会影响票价。如 BJS – TYO Y OW 808. 13 RT 1526. 07，而 TYO – BJS YX OW 1082. 23 RT 1925. 48，二者路线相同、方向相反、票价水平差别较大。

（3）国家外汇汇率的变动。外汇汇率对始发国货币表示的票价有影响。

（4）里程、航程距离的远近（最直接的影响因素）。距离长，票价高，票价率低。

（5）服务等级。服务等级不同，享受的待遇、占用的空间不同。

（6）承运人成本（航油、人力资源）。机型不同、耗油率不同、折旧和维修费用不同、舒适程度不同。

（7）所在国家的税费水平。

（8）供求状况等。从时间看，分淡季、旺季票价，此外，供求方向上的不平衡也会导致票价不相同。

二、公布直达票价的使用条件

旅客的非直达航程必须满足以下条件，才能考虑直接使用始发地至目的地的公布直达票价：

（1）TPM≤MPM。

（2）旅行的路线和方向须与 ROUTINGS 栏中所规定的内容一致，具体内容包括：

① 方向性两字代号；

② 四位阿拉伯数字；

③ 城市三字代码。

（3）航程中不得出现中间较高点票价及单程回拽程。

（4）在航程中任意一点的中途分程不能超过一次。

（5）旅行条件必须符合公布直达票价中相应 NOTES 的规定。

（6）航程中的任意两点间有公布直达票价。

课后作业：

（1）请查出下列城市间的经济舱票价及最大允许里程：

① SHA – PAR；② CAN – LON；③ BJS – NYC；④ PAR – LAX。

（2）查出下列城市间的实际里程：

① HKG – SHA；②TYO – MNL；③ BJS – ADD。

（3）判断下列航程能否使用公布直达票价，如不能请说明原因：

HKG – SHA – PAR – LAX SITI；

BJS – ADD – LON – PAR – FRA – STO SITI；

BJS – HKG – KHI – PAR – ZRHSITI；

PAR – ZRH – BJS – SIA – SHASITI；

SHA – HKG – MNL – PAR – FRA – PAR – LONSITI。

（4）确认航程票价，并写出票价计算结果的横、竖式表达。

BKK – FRA；　　Y Class。

BKKFRANUCY OW EH 1713. 20RULEY146MPM6898

三、指定航程

1. 点到点的票价计算组

点到点的航程由两个开票点构成，这类航程直接使用直达票价，例如，航程从 MIA 到 MOW。

2. 指定航程

指定航程是一种特定的非直达航程，当旅客的旅行线路符合 PAT 中公布的指定航程的相关规定时，该旅客的航程可以直接使用始发地至目的地的公布直达票价，无须考虑其他限制条件。

3. 指定航程的表达形式

指定航程常用的表达形式为表格式。PAT 规则卷 2.4.5 中指定航程的表格列举如下：

AREA 3

Between	And	Via
ADL	JKT	SYD
BJS	FUK	SHA
BJS	NGS	SHA
BJS	OSA	SHA – NGS （note 2）
BJS	TYO	SHA – NGS – OSA （note 1）
BJS	SDJ	SHA – OSA （note 3）
CMB	LHE	KHI
DEL	NGO/OSA/TYO	BKK
HKG	SIN	MNL
karachi	Seoul	Bangkok/Manila – Tokyo
KTM	HKG	BKK
SPK	SEL	NGO/TYO
TYO	LYP/KHI/ISB/LHE/MUX	MNL – BKK

AREA 23

Between	And	Via
Tehran	Lahore	Karachi
Tehran	Peshawar	Karachi
Tehran	Guangzhou，Taipei，Bangkok，Hongkong SAR	Karachi
Japan/Korea/China（excluding Hongkong SAR，Macao SAR），Hongkong SAR，Macao SAR	Mashad	Tehran（EH）
Cairo	Tokyo	Bangkok-Manila
Cairo/Sanaa	Beijing	Bangkok
Kuwait	Tokyo	Bangkok/Manila

AREA 13 via Pacific

Between	And	Via
Seattle	Japan	Los Angeles/San Francisco

注意："－"为"和"或者"或"；"/"为"或"；这里的"Between/And"意为航路适用于正反两个方向的旅行。

举例： 在 KHI 和 SEL 之间经 BKK/MNL－TYO 可以表达为下列指定航程。所以，以下航程均满足指定航程的规定，可以直接选用 KHI－SEL 的直达票价作为全程票价，不用再进行任何计算。

KHI	KHI	KHI	KHI	KHI	KHI
BKK	BKK	TYO	MNL	MNL	SEL
TYO	SEL	SEL	TYO	SEL	
SEL			SEL		

以上航线反方向航程同样满足指定航程的要求。

4. 指定航程的计算过程和横、竖式表达

举例： Fare type：Y。

```
TPMs            Journey
                KTM
1377            BKK          YY
1048            HKG          YY
Fare construction
FCP                          KTM   HKG
NUC                          Y  EH  OW      510.00
RULE                         Y277  S. R
MPM                          NA
TPM                          NA
EMA                          NA
```

EMS	NA
HIP	NA
RULE	NA
AF	510.00
CHECK	NA
TOTAL	510.00
IROE	1.00000
LCF	USD510.00

客票填开的竖式表达：

FROM/TO		
KTM	CARR	FARE CALC
BKK	YY	
HKG	YY	510.00
——		
	ROE	1.000000
NUC510.00		
USD510.00		

客票填开的横式表达：

KTM YY BKK YY HKG510.00NUC510.00END ROE1.000000

课后作业：确认航程票价，并写出票价计算结果的横、竖式表达。

KHI – BKK – TYO – SEL;　　　　Y Class。

四、里程制

国际旅客航程往往由多航段组成，在进行票价确定的时候，能否直接使用或者有限制地使用始发地至目的地的公布直达票价，一定要遵循里程制的计算原则，它涉及以下基本概念：

（1）最大允许里程（MPM）。英文全称为 Maximum Permitted Mileage，最大允许里程随票价一起公布，并且附有环球指示代号。它是旅客航程票价计算组中始发地和目的地之间所允许的最大距离。

（2）客票点里程（TPM）。英文全称为 Ticketted Point Mileage，也称开票点里程、实际里程。与最大允许里程不同，客票点里程是旅客实际航程客票点之间的里程。

（3）超里程附加（EMS）。英文全称为 Excess Mileage Surcharge，当非直达航程的各客票点里程（TPM）之和超过该票价计算组两个计算点间的最大允许里程（MPM）时，可根据超额的比例计算超里程附加费，允许超出的最大限度为 25%。如果超出最大限度 25%，就采用分段相加来计算票价。

计算方法：

① TPM/MPM，结果保留小数点后四位；

② 将结果与表 8 – 2 比较：

145

表 8 - 2　EMS 附加表

超过 1. 0000	但低于或等于 1. 0500	5M （附加 5% ）
超过 1. 0500	但低于或等于 1. 1000	10M （附加 10% ）
超过 1. 1000	但低于或等于 1. 1500	15M （附加 15% ）
超过 1. 1500	但低于或等于 1. 2000	20M （附加 20% ）
超过 1. 2000	但低于或等于 1. 2500	25M （附加 25% ）

IATA 的票价计算步骤如表 8 - 3 所示。

表 8 - 3　IATA 的票价计算步骤

FCP	Identify fare construction points of the fare component
NUC	Quote the Neutral Unit of Construction from origin to the destination based on GI, fare type & carrier code
RULE	Follow rule number and Check for specified routings
MPM	Note the Maximum Permitted Mileage between the origin and destination of the fare component
TPM	Add up the Ticketed Point Mileages and compare with the MPM
EMA	If the total TPM exceeds the MPM, look for an Extra Mileage Allowance or TPM Deduction
EMS	If the EMA is nil or insufficient, determine the Excess Mileage Surcharge by dividing TPM by MPM
HIP	Look for a Higher Intermediate Point fare from. 1. Component origin to intermediate stopover. 2. Intermediate stopover to another. 3. Intermediate stopover to component destination. If there is a higher fare, replace the unit origin – unit destination NUC with this HIP fare and apply EMS, if any
RULE	Follow rule of HIP fare, especially the number of stopovers, transfers, seasonality, day of week, flight appication conditions, including blackout dates
AF	Determine the resulting applicable fare in NUC
CHECK	When there is a HIP from origin to a stopover point in a OW journey, there may be a fare check to perform, for example the Backhaul Check （BHC）. This skill will be learned in the next level of training
TOTAL	Get the total result of all the above steps in NUC
IROE	1. Multiply NUC by the IATA Rate of Exchange 2. Drop trailing zeroes, if any
LCF	1. Round the resulting Local Currency Fare. 2. Show exact number of decimals required

举例：

TPMs	Journey	
	BJS	
3024	KHI	YY
3807	PAR	YY
647	VIE	YY
385	FRA	YY

若 BJS – FRA 航段间最大允许里程为 7797，则 EMS = TPM/MPM = 7863/7797 = 1.0084 大于 1，说明该旅客实际航程超过始发地 BJS 至目的地 FRA 允许的最大里程，不能直接使用始发地至目的地的公布直达票价。

查询 EMS 附加表，附加 5%，即 5M。

这段航程票价计算的竖式表达如下：

FROM/TO		
BJS	CARR.	FARRCALC.
KHI	YY	
PAR	YY	
VIE	YY	5M
FRA	YY	1722.11

超里程附加

横式表达如下：

```
BJS YY KHI YY PAR YY VIE YY FRA5M1722.11NUC1722.11END ROE...
```

课后作业：确认航程票价，并写出票价计算结果的横、竖式表达。

（1）Fare type：Y

TPMs	Journey	
	AKL	
2039	X/ADL	NZ
3359	X/SIN	QF
5234	MOW	SU

AKL MOWNUCY FE OW 6132.60RULEY169MPMFE12111

（2）Fare type：Y

TPMs	Journey	
	TPE	
2018	X/KUL	YY
2750	KHI	YY
701	X/ISB	YY
1213	DXB	YY
2127	BUH	YY

TPE BUHNUCY EH OW 2034.56RULEY146MPM7402

五、额外里程优惠

额外里程优惠（EMA）的英文全称是 Extra Mileage Allowance，也称客票点里程附减，是指航程经过某些特定的路线或地点出现 TPM 总和大于 MPM 时可按照规定给予的里程优惠，即在 TPM 中减去可优惠的里程，然后再进行超里程附加计算。

同指定航程一样，在 PAT 规则卷 2.4.3 中也规定了额外里程优待，举例如下：

AREA 1

Between	And	Via	TPM Deduction
BUE/MVD	Canada/Mexico/USA	RIO – SAO with no stopover at either point	510
BUE/MVD	CCS	Wholly within South America	400

AREA 2　Between Europe and the Middle East

Between	And	Via	TPM Deduction
Europe	Iran（except Tehran）	THR	100
BUD	Middle East	A point in Europe other than in Hungary	100

AREA 3

Between	And	Via	TPM Deduction
OSA/TYO	DPS	X/JKT，且在 JKT 和 DPS 无任何别的中间点	70
AREA 3（SASC 内的旅行除外）	AREA 3 内的一点	同时经过 BOM/DEL，或同时经过 ISB/KHI	700
AREA 3（SASC 内的旅行除外）	BOM	DEL	700
AREA 3（SASC 内的旅行除外）	DEL	BOM	700
AREA 3（SASC 内的旅行除外）	KHI	ISB	700
AREA 3（SASC 内的旅行除外）	ISB	KHI	700

AREA 13

Between	And	Via	TPM Deduction
USA（除夏威夷）/加拿大	AREA 3	夏威夷——仅适用于北中太平洋运价	800

AREA 23

Between	And	Via	TPM Deduction
欧洲	澳大利亚	HRE – JNB	518
欧洲	SASC	同时经过 BOM/DEL	700
欧洲	BOM	DEL	700
欧洲	DEL	BOM	700
中东	AREA 3（除西南太平洋）	同时经过 BOM/DEL，或同时经过 ISB/KHI	700
中东	BOM	DEL	700
中东	DEL	BOM	700
中东	KHI	ISB	700
中东	ISB	KHI	700

举例：判定下列航程是否符合 EMA 规定：

（1）KWI – DXB – ISB – KHI – BKK – KUL – HAN – HKG；

（2）YTO – YVR – SFO – HNL – TPE；

（3）SHA – HKG – BOM – DEL – CAI – LON。

判定过程如下：

（1）该航程为中东与三区之间的旅行，并同时经过 ISB 和 KHI，所以符合 EMA 规定，且 TPM 递减额度为 700；

（2）该航程在加拿大与三区之间，跨越大西洋，并经过夏威夷，所以符合 EMA 规定，且 TPM 递减额度为 800；

（3）该航程虽然在三区与欧洲之间，但不符合 EMA 规定，如果航程变更为 SHA – HKG – BOM – DEL – CAI 或者 BOM – DEL – CAI – LON，就符合 EMA 规定，且 TPM 可分别递减 700。

举例：确认航程票价，并写出票价计算结果的横、竖式表达。

1. Fare type：Y

TPMs	Journey	
	CAI	
1147	DXB	BA
1475	ISB	GF
701	KHI	PK
2302	BKK	GF
762	KUL	MH

Fare construction

FCP	CAI　KUL
NUC	Y　EH　OW　1061. 11
RULE	NIL
MPM	EH5934
TPM	6387 – 700
EMA	– 700　E/ISBKHI
EMS	M
HIP	NIL
RULE	NIL
AF	1061. 11
CHECK	BHC NIL
TOTAL	1061. 11
IROE	3. 45768
LCF	3668. 97 – H1，2 – EGP3669. 00

客票填开的竖式表达如下：

FROM/TO		
CAI	CARR	FARE CALC
DXB	BA	
ISB	GF	
KHI	PK	E/ISBKHI
BKK	GF	M
KUL	MH	1061. 11
————		
	ROE	3. 45768
NUC1061. 11		
EGP3669. 00		

客票填开的横式表达如下：

CAI BA DXB GF E/ISB PK E/KHI GF BKK MH KUL M1061. 11NUC1061. 11END
ROE3. 45768

2. Fare type：Y

TPMs	Journey	
	DEL	
708	X/BOM	AI
1871	BKK	TG
748	KUL	MH
1542	MNL	PR

Fare construction

FCP	DEL MNL
NUC	Y EH OW 490. 90
RULE	NIL
MPM	EH3656
TPM	4869 – 700
EMA	– 700 E/BOM
EMS	4169/3656 = 1. 14 15M
HIP	NIL
RULE	NIL
AF	490. 90 ∗ 1. 15 = 564. 53
CHECK	BHC NIL
TOTAL	564. 53
IROE	14. 09245
LCF	7955. 61 – H5，0 – INR7960

客票填开的竖式表达如下：

FROM/TO		
DEL	CARR	FARE CALC
X/BOM	AI	
BKK	TG	E/BOM
KUL	MH	15M
MNL	PR	564. 53
———		
	ROE	14. 09245
NUC564. 53		
INR7960		

客票填开的横式表达如下：

DEL AI X/E/BOM TG BKK MH KUL PR MNL15M564.53NUC564.53END
ROE14.09245

课后作业：确认航程票价，并写出票价计算结果的横、竖式表达。

1. Fare type：Y

TPMs	Journey	
	CAI	
3321	X/HRE	UM
596	JNB	SA
7189	SYD	QF

CAI SYDNUCY EH OW 1572.61RULEY205MPM10778

2. Fare type：Y

TPMs	Journey	
	SYD	
7492	X/AUH	EY
3909	JNB	EY
5640	LON	BA

SYD LONNUCY EH OW 4691.08RULEY169MPM13222

3. Fare type：Y

TPMs	Journey	
	NAN	
1341	AKL	FJ
5231	SIN	NZ
2579	DEL	AI
708	BOM	IC
948	CMB	UL

NAN CMBNUCY EH OW 1923.95RULEY277MPM8460

4. Fare type：Y

TPMs	Journey	
	AMM	
295	CAI	RJ
2699	X/BOM	MS
708	DEL	IC
2584	SIN	SQ

AMM SINNUCY EH OW 1357.09RULEY205MPM5859

六、中间较高点规则

1. 定义

中间较高点（HIP）的英文全称为 Higher Intermediate Point ，是指旅客的航程中，如果出现中间任意两点之间的票价高于始发地至目的地票价区的价格，该价格就称为中间较高点票价。

在选择中间较高点时，只需要考虑中途分程点的较高点票价，非中途分程点出现的较高票价不予考虑。

2. 中间较高点的类别

中间较高点也称作三种中间较高点，其分为三类，即：

（1）始发站（Origin）至中途分程点（Stopover），即 O－S；

（2）中途分程点（Stopover）至中途分程点（Stopover），即 S－S；

（3）中途分程点（Stopover）至目的地点（Destination），即 S－D。

3. 中间较高点计算规则

（1）计算中间较高点票价时，不考虑中间较高点对应的最大允许里程，因为最大允许里程是针对全航程而言的，也就是航程的始发地和目的地之间。

（2）有多组中间较高点票价高于始发地至目的地票价时，选用满足条件的最高票价作为全程的中间较高点票价。

（3）票价计算中，出现超里程时，中间较高点票价应该附加在超里程的基础上，即在中间较高点票价的基础上进行超里程附加。

举例：确认航程票价，并写出票价计算结果的横、竖式表达。

Fare type：Y

TPMs	Journey			FARES：TS		
	MAD			MADHKG	3014.17	TS 10340
909	AMS	IB		AMSHKG	3375.43	
6007	X/TYO	KL		MADTYO	3858.44	
1822	HKG	JL		AMSTYO	3955.42	

Fare construction

FCP	MAD　HKG
NUC	Y　TS　OW　3014.17
RULE	Y146
MPM	TS10340
TPM	8738
EMA	NA
EMS	M
HIP	Y OW TS AMSHKG3375.43
RULE	Y146
AF	3375.43
CHECK	BHC NIL
TOTAL	3375.43
IROE	1.08786
LCF	3671.9－H1，2－EUR3672.00

客票填开的竖式表达如下：

FROM/TO		
MAD	CARR.	FARE/CALC.
AMS	IB	M
X/TYO	KL	AMSHKG
HKG	JL	3375.43
——————		
	ROE	1.08786
NUC3375.43		
EUR3672.00		

中间较高点票价

客票填开的横式表达如下：

MAD IB AMS KL X/TYO JL HKG M AMSHKG3375.43NUC3375.43END ROE1.08786

在计算过程中，票价最高的航段是 AMSTYO3955.42，而实际计算并没有使用这个最高的票价，原因在于 TYO 是非中途分程点，所以与其关联出现的任何较高票价均不予考虑。

4. 中间较高点对应 Y2 票价的选用

根据国际航协票价规则规定，如果在某个票价计算区内出现多个类别的 HIP 价格，就可以考虑依据航程的实际情况选择满足条件的较低票价。具体说明如下：

When there are two or more fares published for the same type of normal fare, you may use the lower level for the HIP check. However, such lower/lowest level may only be quoted after complying with the number of stopover/transfers, seasonality and day of week limitations of such fare.

举例：确认航程票价，并写出票价计算结果的横、竖式表达。

Fare type：Y

TPMs	Journey			FARES：EH		
	SEL		SELSYD	1107.93	EH	6212
529	OSA	OZ	OSASYD	Y2 1965.34		
3141	X/POM	PX		Y 2368.23		
1745	SYD	QF				

Fare construction

FCP	SEL SYD
NUC	Y　EH　OW　1107.93
RULE	Y277
MPM	EH6212
TPM	5415
EMA	NIL
EMS	M
HIP	Y2 OW EH OSASYD 1965..34 Y 2368.23
RULE	Y365 No stopover between OSA and SYD
AF	1965.34
CHECK	BHC NIL
TOTAL	1965.34
IROE	1278.77
LCF	2513217.8 – H100, 0 – KRW2513300

客票填开的竖式表达如下：

FROM/TO		
SEL	CARR.	FARE/CALC.
OSA	OZ	M
X/POM	PX	OSASYD
SYD	QF	1965.34
	ROE	1278.77
NUC1965.34		
KRW2513300		

中间较高点票价Y2

客票填开的横式表达如下：

SEL OZ OSA PX X/POM QF SYD M OSASYD1965. 34NUC1965. 34END ROE1278. 77

5. HIP 检查的例外

Africa

For journeys wholly between Kilimanjaro and Nairobi, HIP check will be for all ticketed points.

India

For traffic originating in India and destined to Canada/USA, when stopovers are taken in Europe or UK, higher intermediate fares shall not be applicable from points in Europe/UK to Canada/USA.

Israel

For travel originating in Israel, HIPs will be checked for all ticketed points from Israel. This does not apply to the HIP check from an intermediate point to another intermediate point or the fare construction point, or to fares with specified routings.

例如，航程 TLV – FRA – X/LON – NYC，中间较高点检查航段为 TLV – FRA、TLV – LON 和 FRA – NYC，其中 LON – NYC 段不考虑是否出现中间较高点。

Malawi

For journeys originating in Malawi, the HIP check in each fare component shall be applied on all ticketed points in Malawi.

Turkey

For travel between the Middle East and Turkey involving more than one point in Turkey, any higher intermediate point in Turkey must be charged whether or not a stopover is taken.

Western Africa

For journeys originating in Western Africa, the HIP check in each fare component shall be applied on all ticketed points in Western Africa.

课后作业： 确认航程票价，并写出票价计算结果的横、竖式表达。

1）Fare type：Y

TPMs	Journey	
	MAD	
319	LIS	TP
1165	X/FRA	LH
5928	TYO	JL
1807	HKG	NH

MADHKG NUC Y TS OW5380. 38 RULEY146MPM TS 10340

MADTYO5036. 35

LISHKG5380. 38

LISTYO5036. 35

2）Fare type：Y

TPMs	Journey	
	LON	
217	AMS	BA
4169	X/DEL	KE
2917	SEL	KE

LON – SEL NUC Y OW EH TS NUC5008. 54 Y094MPMTS8374 AP11766

AMS – SEL NUC Y OW EH TS NUC5644. 39 Y094

3）Fare type：Y

TPMs	Journey	
	MAD	
319	LIS	TP
1165	X/FRA	LH
5928	TYO	JL
1807	HKG	NH

MAD – HKG NUC YOW EH 4512. 31 Y146 MPM8275

MAD – TYO NUC YOW EH5036. 35 Y146

MAD – BJS NUC4150. 96

LIS – HKG NUC4512. 31

LIS – TYO NUC5036. 35

LIS – BJS NUC4150. 96

FRA – HKG NUC3896. 27

FRA – TYO NUC4666. 99

FRA – BJS NUC3862. 93

七、单程回拽检查

1. 单程回拽检查的定义

单程回拽检查的英文全称为 OW BackHaul Check（BHC）。对于单程的航程而言，如果在某一个票价计算区中的始发站至中途分程点的票价高于始发地至目的地运价区的价格，就表明该票价计算区出现了 OW BackHaul，即单程回拽，此时的票价确认需要进行单程回拽检查。

2. 单程回拽检查的适用条件

当以下情况同时满足时，该航程需要进行单程回拽检查：

（1）该航程仅适合于单程；

（2）航程中，出现始发地至中途分程点票价高于始发地至目的地的较高票价；

（3）单程回拽检查不考虑超里程附加；

（4）在每个单程的票价计算区内都要进行单程回拽检查。

3. 单程回拽检查限额的计算

单程回拽检查限额的计算步骤如下。

	HIGHER（O－S）	Origin to intermediate point
减	LOWER（O－D）	Lower fare from origin to destination
＝	BHD	Backhaul difference
加	HIGHER（O－S）	Origin to intermediate stopover point
＝	OWM	One way minimum fare in NUC

4. 单程回拽检查与中间较高点检查的关系

（1）适用范围不同。单程回拽检查仅适用于单程，而中间较高点检查适用于所有的航程。

（2）当票价计算区同时出现单程回拽检查和中间较高点检查的时候，最后的全程适用票价应该是这两个数字比较取高者，需要说明的是这两个结果可能一样也可能不一样，需要分别计算然后进行比较，步骤如下：

① 如果单程最低限额（OWM）高于适用票价（AF），那么取较高者OWM，然后用OWM减去AF得到的差额加上AF即可，差额用字母P表示；

② 如果单程最低限额（OWM）低于适用票价（AF），那么AF票价为全程适用票价。

5. 确认航程票价，并写出票价计算结果的横、竖式表达

1）Fare type：F

TPMs	Journey			FARES：EH	
	MRU		MRUBKK	1086. 37	EH 5247
1104	X/SEZ	MK	MRUSIN	1230. 87	
3378	SIN	HM			
897	BKK	TG			

Fare construction

FCP	MRU BKK
NUC	F EH OW 1086. 37
RULE	Y010A
MPM	EH5247
TPM	5379
EMA	NIL
EMS	5379/5247 = 1. 0251 5M
HIP	F OW EH MRUSIN1230. 87
RULE	Y101A
AF	1292. 41
CHECK	BHC
	HI1230. 87
－	LO1086. 37
＝	BHD144. 50
＋	HI1230. 87
＝	OWM1375. 37
P82. 96	
TOTAL	1375. 37
IROE	27. 9923
LCF	38499. 7 – H5，0 – MRU38500

156

客票填开的竖式表达如下：

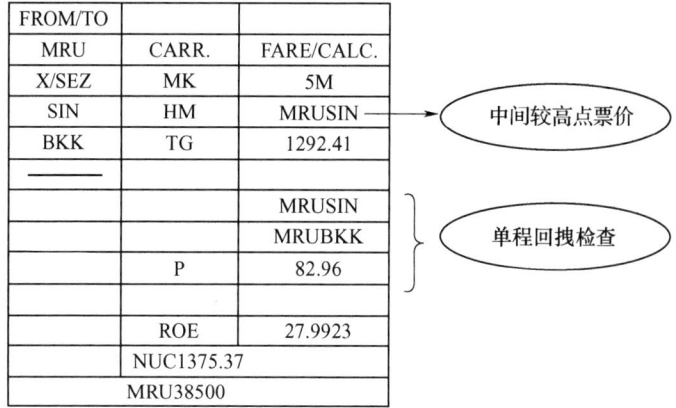

FROM/TO		
MRU	CARR.	FARE/CALC.
X/SEZ	MK	5M
SIN	HM	MRUSIN
BKK	TG	1292.41
		MRUSIN
		MRUBKK
	P	82.96
	ROE	27.9923
	NUC1375.37	
	MRU38500	

中间较高点票价

单程回拽检查

客票填开的横式表达如下：

MRU MK X/SEZ HM SIN TG BKK5M MRUSIN1292. 41P MRUSIN MRUBKK82. 96NUC1375. 37END ROE27. 9923

2）Fare type：C

TPMs	Journey				FARES：EH	
	BKK			BKKSEZ	843. 35	EH6118
762	KUL	MH		BKKMRU	1114. 71	
3387	MRU	MH		KULMRU	1193. 68	
1104	SEZ	HM				

Fare construction

FCP	MRU BKK
NUC	C EH OW 843. 35
RULE	NIL
MPM	EH6118
TPM	5253
EMA	NIL
EMS	M
HIP	C OW EH KULMRU1193. 68
RULE	NIL
AF	1193. 68
CHECK	BHC
	HI1114. 71
−	LO843. 35
=	BHD271. 36
+	HI1114. 71
=	OWM1386. 07
P192. 39	
TOTAL	1386. 07
IROE	37. 404221
LCF	51844. 8 − H5，0 − THB51845

客票填开的竖式表达如下：

FROM/TO		
BKK	CARR.	FARE/CALC.
KUL	MH	M
MRU	MH	KULMRU ——→ 中间较高点票价
SEZ	HM	1193.68
————		
		BKKMRU
		BKKSEZ
	P	192.39
	ROE	37.404221
	NUC1386.07	
	THB51845	

单程回拽检查

客票填开的横式表达如下：

BKK MH KUL MH MRU HM SEZ M KULMRU1193．68P BKKMRU BKKSEZ192．39NUC1386．07END ROE37．404221

6. 单程回拽检查的例外

Journeys wholly between South Atlantic area and TC2;

Jourbeys wholly within TC1;

Pricing units wholly within Europe.

课后作业：确认航程票价，并写出票价计算结果的横、竖式表达。

1）Fare type：Y

TPMs	Journey	
	KUL	
204	X/SIN	YY
2432	BOM	YY
4350	PAR	YY
687	ROM	YY

KULMIL　NUCYOW EH2263．94　RULE Y146　MPM7635

KULLON　NUCYOW EH2400．78　RULE Y146

2）Fare type：C

TPMs	Journey	
	PRG	
253	FRA	YY
5948	RIO	YY
1824	SCL	YY
1527	LIM	YY

PRG LIM　NUC YOWAT5152．19　RULE X0900　MPM8382

PRGSCL　　NUCYOW AT 6320．50　RULE X0999

PRGRIO　　NUCYOW AT 5305．33

FRALIM　　NUCYOWAT 3072．20

FRASCL　　　NUCYOW AT 4364.67

FRARIO　　　NUCYOW AT 3571.76

八、来回程和环程

1. 来回程（RT）和环程（CT）的联系

以上介绍不同航程时，分别提到了来回程和环程，在这里从票价计算方面讲述二者之间的共同点和不同点。二者的共同点在于都采用 1/2RT 票价。不同点如下：

（1）来回程的去程和回程票价计算组的数额相同，而环程不同。

（2）来回车程有两个票价计算组，但环程可以有两个以上的票价计算组。

（3）来回程不做 CTM 检查。

2. 票价组合点的选择原则

（1）一般情况下，选择最大允许里程数值最大的点作为该航程的票价组合点。

（2）如果选择其他的中途分程点作为该航程的票价组合点时，就应该考虑该点可以组合出的较低票价组合结果。虽然 MPM 的值不是最高的，但是组合后的票价结果最低。

3. 来回程和环程票价计算指南

（1）在每一个票价计算区都必须考虑里程制（含 EMA 和 EMS）和中间较高点检查。

（2）当某航段票价查询没有 1/2RT 票价时，可以用该航段对应的 OW 票价代替，反之不允许。

（3）对于航程回到始发国的票价计算组，票价的选用方向都是沿着始发国出来方向的价格，与实际旅行方向相反；对于其他的票价计算区使用和旅行方向一致的票价。

（4）中间较高点检查使用与其对应票价计算区票价方向相同的票价。

（5）环程可以有多个票价计算区，在每一个票价计算区内都应该使用 1/2RT 票价。

（6）如果在某个票价计算区内某航段同等级对应有两个以上的价格，如 Y1 和 Y2，就可以使用较便宜的票价即 Y2。但无论是票价的选用还是中间较高点检查，使用该较低等级票价的条件都必须满足该票价的限制条件，如 stopovers、transfers、midweek/weekend 和 seasonal 等。

（7）对于环程，最低限额检查的数值必须是始发地至中途分程点票价最高的来回程票价值。

4. 环程最低限额检查

环程最低限额（CTM）检查的英文全称是 Circle Trip Minimum Check，表示环程的票价不得低于自运输始发地到航程中任意一个中途分程点的最高的直达来回程票价。

在进行环程最低限额检查时，可以直接使用票价最高的直达来回程航段对应的较低等级票价，无须考虑该票价限制条件的 stopovers 和 transfers 是否满足，仅需考虑 days of service 和 seasonality 是否满足。

5. RT/CT 航程票价的计算步骤

RT/CT 航程票价的计算步骤如表 8-4 所示。

表 8 - 4   RT/CT 航程票价的计算步骤

Steps	For EACH FARE COMPONENT
FCP	Identify fare construction points of the fare component after selecting a fare break point
NUC	Quote the Neutral Unit of Construction from origin to the destination based on GI, fare type & carrier code
RULE	Follow conditions of the rule. Check for specified routings
MPM	Note the maximum distance between the FCPs
TPM	Add up the TPMs and compare with the MPM
EMA	If TPM is higher than MPM, look for a TPM Deduction
EMS	If the EMA is nil or insufficient, determine the Excess Mileage Surcharge by dividing TPM by MPM
HIP	Look for a Higher Intermediate Point fare in the direction of the fare component
RULE	Follow rule of HIP fare, especially the number of stopovers, transfers, seasonality/day of week, flight appication conditions, including blackout dates
AF	Determine the resulting applicable fare in NUC
STEPS	For THE ENTIRE JOURNEY
SUBTTL	Get the sum of outbound and inbound AF NUCs
CHECK: CTM	Look for the highest RT NUC from the origin to the highest rated stopover point in the whole journey
TOTAL	Get the sum of all the NUCs including Plus ups
IROE	3. Multiply NUC by the IATA Rate of Exchange. 4. Drop trailing zeroes, if any
LCF	3. Round the resulting Local Currency Fare. 4. Show exact number of decimals required

举例：确认航程票价，并写出票价计算结果的横、竖式表达。

1) Fare type：Y

TPMs	Journey		MPM	
	JRO		JROAMS EH 5154	
4288	AMS	KL	**JROLON EH5271**	**MPM 值最大，LON 作为折返点**
217	**LON**	IB	JROFRA EH4924	
396	FRA	LH		
3324	ADD	ET	Y RT	
867	JRO	TC	JROLON 2463.00	

Fare construction

	I				II			
FCP	JRO LON			FCP	JRO LON			
NUC	Y EH 1/2RT 1231.50			NUC	Y EH 1/2RT 1231.50			
RULE	Y046			RULE	Y046			
MPM	EH5271			MPM	EH5271			
TPM	4505			TPM	4587			
EMA	NA			EMA	NA			

160

EMS	M		EMS	M	
HIP	NIL		HIP	NIL	
RULE	NIL		RULE	NIL	
AF	OUTBOUND 1231.50		AF	INBOUND 1231.50	
SUBTTL		RT NUC 2463.00			
CHECK	CTM NA				
TOTAL		NUC2463.00			
IROE		1.000000			
LCF		USD2463.00			

客票填开的竖式表达如下：

FROM/TO		
JRO	CARR.	FARE/CALC.
AMS	KL	M
LON	IB	1231.50
FRA	LH	
ADD	ET	M
JRO	TC	1231.50
————		
	ROE	1.000000
	NUC2463.00	
USD2463.00		

客票填开的横式表达如下：

JRO KL AMS IB LON M1231.50LH FRA ET ADD TC JRO M1231.50NUC2463.00END ROE1.000000

2）Fare type：Y

TPMs	Journey		Y 1/2RT Fares		MPMs
	NOU		**NOUTYO**	**1183.97**	**EH7591**
783	X/NAN	SB	NOUSEL	1342.26	EH7293
4428	**TYO**	FJ	NOUSYD	619.43	EH1489
740	SEL	OZ	NOUNAN	410.82	EH1122
5172	SYD	KE	SYDTYO	1494.30	
1241	NOU	SB	SYDSEL	1325.77	

Fare construction

	I			II	
FCP	NOU TYO		FCP	NOU TYO	
NUC	Y EH 1/2RT 1183.97		NUC	Y EH 1/2RT 1183.97	
RULE	Y277		RULE	Y277	
MPM	EH7591		MPM	EH7591	
TPM	5211		TPM	7153	

EMA	NA		EMA	NIL

EMA   NA   EMA   NIL

EMS   M   EMS   M

HIP   NIL   HIP   Y 1/2RT EH SYDTYO1494. 30

RULE   NIL   RULE   NIL

AF   OUTBOUND 1183. 97   AF   INBOUND   1491. 30

SUBTTL   RT NUC 2678. 27

CHECK   CTM P   6. 25

TOTAL   NUC2684. 52

IROE   90. 882975

LCF   243977. 16 – H100, 0 – XPF244000

客票填开的竖式表达如下：

FROM/TO		
NOU	CARR.	FARE/CALC.
X/NAN	SB	M
TYO	FJ	1183. 97
SEL	OZ	M
SYD	KE	SYDTYO
NOU	SB	1491. 30
————		
		NOUSEL
	P	6. 25
	ROE	90. 882975
	NUC2684. 52	
XPF244000		

客票填开的横式表达如下：

NOU SB X/NAN FJ TYO M1183. 97OZ SEL KE SYD SB NOU M SYDTYO1491. 30P NOUSEL6. 25NUC 2684. 52 END ROE90. 882975

3）Fare type：Y

TPMs	Journey				Y RT Fares	Y_2 RT
	TYO		TYOSEL	EH Y 977. 11		Y_2 941. 93
759	SEL	JL	TYOIST	TS Y 6872. 38		YX_2 5681. 66
5187	IST	TK	TYOSOF	TS Y 6373. 96		YX_2 5267. 31
304	**SOF**	TK	NOUNAN			
304	X/IST	TK	SYDTYO			
5755	TYO	TK	SYDSEL			

Fare construction

	I		II	
FCP	TYO SOF		FCP	TYO SOF

NUC	Y TS 1/2RT 3186. 98	NUC	Y_2 TS 1/2RT 2633. 65
RULE	Y094：unlimited transfers	RULE	Y086：no stops/2transfers
MPM	TS6914	MPM	TS6914
TPM	6250	TPM	6059
EMA	NA	EMA	NIL
EMS	M	EMS	M
HIP	Y 1/2RT 3436. 19 TYOIST	HIP	NIL
RULE	Y094	RULE	NIL
AF	OUTBOUND 3436. 19	AF	INBOUND 2633. 65
SUBTTL			RT NUC 6069. 84
CHECK			CTM（lower）TYOIST Y2 RT5681. 66 < 6069. 84
TOTAL			NUC6069. 84
IROE			116. 568
LCF			707549. 1 − H100，0 − JPY707600

客票填开的竖式表达如下：

FROM/TO		
TYO	CARR.	FARE/CALC.
SEL	JL	M
IST	TK	TYOIST
SOF	TK	3436. 19
X/IST	TK	M
TYO	TK	2633. 65
———		
	ROE	116. 568
	NUC6069. 84	
	JPY707600	

客票填开的横式表达如下：

TYO JL SEL TK IST TK SOF M TYOIST3436. 19TK X/IST TK TYO M2633. 65NUC6069. 84END ROE116. 568

6. 不同票价计算折返点的选择对票价组合结果的影响

一般而言，通常选择最大允许里程点作为票价计算的折返点。在实际票价计算过程中，会出现选择另外的中途分程点组合的票价结果更低的情况，这时需要比较多种票价组合结果，并选取最低的票价组合结果作为旅客全航程的票价。

举例：确认航程票价，并写出票价计算结果的横、竖式表达。

Fare type：Y

TPMs	Journey			Y RT Fares	MPM	
	GVA		GVARIX	1794. 22	EH	1292
1038	STO	SK	GVAVNO	1295. 68	EH	1238
283	RIX	BT				

167	VNO	BT
587	VIE	TE
508	GVA	OS

Fare construction 1：选择 RIX 作为票价计算折返点。

	I			II	
FCP	GVA RIX		FCP	GVA RIX	
NUC	Y EH 1/2RT 897. 11		NUC	Y EH 1/2RT 897. 11	
RULE	Z001 NOT S/R		RULE	Z001	
MPM	EH1292		MPM	EH1292	
TPM	1321		TPM	1262	
EMA	NIL		EMA	NIL	
EMS	5M		EMS	M	
HIP	NIL		HIP	NIL	
RULE	NIL		RULE	NIL	
AF	OUTBOUND 941. 96		AF	INBOUND 897. 11	

SUBTTL   RT NUC 1839. 07

CHECK   CTM （lower）GVARIX Y RT1794. 22＜1839. 07

TOTAL   NUC1839. 07

IROE   1. 670919

LCF   3072. 9 － H1，2 － CHF3073. 00

客票填开的竖式表达如下：

FROM/TO		
GVA	CARR.	FARE/CALC.
STO	SK	5M
RIX	BT	941. 96
VNO	BT	
VIE	TE	M
GVA	OS	897. 11
————		
	ROE	1. 670919
NUC1839. 07		
CHF3073. 00		

客票填开的横式表达如下：

GVA SK STO BT RIX5M941. 96BT VNO TE VIE OS GVA M897. 11NUC1839. 07END ROE1. 670919

Fare construction 2：选择 VNO 作为票价计算折返点。

	I			II	
FCP	GVA VNO		FCP	GVA VNO	
NUC	Y EH 1/2RT 647. 84		NUC	Y EH 1/2RT 647. 84	
RULE	Z001 NOT S/R		RULE	Z001	
MPM	EH1238		MPM	EH1238	

TPM	1488		TPM	1095
EMA	NIL		EMA	NIL
EMS	25M		EMS	M
HIP	GVARIX Y 1/2RT 897.11		HIP	NIL
RULE	NIL		RULE	NIL
AF	OUTBOUND 1121.38		AF	INBOUND 647.84
SUBTTL		RT NUC 1794.22		
CHECK		CTM （higher） GVARIX Y RT1794.22＞1769.22 P25.00		
TOTAL		NUC1839.07		
IROE		1.670919		
LCF		2997.9－H1，2－CHF2998.00		

客票填开的竖式表达如下：

FROM/TO		
GVA	CARR.	FARE/CALC.
STO	SK	25M
RIX	BT	GVARIX
VNO	BT	1121.38
VIE	TE	M
GVA	OS	647.84
————		
		GVARIX
	P	25.00
	ROE	1.670919
	NUC1794.22	
CHF2998.00		

客票填开的横式表达如下：

```
GVA SK STO BT RIX BT VNO25M GVARIX1121.38TE VIE OS GVA M647.84P GVARIX25.00NUC1794.22END
ROE1.670919
```

通过上述分析可知，两种不同票价计算折返点的结果不一样，第一种虽然选择了最大允许里程点作为票价计算折返点，但是组合的票价结果却比第二种高，那么哪一个是正确的呢？当然选择低者1794.22作为全程票价的组合结果。也许有人还要问，该航程总共有4个中途分程点，只是选取其中的2个就做了结论，那么剩下的2个点STO和VIE是否也要分别进行票价组合呢，在它们2个之间是否也有可能会出现更低的组合呢？事实上，对具体的航程而言，当选择VNO时，出现了组合结果小于CTM的情况，且最终结果取的就是CTM的值作为全程票价总额，就完全可以判断其他出现的任何组合结果只可能比它高，最多是等于，绝对不会出现低于这个结果的情况。所以，这时可以判断此结果就是所要求得的全航程票价。

课后作业：确认航程票价，并写出票价计算结果的横、竖式表达。

1) Fare type：Y

TPMs	Journey				Y RT NUC	Y₂ RT NUC
	TYO			TYOSEL	EH 778. 31	750. 00
759	SEL	JL		TYOIST	TS 5755. 34	4758. 10
5187	IST	TK		TYOSOF	TS 5338. 30 Y094	4411. 82 Y086
304	SOF	LZ				
304	X/IST	LZ				
5755	TYO	TK				

2) Fare type：F

TPMs	Journey				F RT NUC	MPM
	YVR			YVRSHA	3197. 80DL	6733
800	X/SFO	AC			4057. 98KE	
563	SEL	DL		YVRSEL	3983. 12DL	
522	SHA	CA			4199. 82KE	
522	SEL	CA				
5092	YVR	KE				

3) Fare type：Y

Journey	
HKG	
MOW	CX
IST	SU
PAR	AF
X/SEL	KE
HKG	CX

九、特殊票价

1. 特殊票价的定义

特殊票价是指所有除普通票价外的附有特殊限制条件的票价。此类价格的限制条件包括：

（1）最短和最长停留时间（Length of stay such as minimum and maximum stay requirements）；

（2）停留点的时间长短（Stopover or no stopover point）；

（3）订座、付款和出票的限制（Advance purchase requirements）；

（4）一天中某个时段的旅行要求（Day/time of travel）；

（5）资格限制（Eligibility restrictions）；

（6）退票和变更的限制（Refundability and changeability）。

2. 五个类别的特殊票价

（1）适合于公众的特殊票价：

迟订座的票价（Late booking fare）；

APEX 票价（APEX fare）；

PEX 票价（PEX fare）；

游览票价（Excursion fare）。

（2）适合于个人综合旅行的票价：

团体综合旅行票价（Group inclusive tour fares）；

散客综合旅行票价（Individual inclusive tour fares）。

（3）适合于公众的团体旅行票价：

共同爱好兴趣的团体票价（Common interest group fares）；

奖励旅行计划（Individual group fares）。

（4）适合于特殊类别旅客的折扣票价：

学生折扣（Student fares）；

军人折扣（Military fares）；

家庭折扣（Spouse fares）。

（5）其他类别的特殊票价：

特殊活动的票价（Special event tour fares）。

大多数的特殊票价均公布在 PAT 运价表中，并且在 RULE 的栏目中附有相关的号码。

3. 标准运输条件的阅读

1）阅读顺序

Special fare rule—〉 SC100 Standard condition for Special fares—〉 general rules.

Normal fare rule—〉 SC101 Standard condition for Normal fares—〉 general rules.

2）标准运输条件

（1）STANDARD CONDITION 指的是在该条件下的说明，一般在 Part 1；

（2）SUPPLEMENTARY INFORMATION 指的是 GENERAL RULES 的补充说明，一般在 Part 2。

在大多数的情况下，只需要阅读 Part 1 部分即可。在特殊的情况下，需要查阅 GENERAL RULES，Part 2。

标准运输条件如下：

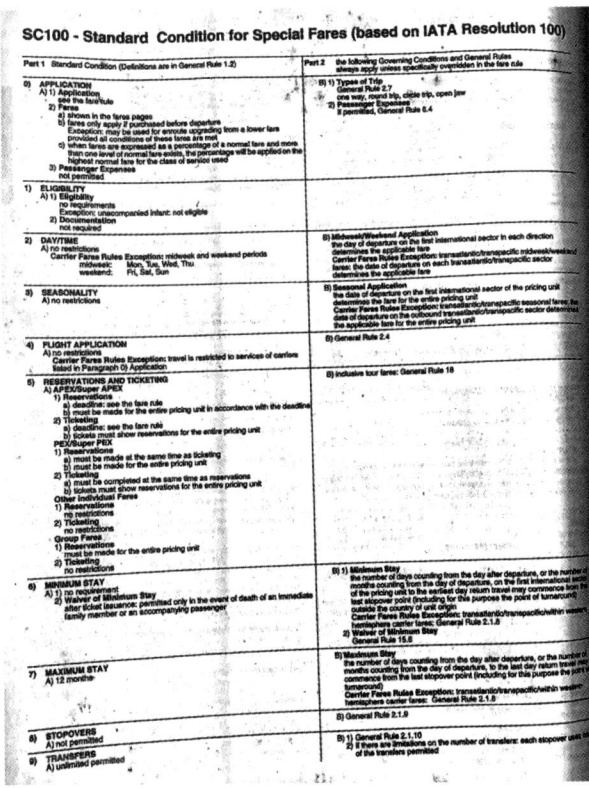

4. 有效期

1）有效期条件的阅读及理解

（1）MONTH VALIDITY：01JAN 至 01FEB。

（2）MONTH VALIDITY：14JAN 至 14MAR。

如果下个月为小月，那么只能计算到该月的最后一天。

例如，1MONTH VALIDITY：30JAN 至 28FEB。

如果给出的日期为该月的最后一天，那么有效期只能计算到那个月的最后一天。

例如，MONTH VALIDITY：31JAN 至 28FEB

MONTH VALIDITY：28FEB 至 30APR。

MONTH VALIDITY：30APR 至 31JUL。

2）最短停留时间

最短停留时间的确定：

（1）需要加的天数（Number of days to add）。

（2）从何时开始计算（Preposition and action）：始发后、到达后或者星期日规则（Counting from when day after depture or after arrival or sunday return）。

（3）从何地开始计算（Point/area concerned）：在折返区或从始发站开始，或者在折返点计算（Point/area concerned：in area of turnaround or from Point of origin or in point of turnaround）。

举例： 确认航程票价。

TPMs	Journey		TRAVEL DATES
	LON		03JUL
	NBO	YY	14JUL
	X/PAR	YY	14JUL
	LON	YY	

查阅 PAT FARE RULES 卷 Y0058 解释，相关原文如下：

Y0058　EXCURSION　FARES　　　　　　　　　**= > 　SC100**

BETWEEN　EUROPE　AND　AFRICE

6）MINIMUM STAY

A）1）6 DAYS

SC100 标准文本对应原文如下：

SC100 STANDARD CONDITION FOR SPECIAL FARES	
6）**MINIMUM STAY** A）1）no requirement 2）**Waiver OF Minimum Stay**：after ticket issuance：permitted only in the event of death of an immediate family member or an accompanying passenger	B）1）**MINIMUM STAY**： the number of days of counting from the day after departure or the number of months counting from the day of departure，on the first international sector of the pricing unit to the earliest day return travel may commence from the last stopover point（including for this purpose the point of turnaround）outside the country of the unit origin. 2）**Waiver of Minimum Stay**：General Rule 13）2）14

该题的全航程在东半球境内，根据该题规则 Y0058 第 6 条中关于最短停留时间的规定，可以确定该题的最短停留时间和应该显示的乘机联数。

Alternatively，you may also painstakingly count each calendar day staring form the day after departure.

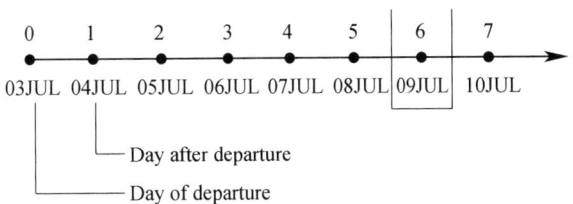

依据以上对最短停留时间的理解，得到的最后结论为 03JUL + 6 = 09JUL。因此，该航程的回程日期定为 14JUL，符合条件。

（1）决定在哪里显示最短停留时间。根据 RULE，可以知道 to the earliest day return travel may commence from the last stopover point（including for this purpose the point of turnaround）outside the country of the unit origin.

该注释的关键是 location of the last stopover，即最后一个中途分程点。该中途分程点可以是航程的折返点，该点所对应的乘机联将填写最短停留时间的限制条件。

在本题中，最后一个中途分程点是 NBO，并且该点为折返点。因此，需要在从 NBO 开始的客票的有效期栏内显示最短停留时间。

（2）经过大西洋的航程。

TPMs	Journey		TRAVEL DATES
	MEX		28JUL
	MIA	YY	30JUL
	FRA	YY	OPEN
	MIA	YY	OPEN
	MEX	YY	

查阅 PAT FARE RULES 卷 X0762 解释，相关原文如下：

X0762 EXCURSION FARES　　　　　　　**= >　　SC100**
　　　　BETWEEN MEXICO AND EUROPE

6）MINIMUM STAY

A）1）7days

B）1）counting from the day after departure on the outbound transtlantic sector to the earliest day return transatlantic travel may commence from the last stopover point（including for this purpose the point of turnaround）

7）MAXIMUM STAY

A）6months

在该注释中，第 6 条最短停留时间的规定将决定该航程的最短停留时间和乘机航段的时间，并且该规则将取代标准运输条件的相应规则，即 SC100 第 6 条，而此时三者之间存在差别。

In this example，the Minimum Stay condition in X0762 overrides Paragraph 6）B）1）of

SC100. SC100 标准文本对应原文如下：

SC100 STANDARD CONDITION FOR SPECIAL FARES	
6）MINIMUM STAY A）1）no requirement 2）**Waiver OF Minimum Stay**：after ticket issuance：permitted only in the event of death of an immediate family member or an accompanying passenger	**B）1）MINIMUM STAY**： the number of days of counting from the day after departure or the number of months counting from the day of departure, on the first international sector of the pricing unit to the earliest day return travel may commence from the last stopover point（including for this purpose the point of turnaround）outside the country of the unit origin. 2）**Waiver of Minimum Stay**：General Rule 15）6

本题的关键点是：

（1）需要加的天数（Number of days to add）：7days。

（2）从何时开始计算（Preposition and action）：counting from the day after departure。

（3）从何地开始计算（Point/area concerned）：on the outbound transatlantic sectort。

所以：7 + 30JUL = 37JUL − 31JUL = 06AUG。

因此，该旅客的回程航段不得早于 06AUG 始发。同时，根据对条件 2 的解释，得到的结论是最短停留时间所限定的乘机联为返程的跨越大西洋的航段。因此，最短停留时间应该显示在第三和第四乘机联上。

3）最长停留时间

最长停留时间是指客票的有效期。一般正常票价客票的有效期为一年，对于一年有效期的客票，无须在客票的有效期栏内显示该客票的有效期。如果是短于一年有效期的特殊客票，就需要根据特殊票价的条件计算并显示最长有效期。该有效期限将显示在客票的有效期栏内。

（1）以天计算。以出发日期加最长有效期的限制天数（BY DAYS：Add the number of days of MAX stay to the departure date from the point of origin）。

举例：

Departure date is	16 MAY
If MAX stay is	30 DAYS
Equals	46MAY
Less days of MAY	31 MAY
The MAX stay datc is	15 JUN

ticketing entry

Example：excursion fare valid for 30 days（YEE 30）

Journey	travel dates
STO	AMS 16 MAY
RIO—	18 MAY
AMS	open-dated
STO	open-dated

NOT VAILD BEFORE
15 JUN
15 JUN
15 JUN
15 JUN

该例表示旅客在回程航段的最后旅行日期不得晚于 15JUN，即该客票的有效期到 15JUN。

（2）以月计算。计算出发日开始后的月份限制数（BY MONTH：Count the number of months from the day of departure from the point of origin）。

举例：

If departure date is   16MAY

If MAX stay is   1 Month

Then MAX stay date is 16JUN

该例应在客票"失效日期"栏内填入最长有效期，以防止该栏被填入其他日期（Show this date in the "NOT VALID AFTER" BOX of all the coupons to preclude the fraudulent entry of other dates）。

说明：关于 PEX 和 APEX 票价的关键点及罚款规则（Key points to the Penalty Fees about PEX AND APEX TKT）。

根据某些特殊票价如 PEX 和 APEX 的要求，旅客航程的日期不得改变，所以针对该类别票价的客票，在客票的有效期栏内均应填写与旅客实际旅行对应的日期，并在签注栏内注明"不得更改，否则需要缴纳罚款"的字样（After complying with the MIN and MAX stay requirements, special fares such as PEX or APEX that have penalty fees for change of booking must show the actual travel dates in the NVB and NVA boxes）。

4）季节确定

有很多票价属于同一类别但是也有季节、星期的差别，这些票价被称为 Series Fares。为了确定正确的季节，应该检查特殊票价规则 3（Paragraph 3 of the special fare rule）。

（1）季节一般从低至高排列。

H：旺季（For peak of high season）。

K：平季（For middle of shoulder season）。

L：淡季（For low or basic or off-peak season）。

（2）关于季节的选择。

关于季节的选择应查阅 SC100，PARAGRAPH 3）B）的说明，即票价计算单元中的第一国际段决定了整个航程的季节选择（The date of departure on the first international sector of the pricing unit determines the fare for the entire pricing unit. The seasonality applies to the entire journey）。

举例：确认航程票价。

TPMs	Journey		TRAVEL DATES
CPH			07MAR
X/YMQ	YY		08MAR
YYC	YY		15APR
X/NYC	YY		16APR
CPH	YY		

In the following fares list immediately after the normal fares, you see the list of special fares in bold tape signifying that these are of a round trip nature.

COPENHAGEN（CPH）				
DENMARK				DANISH
DANISH KRONE（DKK）				
To CALGARY（YYC）			AT	5949
Y	11485	1689. 39	X0700	AT
C	12870	1893. 12	X0700	AT
F	24680	3630. 31	X0700	AT
YLXAP3M	**6620**	**973. 77**	**X0712**	**AT**
YLWAP3M	**6820**	**1003. 19**	**X0712**	**AT**
YJXAP3M	**6930**	**1019. 37**	**X0712**	**AT**
YJWAP3M	**7130**	**1048. 79**	**X0712**	**AT**
YKXAP3M	**7340**	**1079. 68**	**X0712**	**AT**
YKWAP3M	**7540**	**1109. 03**	**X0712**	**AT**
YHXAP3M	**8165**	**1201. 03**	**X0712**	**AT**
YHWAP3M	**8365**	**1230. 45**	**X0712**	**AT**

X0712	APEX FARES FROM EUROPE TO CANADA	⇒SC100

3) SEASONALITY

    A) seasnal periods

	Peak	H	22 Jun – 02 Sep
	Shoulder	K	30 Mar – 22 Apr
		K	01 Jun – 21 Jun
		K	03 Sep – 28 Oet
		K	07 Dec – 24 Dec
	Basic	L	23 Apr – 31 May
		L	29 Oct – 06 Dec
		L	25 Dec – 29 Mar

    B) the date of departure on the outbound transatlantic sector der-

    erminus the fare for the entire pricing unit

注释：以上票价的季节是根据旅客跨洋航段的日期来决定的。在本例中，03MAR 在25Dec 至29Mar 中，所以为 L 季节，即淡季。因此，本例应使用淡季价格，即 YL-WAP3M。因为去程是周五出发，所以按照周末价格计算是 YLXAP3M，因为回程是周二，所以按照工作日价格计算。

5. 转机点和中途分程点的计算与确认

1）转机点和中途分程点的定义

关于转机点和中途分程点需要强调的是：在计算转机点和中途分程点的个数时，需要考虑它们之间的共同性，即每个中途分程点同时也是一个转机点。

在计算转机点和中途分程点的个数时需要注意：不考虑 FCP 点、目的点和始发站折返点。

2）计算中转经停站

当计算中转经停站时，应包含所有中途分程点。

举例：计算航程中的中转经停站。

Example:

X0762　　**EXCURSION FARES**　　　**=> SC100**
　　　　　FROM EUROPE TO MEXICO

0)　**APPLICATION**
　　A) 1)　Application
　　　　a)　economy class round, circle, single open jaw
　　　　　trip excursion fares from Europe to Mexico
8)　**STOPOVERS**
　　A) 2 permitted in each direction
9)　**TRANSFERS**
　　A) 4 permitted in each direction

Journey

BRU
X/AMS　KI.
LON　BA　　　〉　2 (interline) transfers
MEX　AM --- break point
PAR　AF
BRU　AF　　　〉　1 (online) transfer

When you count the number of transfers, you are counting the number of intermediate points including stopover points.

In the outbound component of the pricing unit shown above, only 2 out of the maximum of 4 transfers were utilised. On the inbound, there is only one transfer. As the rule did not specify if the transfers should be interline or online, then it may be any type of transfer.

根据 Transfers 的条件，发现在去程 outbound 航程中有两个转机点，即 AMS 和 LON；在回程的航程中，有一个转机点，即 PAR。所以，该航程符合 RULE 的规定。

3）计算中途分程点

仍用上例进行说明，根据中途分程点的要求，每个方向上允许有两个中途分程点。检查发现，在去程上有一个，即 LON；在回程中有一个，即 PAR。符合 RULE 的规定。

4）中途分程点费用的收取

中途分程点费用的收取有两种情况：

（1）指定中途分程点费用的收取，即 Stopover charge for a specific point；

（2）非指定中途分程点费用的收取，即 Stopover charge for additional stopovers in excess of those allowed by the fare。

举例：

（1）指定中途分程点费用的收取，即 Stopover charge for a specific point。

X0765　　**APEX FARES**　　　　　　　　**FROM MEXICO TO EUROPE**	=〉SC100
8）**STOPOVERS**	
A)　One　permitted in USA per pricing unit at a charge of USD 75.	

旅客航程为 MEX – ATL – AMS – MEX，break at AMS。

因为本题的计算点为 AMS，所以在去程中有一个额外的中途分程点 ATL。因此，根据 RULE 的规定，该航程应收取中途分程费 75.00 美元，符合 RULE 的收费规定。

FARE CALCULATION

MEX DL ATL S75.00 M664.50AM MEX664.50 NUC1404.00 END ROE1.00

（2）非指定中途分程点费用的收取，即 Stopover charge for additional stopovers in excess of those allowed by the fare。

X1111　PEX FARES	=〉SC100
JAPAN TO CENTRAL AMERICA，SOUTH AMERICA	
8）STOPOVERS	
A）1）One permitted per pricing unit	
2）2 additional permitted per pricing unit, each at a charge of JPY17500	

X1111 PEX FARES FROM JAPAN TO CENTRAL AMERICA，SOUTH AMERICA，SC100 旅客航程为 TYO－LAX－BUE－LAX－SEA－TYO，break at BUE。

根据 RULE 的规定，该旅客航程中共有 3 个中途分程点，其中一个为免费，另外两个需要收费，每个的收费标准为 JPY17500 元，即 JPY35000 元，通过始发国家的 IROE 转换后为 NUC300.25。

FARE CALCULATION

TYO　JL　LAX　AA　BUE　M　1428.35　UA　LAX　AA　SEA　JL　TYO　M1428.35 2S300.25NUC3156.95END ROE116.56800

6. 选择合适的特殊票价

特殊票价选择的最终确认需要依次考虑以下因素：旅行日期、舱位等级、航程种类、中途分程点和转机点的数目、喜欢的承运人、票价适用、客票变更的有关费用和其他限制。

选择考虑特殊票价的顺序为：

（1）确定的票价组合；

（2）在票价区中检查的合适的特殊票价；

（3）根据 RULE，查询具体的规定；

（4）选择符合条件的规定；

（5）特殊票价选择案例。

举例：确认航程票价。

TPMs	Journey			Booking：（CX/H4D3R）	
AMS		JL270	B 01JUL	AMS TYO	HK1/1345 0900＋1
TYO	JL	EK088	B 05JUL	TYO MNL	HK1/2055 2255
MNL	EK	CI632	B 09JUL	MNL TPE	HK1/1110 1310
TPE	CI	CI641	B 04NOV	TPE BKK	HK1/0850 1325
X/BKK	CI	CI065	B 04NOV	BKK AMS	HK1/0200 0930
AMS	CI				

STEP1：Establish the fare construction points by breaking at the farthest point in the routing，i. e. FCP AMS MNL.

STEP2：Check the list of published special fares.

The special fare types are listed from lowest to the highest special fare.

Start by looking at the lowest published fare，Series Fare.

Note that as the passenger is returning in November，the 3 month validity is obviously too short so you may proceed to the next Fares Series.

STEP3：Take note of the rules of the remaining series fares，complete the form below by identifying the main features of each series to find out if the passenger's travel details comply with the conditions of the special fare.

FARE BASIS	YHPX3M (Rule Y148)	YHEE6M (Rule Y151)
APPLICATION	Y RT/CT/OJ via EH/FE. Note: OOJ must be in COC	Y RT/CT/OJ via EH/FE. Note: OOJ must be in COC
DAY/TIME	NA	NA
SEASONALITY	INTL DEP. 01JUL (FROM NETHERLANDS 15JUN-31AUG is PEAK - H)	INTL DEP. 01JUL (FROM NETHERLANDS 15JUN-31AUG is PEAK - H)
RESERVATIONS & TICKETING	BC100: PEX - MUST SHOW CONFIRMED RESV.	NO RESTRICTONS
MINIMUM STAY	7 DAYS	6 DAYS
MAXIMUM STAY	3 MONTHS	6 MONTHS
STOPOVERS	NETHERLANDS: ONE AT EUR69 ✗	2 IN TC3 + 2 ADDITIONAL IN TC 3 AT EUR69 EACH ✓
TRANSFERS		PERMITTED
PENALTIES		NO PENALTY FEES
TICKET ENDORSEMENTS		NO RESTRICTIONS

➤ The given journey has two stops so you cannot apply the YHPX3M

Choose the fare that matches the passenger's travel requirements. In this case, the best fare is the YHEE6M

经过对比分析，最后确认 YHEE6M 为满足旅客旅行需要的特殊票价。

十、婴儿与儿童票价的计算与表达

1. 婴儿客票折扣

婴儿客票折扣（INFANT DISCOUNT）是指旅客在第一国际航段航程始发地点开始旅行时，旅客的年龄在 2 岁以内。因此，该旅客的价格应为正常成人价格的10%，并且该旅客不得占座。每个成人只能带领一名 2 岁以内的婴儿旅客，超过规定人数的婴儿应支付儿童价格，并且单独占用座位。

2. 儿童客票折扣

儿童客票折扣（CHILDREN DISCOUNT）是指旅客在第一国际航段乘机时年龄在 2 岁至 12 岁之间。此时，旅客的折扣为成人价格的67%。但是在某些航线上，儿童的折扣为相应成人价格的75%。这个百分比会根据成人旅客的票价及其所乘坐航程航班的变化而变化，一般为公布普通票价价格的相应折扣。但在特殊票价时，某些价格规则规定婴儿的票价为公布票价的10%，儿童票价为折扣票价的75%等。国际航协的原则为：

As the child's fares may have different percentages depending on the sector being assessed, the following rule applies:

（1）根据基础票价的百分比决定儿童票价的水平，并且以 NUC 表示（Apply the percentage to the base fares to establish the child's fares level as an amount in NUC）。

（2）依据此票价的规则进行以后的各类检查，如 HIP 的检查（Use such fares level for the application of all fare construction rules/checks. Apply HIP and other checks using the resultant levels. Consequently, the HIP check may suddenly result in an unexpected HIP）。

第七节　国际航班行李运输

一、行李的定义

行李是指旅客在旅行中为了穿着、使用的舒适或便利而携带的必要或适量的物品和其他个人财物。

二、行李的种类

1. 交运行李（Checked Baggage）

交运行李是指由旅客交由承运人照管和运输的行李。每件重量不能超过 50 千克，体积不能超过 40 厘米×60 厘米×100 厘米。航空公司规定了一定的免费行李限额，超出部分收取逾重行李费。

2. 自理行李（Cabin Baggage ）

自理行李是指经承运人同意由旅客自行照管的行李，主要是一些贵重物品、易碎物品和外交信袋等，以 10 千克为限，体积不超过 20 厘米×40 厘米×55 厘米。

3. 免费随身携带物品（Carry on Baggage）

免费随身携带物品也叫手提物品，是旅客可以自行带上飞机的小件行李。这也是有限额的，头等舱两件，公务舱和普通舱限一件，而且重量不能超过 5 千克，体积不超过 20 厘米×40 厘米×55 厘米。

三、行李的运送

1. 禁止运输的物品

禁止运输的物品是指民航局规定不能在航空器内载运的物品和国家规定的禁运物品。禁运物品主要是危险品，如易燃和易爆物品、气体、腐蚀性物体、病原剂、放射性物品、军械、警械、管制刀具及不符合小动物运输规定的活体动物等。上述物品在任何情况下都不得作为行李或夹入行李内托运，也不得携带进入客舱。

2. 不得作为行李托运的物品

不得作为行李托运的物品是指贵重物品、易碎物品、外交信袋等特殊物品或需要专人照管的物品。此类物品不得作为托运行李或夹入行李内托运，而应作为自理行李或随身携带物品带入客舱运输。

3. 行李的包装

托运行李必须包装完善、锁扣完好、捆扎牢固，能承受一定的压力，能够在正常的操作下安全装卸和运输，并应符合下列条件：

（1）旅行箱、旅行包和手提包等必须加锁；

（2）两件以上的包件不能捆为一件；

（3）行李上不能附插其他物品；

（4）竹篮、网兜、草绳、草袋等不能作为行李的外包装物；

（5）行李上应写明旅客的姓名、详细地址、电话号码。

4. 行李交运的规定

1）旅客凭有效客票托运行李

承运人按照旅客有效客票的指定航程及本公司对于旅客所使用票价的条件负责为旅

客运输行李，托运行李的目的地应当与客票的经停地或目的地一致。

2）交运行李必须符合要求

（1）行李中禁止夹带违禁、易燃、易爆物品；

（2）行李不符合包装要求又拒绝改善的要挂免除责任牌；

（3）民航运输部门在必要时有权对旅客行李进行检查，拒绝检查者其行李可拒绝收运。

5. 免费行李额的规定

免费行李额是包含在旅客票价里的行李运输重量。根据舱位等级的不同，相应的额度也有区别。在国际旅客运输中，分为计重制计量和计件制计量两种，以下分别进行介绍。

1）按照重量进行计量（Weight Concept）

按照舱位等级的不同，免费行李额的限制重量分别是：头等舱旅客40千克；公务舱旅客30千克；经济舱旅客20千克。

注意事项：

（1）以上免费行李额仅适用于购买成人票及儿童票的旅客；

（2）持婴儿票的旅客无免费行李额；

（3）两位（含）以上同行旅客的免费行李额可以合并计算；

（4）两位（含）以上同行旅客的行李托运时，可将其行李总件数和总重量填入其中一人的客票上，并在该客票上注明旅客总人数（在人数前写上代码PL，如同行人数为5人，则应写上PL5），其他人的姓名应在客票上的行李栏内注明。

2）按照件数进行计量（Piece Concept）

（1）购买成人票及儿童票旅客的免费行李额：

①头等舱及公务舱旅客每人可免费托运两件行李，每件体积（三边之和）不得超过158厘米，每件重量不超过32千克；

②经济舱旅客每人可免费托运两件行李，每件体积（三边之和）不得超过158厘米，且两件体积（三边之和）不超过273厘米，每件重量不超过32千克。

（2）持婴儿票旅客的免费行李额：

①可免费托运一件行李，但体积（三边之和）不超过115厘米；

②可免费托运全折叠式或轻便婴儿车或婴儿手推车一辆。

6. 单独占用客舱座位的行李

如果旅客的行李重量和体积超过了自理行李的标准而又想自行照管时怎么办呢？是不是就不让带了？不是这样的！除了国家和民航局规定的禁运物品，旅客有权利随身携带他的行李进入客舱。所以如果出现这种情况，旅客就需要为他超出重量和体积规定的行李购买一张客票，这就是单独占用客舱座位的行李。

另外，除了行李占座的这种情况，还有没有一位旅客买两张票的情况出现？是有的。因为，国内民航对旅客的重量一般以75千克计算。随着人民生活水平的提高，人群肥胖化的趋势也越来越明显。原来的72千克已经不能正确的反映旅客的重量，故改为75千克。但还是有超肥胖者在乘机时感到不适，特别是外国人，所以他们往往会为自己多买一张机票。

四、特殊行李物品的收运

在民航国际旅客运输生产过程中，往往会遇到一些特殊种类的行李，运送这些特殊行李的规定如下：

1. 体育运动用枪支/子弹

（1）体育运动用枪支/子弹作为托运行李，必须要在订座或购票时提出并经承运人同意后，方可办理。

（2）体育运动用枪支/子弹凭省、市以上体委部门的证明收运。

（3）每位旅客的子弹限量为 5 千克，并不得计算在免费行李额内，应按逾重行李计收运费。

2. 小动物、导盲犬、助听犬

小动物是指家庭驯养的小狗、猫、鸟或其他玩赏宠物。野生动物和具有易于伤人等特性的动物（如蛇等），不属于小动物范围。

（1）携带小动物、导盲犬、助听犬乘机，必须在订座或购票时提出，并提供动物检疫证明，经承运人同意。

（2）旅客应对托运的小动物、导盲犬、助听犬承担全部责任。

（3）小动物、导盲犬、助听犬及其容器和携带食物的重量，不计算在免费行李额内，应按逾重行李交付费用。

（4）小动物、导盲犬、助听犬运输不办理声明价值。

3. 折叠轮椅/电动轮椅

（1）折叠轮椅/电动轮椅必须作为托运行李运输。

（2）折叠轮椅/电动轮椅可以免费运输，且不计算在免费行李额内。

（3）在上下机过程中使用自带轮椅的旅客，其轮椅按下列方法办理：

① 待旅客登机使用完轮椅时，在登机口收运行李；

② 将收运的轮椅装入货舱门口位置；

③ 到达站应首先将托运的轮椅卸下，运至登机口，供旅客下机时使用；

④ 应将轮椅的收运情况通报配载部门，以便向经停站和到达站拍发电报。

4. 管制刀具以外的利器/钝器

（1）管制刀具以外的利器/钝器是指除管制刀具外的医用手术刀和非常锋利结实的专用刀等刀具和钝器，如生活用具和生产工具，古董或作为旅游纪念品的刀、剑及短棍、锤子等。

（2）管制刀具以外的利器/钝器必须放入托运行李内运输，旅客不得随身携带。

（3）国内旅客持有匕首佩带证、少数民族人员在民族自治区域内乘机，或境外旅客在我国民族自治区域购买的少数民族刀具，可按管制刀具以外的利器/钝器办理。

5. 旅行途中所需的烟具、药品、化妆品

（1）旅客可携带旅行途中所需合理数量的含有易燃成分的烟具、药品、化妆品。

（2）正常情况下，每位旅客可携带打火机 5 个（充有可燃气体或燃料油）和安全火柴 5 盒。

（3）旅客携带含有易燃成分的烟具、药品、化妆品乘机时，需按照安检部门公布或解释的有关规定办理。

6. 精密仪器、电器类物品

（1）精密仪器、电器类物品，如电视机、音响、电脑等应作为货物运输，若作为行李运输，则应经承运人同意，并具有出厂包装或承运人认可的包装。

（2）精密仪器、电器类物品的重量不得计算在免费行李额内，应单独收取逾重行李费。

（3）未办理声明价值的精密仪器、电器等物品在托运过程中出现的损害，按一般托运行李赔偿。

7. 自行车

（1）自行车应作为货物运输，若作为行李运输，则必须经承运人同意。

（2）若按行李运输，则自行车必须有完善的包装，并将车轮卸下，牢固地绑在车身上。

（3）自行车的重量不得计算在免费行李额内，应单独收取逾重行李费。

8. 含有酒精的饮料

（1）旅客可携带合理数量的含有酒精的饮料，但每瓶的容积不得超过 5 升。

（2）正常情况下，每位旅客可携带包装完好的白酒 2 千克。

（3）旅客携带含有酒精的饮料乘机时，按照安检部门公布或解释的有关规定办理。

9. 干冰

（1）用于低温冷藏或放在易腐物品内的干冰，须经承运人同意后方可随冷藏物品携带，但每位旅客随身携带的干冰总重量不得超过 2 千克。

（2）旅客携带干冰乘机时，按照安检部门公布或解释的有关规定办理。

10. 警卫人员携带的武器

（1）警卫人员在执行保护国家列明的警卫对象和来访外宾的任务时，可以携带武器乘机，包括为执行任务单独往返乘机。

（2）警卫人员应凭有关部门开具的持枪证明信和警卫人员本人持枪证携带武器乘机。

（3）警卫人员乘机时，可由警卫本人采取枪弹分开的办法随身携带；也可将子弹退出枪膛，与枪支分开放置，在运输期间交由机长保管。

（4）警卫人员携带武器乘机时，由安检部门办理。

11. 骨灰

（1）骨灰应按货物进行运输，若作为行李运输，则必须经得承运人同意。

（2）骨灰若作为行李运输，则承运人只承担一般行李责任。

（3）托运的骨灰应装在密封的罐或盒内，外面用木箱套装并加衬垫，最外层用布包装。

（4）在骨灰外包装和携带骨灰旅客的情绪不引起其他旅客觉察和反感的情况下，若旅客要求，则骨灰也可带入客舱运输。

五、逾重行李运费

1. 定义

逾重行李运费指托运行李和自理行李超出免费行李额的部分。超出部分应按规定收费。

2. 逾重行李运费的计算

$$逾重行李运费 = 逾重行李费率 \times 逾重行李重量$$

（1）逾重行李每千克的费率，按填开逾重行李票之日的费率计算。

（2）逾重行李运费按所适用的普通经济舱直达票价的1.5%计算。

（3）逾重行李重量以千克为单位，小数点以后的数字四舍五入。

（4）逾重行李的运费以元为单位，元以下四舍五入。

举例：一外交信使持经济舱7折客票，办理乘机手续时托运两件行李共30千克，另有一件45千克的外交信袋占用一个座位，普通舱全票价是CNY1680.00，计算其行李总费用是多少？

解：（1）该旅客托运的逾重行李重量 = 30kg – 20kg = 10kg。需交纳逾重行李费用 = $1680 \times 1.5\% \times 10 = 252$ 元。

（2）外交信袋按照普通行李运输，收取逾重行李费用 = $1680 \times 1.5\% \times 45 = 1134$ 元；外交信袋按照占用座位运输，收取客票价 = $1680 \times 70\% = 1176$ 元，取1180元；两者比较取高者，外交信袋运输收取1180元。

（3）该旅客行李总费用 = 252 + 1180 = 1432元。

3. 国内逾重行李票由财务联、出票人联、运输联和旅客联构成

（1）财务联为财务结算用。

（2）出票人联为出票人存查用。

（3）运输联为运输逾重行李及航空公司之间结算用。

（4）旅客联为旅客提取逾重行李和报销凭证用。

六、声明价值附加费

1. 办理条件

在国际航线上，旅客的托运行李每千克价值超过20美元，自理行李价值超过400美元时，可以办理声明价值；在国内航线上，旅客的托运行李每千克价值超过人民币100元时，可以办理声明价值。

2. 行李声明价值附加费的计算公式

$$费用 = （行李声明价值 – 每千克限额 \times 声明价值行李量） \times 5‰$$

（1）声明价值附加费以元为单位，不足元者应进整为元。

（2）国内航班中每一位旅客行李声明价值附加费的最高限额为人民币8000元。

（3）旅客携带的小动物不办理行李声明价值。

（4）声明价值行李的计费重量为千克，不足千克者应进位，但实际重量应保留至小数点后一位。

（5）除与另一承运人有特别协议外，一般只能在同一承运人的航班上办理行李声明价值。

（6）办理声明价值的行李重量不计入免费行李额内，应另外收费。

举例：一旅客持经济舱客票，票价为2180元，共托运行李34kg，其中的7.4kg旅客办理了声明价值，计4000元。请问旅客共需交纳多少行李费用？

解：（1）该旅客托运的普通行李重量 = 34kg – 7.4kg = 26.6kg > 20kg；逾重行李重量 = 26.6kg – 20kg = 6.6kg，计7kg；

需交纳逾重行李运费 $=2180 \times 1.5\% \times 7 = 229$ 元；

（2）办理声明价值的行李重 7.4kg，计 8kg；

声明价值附加费 $=(4000 - 8 \times 100) \times 5\text{‰} = 16$ 元；

该部分逾重 7kg，需交纳逾重行李运费 $=2180 \times 1.5\% \times 7 = 229$ 元。

（3）该旅客共需交纳行李费用 $=(229 + 16 + 229)$ 元 $= 474$ 元。

3. 运输要求

办理了声明价值的行李在运输过程中要注意如下要求：

（1）办理声明价值的行李必须与旅客同机运出；

（2）在载重平衡表备注栏内须注明办理声明价值的行李件数、重量、行李牌号码和装舱位置；

（3）值机人员与装卸人员应严格办理交接手续；

（4）运出时应发电报通知到达站。

附录 A 常用指令表

进入系统：
> $ $ OPEN TIPC3

输入工作号：
> SI：工作号／密码／级别

查看工作号状态：
> DA：

航班信息查询：

指定日期的航班信息查询：
> AV：PEKCAN／10NOV

指定航空公司的航班信息查询：
> AV：PEKCAN/15OCT/CA

票价信息的查询：

指定承运人的票价信息查询：
> FD：PEKCAN／10NOV／CA

航段预订：

根据 AV 显示查询票价：
> AV：PEKCAN／10NOV
> FD：序号

输入联系方式：
> CT：旅客电话号码

出票时限：
> TK：TL/时间/日期/部门号
> TK：TL/1200/12JUL/HKK999

PNR 生效：
> @

PNR 的修改：
> XE 序号

旅客订座记录的提取：

按照记录编号提取：
> RT：记录编号

按照姓名航班日期提取：
> RT：ZHANG/CA1301/10DEC

打票机工作流程：

> DI：打票机序号

检查：是否建立控制

是否输入正式票号

是否打开输入、输出状态

建立控制：

> EC：打票机序号

输入正式票号的流程：

> XO：打票机序号

> TN：打票机序号 X/ 起始票号检查位 – 结束票号

> TO：打票机序号

输入测试票号的流程（BSP）：

> XO：打票机序号

> TN：打票机序号/T/ON

> TO：打票机序号

结束测试票号的流程（BSP）：

> XO：打票机序号

> TN：打票机序号/T/OFF

> TO：打票机序号

积压客票时的处理流程：

> DI：打票机序号

> XO：打票机序号

> TO：打票机序号

清除积票时的处理流程：

> DI：打票机序号

> TE：打票机序号/X

> DQ：打票机序号

> TE：打票机序号/U

作废空记录的流程：

> DI：打票机序号

> XO：打票机序号

> VT：打票机序号/ 票号（范围）

> TO：打票机序号

退出控制的流程：

> DI：打票机序号

确认：没有等待打印的客票，即 TICKETS 为 0；

NACK 项是空白而不是 X；

没有在测试票号状态下：

> XI：打票机序号

> XO：打票机序号

> XC：打票机序号

附录 B 订座业务操作指令出错信息提示汇总

SI		
	PROT SET	密码输入错误
	USER GRP	级别输入错误
	PLEASE SIGN IN FIRST	请先输入工作号，再进行查询
SO		
	PENDING	表示有未完成的旅客订座 PNR，在退号前必须完成或放弃它
	TICKET PRINTER IN USE	表示未退出打票机的控制，退出后即可
	QUE PENDING	表示未处理完信箱中的 QUEUE，QDE 或 QNE
	PROFILE PENDING	表示未处理完成的常旅客订座，PSS：ALL 处理
FD		
	AIRLINE	查询票价时，应加上航空公司代码
NM		
	ELE NBR	旅客序号不正确
	INFANT	缺少婴儿标识
	INVALID CHAR	姓名中存在非法字符，或终端参数设置有误
	NAME LENGTH	姓名超长或姓氏少于两个字符
	PLS NM1XXXX/XXXXXX	姓名中应加斜线（/），或斜线数量不正确
	SEATS	座位数与姓名数不符，可 RT 检查当前的 PNR
	NO NAME CHANGE FOR MU/Y	某航空公司不允许修改姓名
SS、SD		
	UNABLE	当所订的航班舱位不存在或状态不正确时，系统给出的应答为 UN-ABLE，并显示航班情况
	ACTION	行动代码不正确
	SEATS	订座数与 PNR 中的旅客数不一致
	SEGMENT	城市对输入无效
	TIME	输入时间不正确
	FLT NUMBER	航班号不正确
	SCH NBR	航线序号不符
TK		
	DATE	输入的日期不正确
	INVALID CHAR	自由格式项中存在非法字符
	OFFICE	部门代码不正确
	PLS INPUT FULL TICKET NUMBER	输入完整的票号，航空公司客票代码及十位票号

184

（续表）

@		
	CHECK CONTINUITY	检查航段的连续性，使用@I
	CONTACT ELEMENT MISSING	缺少联系组，将旅客的联系电话输入到 PNR 中
	MAX TIME FOR EOT-IGNORE PNR AND RESTART	建立了航段组，但未封口的时间超过 5 分钟，这时系统内部已经做了 IG，将座位还原；营业员应做 IG，并重新建立 PNR
	NAMES	PNR 中缺少姓名项
	SIMULTANEOUS MODIFICA-TION-REENTER MODIFICATION	类似的修改，IG，并重新输入当前的修改
QT		
	FORMAT	输入错误格式使操作被拒绝
	ILLEGAL	错误的数字代码使操作被拒绝
	OFFICE	操作指定的部门号不存在
QS		
	FORMAT	输入格式错误
	ILLEGAL	错误的数字代码使操作被拒绝
	NO QUEUE	说明该部门的此类信箱不存在
	OFFICE	营业员所要处理的信箱部门不存在
	Q EMPTY	信箱中此类信箱为空，内容已处理完成或没有需要处理的内容
	WORKING Q	营业员正在对某一种信箱进行处理。未处理完时，不能再处理另外一种 Q。这时若要结束原来的处理，可以做 QDE 或 QNE，然后再 QS：xx
QD		
	FORMAT	QD 指令的输入格式不正确
	NO DISPLAY	QD 指令执行之前，没有执行信箱显示提出，即没有信件可放回系统
QN		
	ILLEGAL	QN 指令的申请操作被拒绝
	NO DISPLAY	QN 指令执行之前，没有执行信箱显示提出，即没有信件可放回系统
QC		
	FORMAT	输入额外的错误格式
	ILLEGAL	QC 指令中，错误的数字代码操作被拒绝
	NO DISPLAY	QC 指令操作指示没有信箱项可供转移
	OFFICE	营业员意图转移到的部门不存在
QE		
	FORMAT	输入额外的错误格式
	OFFICE	部门代号不存在
	Q TYPE	所要发送到的信箱种类在目的部门中没有定义
	RL	记录编号不存在

附录 C 订座业务操作指令出错信息索引

ACTION	行动代码不正确
AIRLINE	航空公司代码不正确
CHECK CONTINUITY	检查航段的连续性，使用@I 或增加地面运输航段
CONTACT ELEMENT MISSING	缺少联系组，将旅客的联系电话输入到 PNR 中
DATE	输入的日期不正确
ELE NBR	序号不正确
FLT NUMBER	航班号不正确
FORMAT	输入格式不正确
ILLEGAL	不合法
INFANT	缺少婴儿标识
INVALID CHAR	存在非法字符，或终端参数设置有误
MAX TIME FOR EOT-IGNORE PNR	建立了航段组，但未封口的时间超过 5 分钟，这时系统内部已经
AND RESTART	做了 IG，将座位还原；营业员应做 IG，并重新建立 PNR
NAME LENGTH	姓名超长或姓氏少于两个字符
NAMES	PNR 中缺少姓名项
NO DISPLAY	没有显示
NO NAME CHANGE FOR MU/Y	某航空公司不允许修改姓名
NO QUEUE	说明该部门此类信箱不存在
OFFICE	部门代号不正确
PENDING	表示有未完成的旅客订座 PNR。在退号前，必须完成或放弃它
PLEASE SIGN IN FIRST	请先输入工作号，再进行查询
PLS INPUT FULL TICKET NUMBER	输入完整的票号，航空公司客票代码及十位票号
PLS NM1XXXX/XXXXXX	姓名中应加斜线（/），或斜线数量不正确
PROFILE PENDING	表示未处理完常旅客的订座，PSS：ALL 处理
PROT SET	工作号密码输入错误
Q TYPE	所要发送到的信箱的种类在目的部门中没有定义
Q EMPTY	信箱中此类信箱为空的，已处理完成，没有需要处理的内容
QUE PENDING	表示未处理完信箱中的 QUEUE、QDE 或 QNE
RL	记录编号不存在
SCH NBR	航线序号不符
SEATS	订座数与 PNR 中姓名数不一致，可 RT 检查当前的 PNR
SEGMENT	航段
SIMULTANEOUS MODIFICATION-	类似的修改，IG，并重新输入当前的修改
REENTER MODIFICATION	
TICKET PRINTER IN USE	未退出打票机的控制，退出后即可

TIME	输入时间不正确
UNABLE	不能
USER GRP	工作号级别输入错误
WORKING Q	营业员正在对某一种信箱进行处理，未处理完时，不能再处理另外一种 Q。这时若要结束原来的处理，可以做 QDE 或 QNE，然后再 QS：xx

附录 D　主要航空公司多等级舱位设置

公司 ＼ 折扣	南航 CZ	重庆 OQ	厦航 MF	海航 HU	大新华 CN	祥鹏 8L	西部 PN	国航 CA	山东 SC	东航 MU	上海 FM	深航 ZH	鲲鹏 VD	川航 3U	鹰联 EU	吉祥 HO	奥凯 BK	东北 NS	华夏 G5	联合 KN
9.0	T	T	B	B	B	B	B	B	B	B	B	G	G	T	B	B	B	T	T	H
8.5			H	H	H	H	H	M	M			K	K	K	H	U	H	K	K	K
8.0	H	H	K	K	K	K	K	H	H	H	L	H	H	K	L	K	H	H	H	L
7.5	M	M	L	L	L	L	L	K	K	L	M	T	T	M	L	M	M	M	M	M
7.0	G	G	M	M	M	M	M	L	L	M	T	Q	Q	G	M	T	L	G	G	T
6.5	S	S	N						N	E	L	L	S	N	E	N	S	S	S	E
6.0	L	L	Q	Q	Q	Q	Q	Q	R	H	S	S	L	Q	H	Q	Q	L	L	V
5.5	Q	Q	T						S	S	Q	N	N	Q	T	Q	T	Q	Q	U
5.0	E	E	V	X	X	X	X	G	G	V	M	M	E	X	V	X	V	E	E	Q
4.5	V	V	X	U	U	U	U	V	V	T		E	E	V	U	X	E	V	V	G
4.0	X	X	R	E	E	E	E	U	U	W	W	B	B	R	E	W	U	R	R	B
3.5			P	Z	Z	Z	Z	Z	X			J	J	J	J	Z	W	J	U	R
3.0			U				R	G	P	U/O	U/O	I	I	R	D	I	X	I	X	I
2.5															G					W
2.0															P					O

附录 E 主要航空公司常见产品汇总

一、退改签规定

航空公司	变更手续费（每次）	退票手续费（每次）	自愿签转
国航／山航	8 折以上，免费改期； 6 折~7.5 折，免费更改一次，再次更改每次收取 10% 的改期费； 3 折（含）~5 折，每次更改收取 20% 的改期费； 3 折以下，不得变更	F、C 舱，免收退票费（儿童，军警残 5%）； 8 折至全价，收 5% 退票费； 6 折~7.5 折，收 10% 退票费； 3 折（含）~5 折，收 30% 退票费； 3 折以下，不得退票	F、C、Y 舱，允许（军、残、警除外）； 其他舱位，不允许自愿签转
南航	7 折以上，免费变更； 5 折~6.5 折，收取 10% 的费用； 4 折（含）~4.5 折，收取 20% 的费用； 4 折以下，不得变更	F、C、Y 舱，免收退票费； 7 折~9 折，收 10% 退票费； 5 折~6.5 折，收取 20% 的退票费； 4 折（含）~4.5 折，收取 50% 的退票费； 4 折以下，不得退票	F、C、Y 舱，允许自愿签转； 其他舱位，不允许自愿签转
东航	5.5 折含以上客票可免费变更； 5.0 折~3.5 折客票变更航班或日期收取经济舱全价的 5% 变更费（变更航班或者日期收取的变更费不退），变更费不低于 50 元人民币； 3 折含以下客票不得变更	F、C、Y 舱，收 5% 退票费； 8 折~9 折，收 10% 退票费； 5.5 折~7.5 折，收取 20% 的退票费； 3.5 折~5 折，收取 50% 的退期费； 3 折（含）以下，不得退票	F、C、Y 舱，允许自愿签转； 其他舱位，不允许自愿签转
上航	只要编码里没有标明不得变更，都可免费改签； 升舱补差价，降舱不退款； 4 折以下，不得变更	F、C 舱，免收退票费； 8 折至全价，收 5% 退票费； 7 折~7.5 折，收 10% 退票费； 5.5 折~6.5 折，收 20% 退票费； 4 折（含）~5 折，收 30% 退票费； 4 折以下，不得退票	只要编码里没有标明不得签转，都可免费签转
川航	8 折以上，免费变更； 5.5 折~7.5 折，免费更改一次，再次更改每次收取 10% 的费用； 4 折（含）~5 折，收取 20% 的费用； 4 折以下，收取 30% 的费用	F、C 舱，免收退票费； 8 折至全价，收 5% 退票费； 5.5 折~7.5 折，收 10% 退票费； 4 折（含）~5 折，收 30% 退票费； 4 折以下，不得退票	F、C、Y 舱，允许自愿签转； 8 折（含）~9 折，去程不允许，回程允许； 其他舱位，不允许自愿签转

（续表）

航空公司	变更手续费（每次）	退票手续费（每次）	自愿签转
海航	F、C舱，免费变更； A舱不允许变更； 8折至全价，起飞前可免费变更不限次数，起飞后每次变更收5%； 4.5折（含）~7.5折，航班起飞前免费变更一次，再次变更收取5%，起飞后免费变更一次，再次变更收取10%，升舱看改期费和升舱费哪项高收哪项； 4.5折以下，不允许变更	9折以上，除A舱不得自愿退票外，其他的收取5%退票费； 8折、8.5折，收10%退票费； 5.5折~7.5折，收20%退票费； 4折（含）~5折，收50%退票费； 4折以下，不得退票	F、C、Y舱，允许自愿签转； 其他舱位，不允许自愿签转
厦航	自愿变更： 同等舱位变更情况下，F、Y舱，免费变更航班/日期；8折~9折，免费变更航班/日期一次，再次变更每次收取票面价5%的变更费；5.5折~7.5折，免费变更航班/日期一次，再次变更每次收取票面价10%的手续费；4折（含）~5折，每次变更航班/日期收取票面价20%的变更费；4折以下，不得变更。 降舱：按自愿退票办理，另购新票，不收取变更费。 升舱：原客票全退，另购新票，不收取退票费、变更费	自愿退票： F、Y舱，收取票面价5%的退票费；8折~9折，收取票面价10%的退票费；5.5折~7.5折，收取票面价20%的退票费；4折（含）~5折，收取票面价50%的退票费；4折以下，不得退票。 非自愿退票： 始发地退还全部票款，经停地退还未使用航段的全部票款，但不得超过原付票款金额	F、Y舱，允许自愿签转； 其他舱位，不允许自愿签转

所有航空公司的航班延误：延误时间在不超过30分钟的情况下，退票均不得按非自愿退票办理（因航班延误全退）；延误时间在超过30分钟的情况下，退票方可按非自愿退票办理。

备注：非自愿退票不收取退票费；退票必须附非自愿退票的有效证明，否则按自愿退票办理。

所有退票（包含BSP客票和B2B客票）必须先作废行程单后，并打印完整的DE-TR：TN/票号状态单（状态单中的航段项不允许是OPEN状态，若航段项是OPEN状态，则使用DETR：TN/票号，H 指令打印完整状态单）方可办理退票。

此外，结算中心要求凡是重新换开或升舱之类的退票需交新票复印件和出票系统打印的已乘机的票面信息，指令为 DETR：TN/票号。

因病退票需附以下资料：①县级（含）以上医院开具的正规诊断不能乘机证明原件；②病历本或诊断书原件；③挂号费发票原件；④电脑打印的医药费收费单（金额50 元以上）原件。〔注意：证明材料时限为起飞当日（含）之前，请提供取消 PNR 时间记录单，否则不予以办理。〕

二、儿童出成人票操作规定

儿童出成人票操作规定如下。

航空公司	机建、燃油税收取标准	运价指令	适用范围
CZ、CA、MF	税收按儿童	必须以 PAT：A＊CH 为准	所有单程、往返套票
ZH、3U、JD	税收按儿童	手改	
MU（X 舱）	税收按成人	PAT：A 为准	只适用提前购票 X 舱
HU 及其子公司	税收按儿童（中转联程税收按成人）	（1）来回程/任我自由行产品运价以 PAT：A＊CH 为准，不允许手工改动；（2）中转联程产品以 PAT：A 为准，不允许手工改动；（3）其他特价和自由人 J 舱手输运价，免机建，票价级别：Y＋实际折扣	所有单程、往返套票、往返优5％、中转
HO、EU	税收按成人标准收取	PAT：A	所有单程、往返套票

备注：（1）NM 项，NM1 张三 CHD，国航为 NM1 张三 CHD（名与 CHD 空一格）；

（2）儿童出成人票均不享受返现等优惠；

（3）签改退规定按成人标准收取；

（4）南航儿童客票姓名后面需要输入 CHD，无须输出生年月日，并在 SSR 项输入旅客标识，SSR 项格式为 SSR CHLD 航空公司代码 Action-Codel/出生日期/Pn（例如，SSR CHLD CZ HK1/03MAR04/P1）

三、补打婴儿票操作规定

补打婴儿票操作规定如下：

（1）若成人已出 BSP 票，则可直接在大人的编码内输入婴儿姓名、申请指令，并调度给打票台单独出婴儿票；

（2）若成人已出 B2B 票（B2B 票号为 24 或 2 开头），则 ZH、MU、3U 规定婴儿票去机场柜台购买，CA、HU、CZ 由打票台操作，用 BSP 票补打。

四、往返优惠

往返优惠规定如下。

航空公司	适用舱位	适用日期	优惠幅度	使用条件	改 签	退 票
CZ	Y－E	全年有效	5%	适用于往返、缺口、联程，共享航班有运价也不可销售	可办理免费改签，升舱；同舱位收费去航空公司办理	全按明折明扣
ZH	G－E	乘机日7月1日前		适用于全国各地始发往返、缺口；包机航线能P出优5%的运价可销售	可办理免费改签，升舱	全部未使用分段计算退票费；部分使用，扣除已使用部分，剩余部分按舱位对应基准收取退票费；可跳程使用，但必须使用一段才可以退另一段
ZH	B－V	乘机日7月1日后	5%	适用于全国各地始发往返、缺口；包机航线能P出优5%的运价可销售	可办理免费改签，升舱	
CA	Y－V1		5%、10%	适用往返、缺口、联程；全程Y舱不适用	可办理同等舱位的免费改期及升舱	全部按明折明扣
SC	B－U			深圳始发济南、青岛、温州、烟台、海口航线适用	同舱位免费改签，不同舱位变更去SC办理	
HU	F－U	全年有效	5%	适用于全国各地往返；往返程航班在农历12月28日至次年正月初九、9月25日至10月9日不适用，全程Y舱不适用（F、C以PAT：A为准，不得手改）	可办理同舱位的免费改签，升舱	全部未使用，用实收的钱按明折明扣的规定；部分使用，扣除已使用航段明折明扣，未使用航段用实收的钱按明折明扣收取退票费
3U	F－R			适用于全国各地始发往返、联程	本部门可以办理（不管升舱还是同舱位改签）	全部按明折明扣
MU	Y－T	长期有效	10%	适用于往返、缺口；共享航班及Q/X/K/E特殊舱位除外	可办理同舱位免费改签，其他必须去航空公司办理	客票未使用，按明折明扣；客票部分使用，扣除已用舱位的公布价后，按50%收退票费
FM	Y－V	12月31日止	10%	适用于往返程	在订座舱位开放的情况下，允许变更一次。若需升舱变更，则到航空公司办理，补收差额	客票未使用，按明折明扣；客票部分使用，扣除已用舱位的公布价后，按50%收退票费

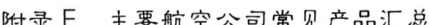

（续表）

航空公司	适用舱位	适用日期	优惠幅度	使用条件	改　签	退　票
HO	B－R	2010 年 12 月 31 日止	5%	适用于往返、联程	在票面订座舱位开放的情况下，允许变更一次；如需升舱变更，则需到航空公司办理	全部未使用按明折明扣，部分使用，扣除已使用航段经济舱舱位公布价格后收 50% 退票费

附录 F 部分国家（地区）代码表

代码	全 称	译名	代码	全 称	译名
AD	Andorra	安道尔	LA	Lao P. D. R	老挝
AE	United Arab Emirates	阿拉伯联合酋长国	LB	Lebanon	黎巴嫩
AF	Afghanistan	阿富汗	LC	St. Lucia	圣卢西亚
AG	Antigua and Barbuda	安提瓜和巴布达	LI	Liechtenstein	列支敦士登
AI	Anguilla	安圭拉岛	LK	Sri Lanka	斯里兰卡
AL	Albania	阿尔巴尼亚	LR	Liberia	利比里亚
AM	Armenia	亚美尼亚	LS	Lesotho	莱索托
AN	Netherlands Antilles	荷属安第列斯	LT	Lithuania	立陶宛
AO	Angola	安哥拉	LU	Luxembourg	卢森堡
AR	Argentina	阿根廷	LV	Latvia	拉脱维亚
AS	Samoa(American)	美属萨摩亚	LY	Libyan	利比亚
AT	Austria	奥地利	MA	Morocco	摩洛哥
AU	Australia	澳大利亚	MC	Monaco	摩纳哥
AW	Aruba	阿鲁巴岛	MD	Moldova Republic of	摩尔多瓦
AZ	Azerbaijan	阿塞拜疆	MG	Madagascar	马达加斯加
BA	Bosnia-Herzegovina	波斯尼亚和黑塞哥维那	MK	Macedonia	马其顿
BB	Barbados	巴巴多斯	ML	Mali	马里
BD	Bangladesh	孟加拉国	MM	Myanmar	缅甸
BE	Belgium	比利时	MN	Mongolia	蒙古
BF	Burkina Faso	布基纳法索	MO	Macau , China	中国澳门
BG	Bulgaria	保加利亚	MQ	Martinique	马提尼克岛
BH	Bahrain	巴林	MR	Mauritania	毛里塔尼亚
BI	Burundi	布隆迪	MS	Montserrat	蒙特塞拉特
BJ	Benin	贝宁	MT	Malta	马耳他
BM	Bermuda	百慕大	MU	Mauritius	毛里求斯
BN	Brunei	文莱	MV	Maldives	马尔代夫
BO	Bolivia	玻利维亚	MW	Malawi	马拉维
BQ	British Antarctic Territory	英属南极领地	MX	Mexico	墨西哥
BR	Brazil	巴西	MY	Malaysia	马来西亚
BS	Bahamas	巴哈马	MZ	Mozambique	莫桑比克

（续表）

代码	全 称	译 名	代码	全 称	译 名
BT	Bhutan	不丹	NA	Namibia	纳米比亚
BV	Bouvet Island	布韦岛	NC	New Caledonia	新喀里多尼亚
BW	Botswana	博茨瓦纳	NE	Niger	尼日尔
BY	Belarus	白俄罗斯	NF	Norfolk Island	诺福克岛
BZ	Belize	伯利兹	NG	Nigeria	尼日利亚
CA	Canada	加拿大	NI	Nicaragua	尼加拉瓜
CC	Cocos Islands	科科斯群岛	NL	Netherlands	荷兰
CF	Central African Republic	中非共和国	NO	Norway	挪威
CG	Congo	刚果	NP	Nepal	尼泊尔
CH	Switzerland	瑞士	NQ	Dronning Maud Land	毛德皇后地
CI	Cote Dlvoire	科特迪瓦	NR	Nauru	瑙鲁
CK	Cook Islands	库克群岛	NT	Neutral Zone	中立区
CL	Chile	智利	NU	Niue	纽埃
CM	Cameroon	喀麦隆	NZ	New Zealand	新西兰
CN	China	中国	OM	Oman	阿曼
CO	Colombia	哥伦比亚	PA	Panama	巴拿马
CR	Costa Rica	哥斯达黎加	PE	Peru	秘鲁
CT	Canton and Enderbury Islands	坎顿和恩德伯里岛	PF	French Polynesia	法属玻利尼西亚
CU	Cuba	古巴	PG	Papua New Guinea	巴布亚新几内亚
CV	Cape Verde	佛得角	PH	Philippines	菲律宾
CX	Christmas Island	圣诞岛	PK	Pakistan	巴基斯坦
CY	Cyprus	塞浦路斯	PL	Poland	波兰
CZ	Czech Republic	捷克	PM	St. Pierre and Miquelon	圣皮埃尔岛和密克隆岛
DE	Germany	德国	PN	Pitcairn Islands	皮特凯恩岛
DJ	Djibouti	吉布提	PR	Puerto Rico	波多黎各
DK	Denmark	丹麦	PT	Portugal	葡萄牙
DM	Dominica	多米尼加	PY	Paraguay	巴拉圭
DO	Dominican Republic	多米尼加共和国	QA	Qatar	卡塔尔
DZ	Algeria	阿尔及利亚	RE	Reunion	留尼汪岛
EC	Ecuador	厄瓜多尔	RO	Romania	罗马尼亚
EE	Estonia	爱沙尼亚	RU	Russian Federation	俄罗斯联邦
EG	Egypt	埃及	RW	Rwanda	卢旺达
ES	Spain	西班牙	SA	Saudi Arabia	沙特阿拉伯
ET	Ethiopia	埃塞俄比亚	SB	Solomon Islands	所罗门群岛
FI	Finland	芬兰	SC	Seychelles	塞舌尔

（续表）

代码	全称	译名	代码	全称	译名
FJ	Fiji	斐济	SD	Sudan	苏丹
FK	Falkland Islands	福克兰群岛	SE	Sweden	瑞典
FM	Micronesia	密克罗尼西亚	SG	Singapore	新加坡
FO	Faroe Islands	法罗群岛	SH	St. Helena	圣赫勒拿岛
FQ	French Southern and Antarctic Territories	法属南部领土	SI	Slovenia	斯洛文尼亚
FR	France	法国	SJ	Svalbard and Jan Mayen Islands	斯瓦尔巴群岛和扬马延岛
GA	Gabon	加蓬	SK	Slovakia	斯洛伐克
GB	United Kingdom	英国	SL	Sierra Leone	塞拉利昂
GD	Grenada	格林纳达	SM	San Marino	圣马力诺
GE	Georgia	格鲁吉亚	SN	Senegal	塞内加尔
GF	French Guiana	法属圭亚那	SO	Somalia	索马里
GH	Ghana	加纳	SR	Suriname Republic of	苏里南
GI	Gibraltar	直布罗陀	ST	Sao Tome and Principe	圣多美和普林西比
GL	Greenland	格陵兰	SV	EI Salvador	萨尔瓦多
GM	Gambia	冈比亚	SY	Syrian Arab Republic	叙利亚
GN	Guinea	几内亚	SZ	Swaziland	斯威士兰
GP	Guadeloupe	瓜德罗普岛	TC	Turks and Caicos Islands	特克斯和凯科斯群岛
GQ	Equatorial Guinea	赤道几内亚	TD	Chad	乍得
GR	Greece	希腊	TG	Togo	多哥
GT	Guatemala	危地马拉	TH	Thailand	泰国
GU	Guam	关岛	TJ	Tajikistan	塔吉克斯坦
GW	Guinea Bissau	几内亚比绍	TK	Tokelau	托克劳群岛
GY	Guyana	圭亚那	TM	Turkmenistan	土库曼斯坦
HK	Hong Kong, China	中国香港	TN	Tunisia	突尼斯
HM	Heard and McDonald Islands	赫德和麦克唐纳群岛	TO	Tonga	汤加
HN	Honduras	洪都拉斯	TR	Turkey	土耳其
HR	Croatia	克罗地亚	TT	Trinidad and Tobago	特立尼达和多巴哥
HT	Haiti	海地	TV	Tuvalu	图瓦卢
HU	Hungary	匈牙利	TW	Taiwan, China	中国台湾
ID	Indonesia	印度尼西亚	TZ	Tanzania	坦桑尼亚
IE	Ireland	爱尔兰	UA	Ukraine	乌克兰
IL	Israel	以色列	UG	Uganda	乌干达
IN	India	印度	US	United States	美国

（续表）

代码	全　称	译　名	代码	全　称	译　名
IO	British Indian Ocean Territory	英属印度洋	UY	Uruguay	乌拉圭
IQ	Iraq	伊拉克	UZ	Uzbekistan	乌兹别克斯坦
IR	Iran	伊朗	VA	Vatican	梵蒂冈
IS	Iceland	冰岛	VC	St. Vincent	圣文森特岛
IT	Italy	意大利	VE	Venezuela	委内瑞拉
JM	Jamaica	牙买加	VG	British Virgin Islands	英属维尔京群岛
JO	Jordan	约旦	VI	Virgin Islands	维尔京群岛
JP	Japan	日本	VN	Vietnam	越南
KE	Kenya	肯尼亚	VU	Vanuatu	瓦努阿图
KG	Kyrgyzstan	吉尔吉斯斯坦	WF	Wallis and Futuna Islands	瓦利斯群岛和富图纳群岛
KH	Cambodia	柬埔寨	WK	Wake Island	威克岛
KI	Kiribati	基里巴斯	WS	Samoa	西萨摩亚
KM	Comoros	科摩罗	XM	Mayotte	马约特
KN	St. Kitts – Nevis	圣基茨—尼维斯	YE	Yemen Republic	也门
KP	Korea D. P. R.	朝鲜	YU	Yugoslavia	南斯拉夫
KR	Korea Republic of	韩国	ZA	South Africa	南非
KW	Kuwait	科威特	ZM	Zambia	赞比亚
KY	Cayman Islands	开曼群岛	ZR	Zaire	扎伊尔
KZ	Kazakhstan	哈萨克斯坦	ZW	Zimbabwe	津巴布韦

附录 G 部分城市/机场三字代码表

三字代码	全 称	译 名	国家
ABZ	ABERDEEN	阿伯丁	英国
ACC	ACCRA	阿克拉	加纳
ADD	ADDIS ABABA	亚的斯亚贝巴	埃塞俄比亚
AKL	AUCKLAND	奥克兰	新西兰
AMD	AHMEDABAD	艾哈迈达巴德	印度
AMS	AMSTERDAM	阿姆斯特丹	荷兰
ANC	ANCHORAGE	安克雷奇	美国
ASU	ASUNCION	亚松森	巴拉圭
ASW	ASWAN	阿斯旺	埃及
ATH	ATHENS	雅典	希腊
ATL	ATLANTA	亚特兰大	美国
AUH	ABU DHABI	阿布扎比	阿联酋
AYQ	AYERS ROCK	艾尔斯岩	澳大利亚
BAH	BAHRAIN	巴林	巴林
BCN	BARCELONA	巴塞罗那	西班牙
BEL	BELEM	贝伦	巴西
BEG	BELGRADE	贝尔格莱德	南斯拉夫
BEN	BENGHAZI	班加西	利比亚
BER	BERLIN	柏林	德国
BEY	BEIRUT	贝鲁特	黎巴嫩
BFS	BELFAST	贝尔法斯特	英国
BGI	BARBADOS	巴巴多斯	巴巴多斯
BGO	BERGEN	卑尔根	挪威
BGW	BAGHDAD	巴格达	伊拉克
BIO	BILBAO	毕尔巴鄂	西班牙
BJS	BEIJING	北京	中国
BKI	KOTA KINABALU	哥打基纳巴卢	马来西亚
BKK	BANGKOK	曼谷	泰国
BKO	BAMAKO	巴马科	马里
BNE	BRISBANE	布里斯班	澳大利亚
BOD	BORDEAUX	波尔多	法国
BOG	BOGOTA	波哥大	哥伦比亚

（续表）

三字代码	全 称	译 名	国家
BOM	MUMBAI（BOMBAY）	孟买	印度
BOS	BOSTON	波士顿	美国
BRS	BRISTOL	布里斯托尔	英国
BRU	BRUSSELS	布鲁塞尔	比利时
BSL	BASLE	巴塞尔	瑞士
BUD	BUDAPEST	布达佩斯	匈牙利
BUH	BUCHAREST	布加勒斯特	罗马尼亚
BUE	BUENOS AIRES	布宜诺斯艾利斯	阿根廷
BWN	BANDAR SERI BEGAWAN	斯里巴加湾市	文莱
BZV	BRAZZAVILLE	布拉柴维尔	刚果
CAI	CAIRO	开罗	埃及
CAN	GUANGZHOU	广州	中国
CAS	CASABLANCA	卡萨布兰卡	摩洛哥
CCS	CARACAS	加拉加斯	委内瑞拉
CCU	CALCUTTA	加尔各答	印度
CGN	COLOGNE	科隆	德国
CMB	COLOMBO	科伦坡	斯里兰卡
CMP	SANTANA DO ARAGUAIA	桑塔纳多阿拉瓜亚	巴西
CPH	COPENHAGEN	哥本哈根	丹麦
CPT	CAPETOWN	开普敦	南非
CUN	CANCUN	坎昆	墨西哥
CUR	CURACAO	库拉索岛	荷属安第列斯
CUZ	CUZCO	库斯科	秘鲁
DAC	DHAKA	达卡	孟加拉国
DAM	DAMASCUS	大马士革	叙利亚
DAR	DAR ES SALAAM	达累斯萨拉姆	坦桑尼亚
DEL	DELHI	德里	印度
DHA	DHAHRAN	宰赫兰	沙特阿拉伯
DKR	DAKAR	达喀尔	塞内加尔
DLC	DALIAN	大连	中国
DPS	DENPASAR BALI	登巴萨 巴厘岛	印度尼西亚
DTT	DETROIT	底特律	美国
DUB	DUBLIN	都柏林	爱尔兰
DUS	DUSSELDORF	杜塞尔多夫	德国
DXB	DUBAI	迪拜	阿联酋
ENY	YAN AN	延安	中国

（续表）

三字代码	全 称	译 名	国 家
FAO	FARO	法鲁	葡萄牙
FCO	ROME	罗马	意大利
FDF	FORT-DE-FRANCE	法兰西堡	马提尼克
FIH	KINSHASA	金沙萨	刚果民主共和国
FKI	KISANGANI	基桑加尼	刚果民主共和国
FNJ	PYONGYANG	平壤	朝鲜
FRA	FRANKFURT	法兰克福	德国
FUK	FUKUOKA	福冈	日本
GBE	GABORONE	哈博罗内	博茨瓦纳
GCI	GUERNSEY	根西岛	英国
GIG	RIO DE JANEIRO	里约热内卢	巴西
GLA	GLASGOW	格拉斯哥	英国
GOT	GOTHENBURG	哥德堡	瑞典
GRZ	GRAZ	格拉茨	奥地利
GUA	GUATEMALA CITY	危地马拉城	危地马拉
GUM	GUAM	关岛	美国
GVA	GENEVA	日内瓦	瑞士
HAM	HAMBURG	汉堡	德国
HAN	HANOI	河内	越南
HAV	HAVANA	哈瓦那	古巴
HEL	HELSINKI	赫尔辛基	芬兰
HKD	HAKODATE	函馆	日本
HKG	HONGKONG	香港	中国
HOU	HOUSTON	休斯敦	美国
HNL	HONOLULU	火奴鲁鲁	美国
HRE	HARARE	哈拉雷	津巴布韦
IEV	KIEV	基辅	乌克兰
IKT	IRKUTSK	伊尔库茨克	俄罗斯
ISB	ISLAMABAD	伊斯兰堡	巴基斯坦
IST	ISTANBUL	伊斯坦尔	土耳其
ITM	OSAKA ITAMI APT	大阪伊丹机场	日本
JED	JEDDAH	吉达	沙特阿拉伯
JER	JERSEY	泽西	英国
JIB	DJIBOUTI	吉布提	吉布提
JKT	JAKARTA	雅加达	印度尼西亚
JNB	JOHANNESBURG	约翰内斯堡	南非

（续表）

三字代码	全　称	译　名	国家
KAN	KANO	卡诺	尼日利亚
KBL	KABUL	喀布尔	阿富汗
KHI	KARACHI	卡拉奇	巴基斯坦
KIN	KINGSTON	金斯敦	牙买加
KLU	KLAGENFURT	克拉根福	奥地利
KTM	KATHMANDU	加德满都	尼泊尔
KUL	KUALA LUMPUR	吉隆坡	马来西亚
KWI	KUWAIT	科威特	科威特
LAD	LUANDA	罗安达	安哥拉
LAQ	BEIDA	拜达	利比亚
AX	LOS ANGELES	洛杉矶	美国
LCA	LARNACA	拉纳卡	塞浦路斯
LED	ST PETERSBURG	圣彼得堡	俄罗斯
LFW	LOME	洛美	多哥
LHE	LAHORE	拉合尔	巴基斯坦
LHR	LONDON HEATHROW	伦敦希斯罗	英国
LIM	LIMA	利马	秘鲁
LIS	LISBON	里斯本	西班牙
LNZ	LINZ	林茨	奥地利
LON	LONDON	伦敦	英国
LOS	LAGOS	拉各斯	尼日利亚
LPB	LA PAZ	拉巴斯	萨尔瓦多
LUN	LUSAKA	卢萨卡	赞比亚
LYP	FAISALABAD	费萨拉巴德	巴基斯坦
LYS	LYON	里昂	法国
MAD	MADRID	马德里	西班牙
MAN	MANCHESTER	曼彻斯特	英国
MBA	MOMBASA	蒙巴萨	肯尼亚
MCT	MUSCAT	马斯喀特	阿曼
MDK	MBANDAKA	姆班达卡	刚果民主共和国
MEL	MELBOURNE	墨尔本	澳大利亚
MEX	MEXICO CITY	墨西哥城	墨西哥
MIA	MIAMI	迈阿密	美国
MIL	MILAN	米兰	意大利
MNL	MANILA	马尼拉	菲律宾
MOW	MOSCOW	莫斯科	俄罗斯

（续表）

三字代码	全 称	译 名	国 家
MPM	MAPUTO	马普托	莫桑比克
MRS	MARSEILLE	马赛	法国
MRU	MAURITIUS	毛里求斯	毛里求斯
MSQ	MINSK	明斯克	白俄罗斯
MUC	MUNICH	慕尼黑	德国
MUB	MAUN	马翁	博茨瓦纳
MUX	MULTAN	木尔坦	巴基斯坦
MVD	MONTEVIDEO	蒙得维的亚	乌拉圭
NAN	NADI	楠迪	斐济
NBO	NAIROBI	内罗毕	肯尼亚
NCE	NICE	尼斯	法国
NGO	NAGOYA	名古屋	日本
NGS	NAGASAKI	长崎	日本
NIM	NIAMEY	尼亚美	尼日尔
NUE	NUREMBERG	纽伦堡	德国
NYC	NEW YORK	纽约	美国
ODE	ODENSE	欧登塞	丹麦
OPO	PORTO	波尔图	葡萄牙
ORK	CORK	科克	爱尔兰
OSA	OSAKA	大阪	日本
OSL	OSLO	奥斯陆	挪威
PAP	PORT AU PRINCE	太子港	海地
PAR	PARIS	巴黎	法国
PBM	PARAMARIBO	帕拉马里博	苏里南
PEK	BEIJING CAPITAL APT	北京首都机场	中国
PEN	PENANG	槟榔屿	马来西亚
PEW	PESHAWAR	白沙瓦	巴基斯坦
PHC	PORT HARCOURT	哈科特港	尼日利亚
PIT	PITTSBURGH	匹兹堡	美国
POM	PORT MORESBY	莫尔兹比港	巴布亚新几内亚
POS	PORT OF SPAIN	西班牙港	特立尼达和多巴哥
PPT	PAPEETE	帕皮提	法属波利尼西亚
PTY	PANAMA CITY	巴拿马城	巴拿马
PUS	PUSAN	釜山	韩国
QKL	COLOGNE MAIN STATION	科隆主火车站	德国
REK	REYKJAVIK	雷克亚未克	冰岛

（续表）

三字代码	全 称	译 名	国 家
RGN	YANGON	仰光	缅甸
RIO	RIO DE JANEIRO	里约热内卢	巴西
ROM	ROME	罗马	意大利
RUH	RIYADH	利雅得	沙特阿拉伯
SAH	SANAA	萨那	阿拉伯也门
SAL	SAN SALVADOR	圣萨尔瓦多	萨尔瓦多
SAN	SAN DIEGO	圣迭戈	美国
SAO	SAO PAULO	圣保罗	巴西
SCL	SANTIAGO	圣地亚哥	智利
SCQ	SANTIAGO DE	圣地亚哥－德	西班牙
SEA	SEATTLE	西雅图	美国
SEL	SEOUL	汉城	韩国
SEZ	MAHE ISLAND	马埃岛	塞舌尔
SFO	SAN FRANCISCO	旧金山	美国
SGN	HO CHI MINH CITY	胡志明市	越南
SHA	SHANGHAI	上海	中国
SHE	SHENYANG	沈阳	中国
SHJ	SHARJAH	沙迦	阿联酋
SIA	XI AN	西安	中国
SIN	SINGAPORE	新加坡	新加坡
SJU	SAN JUAN	圣胡安	波多黎各
SLU	ST LUCIA	圣卢西亚	圣卢西亚
SOF	SOFIA	索菲亚	保加利亚
SPK	SAPPORO	札幌	日本
SPN	SAIPAN	塞班	马里亚纳
STO	STOCKHOLM	斯德哥尔摩	瑞典
STR	STUTTGART	斯图加特	德国
SVG	STAVANGER	斯塔万格	挪威
SYD	SYDNEY	悉尼	澳大利亚
TBU	TONGATAPU	汤加塔布群岛	汤加
THR	TEHRAN	德黑兰	伊朗
TIJ	TIJUANA	蒂华纳	墨西哥
TIP	TRIPOLI	的黎波里	利比亚
TLV	TEL AVIV	特拉维夫	以色列
TPE	TAIPEI	台北	中国
TYO	TOKYO	东京	日本

三字代码	全　称	译　名	国　家
UIO	QUITO	基多	厄瓜多尔
ULN	ULAANBAATAR	乌兰巴托	蒙古
UUS	YUZHNO SAKHALINSK	南萨哈林斯克	俄罗斯
VIE	VIENNA	维也纳	奥地利
VTE	VIENTIANE	万象	老挝
VNO	VILNIUS	维尔纽斯	立陶宛
WAS	WASHINGTON	华盛顿	美国
WAW	WARSAW	华沙	波兰
WDH	WINDHOEK	温得和克	纳米比亚
WEF	WEIFANG	潍坊	中国
WLG	WELLINGTON	惠灵顿	新西兰
XMN	XIAMEN	厦门	中国
YMQ	MONTREAL	蒙特利尔	加拿大
YNT	YANTAI	烟台	中国
YOW	OTTAWA	渥太华	加拿大
YTO	TORONTO	多伦多	加拿大
YVR	VANCOUVER	温哥华	加拿大
YYC	CALGARY	卡尔加里	加拿大
ZRH	ZURICH	苏黎世	瑞士

附录 H IATA Rates of Exchange（IROE）

**IATA Rates of Exchange
(IROE)**

NOTE:
The ROE used to convert NUC into the currency of
the country of commencement of transportation
shall be that in effect on the date of ticket issuance.

Country (+ local currency acceptance limited)		Currency Name	ISO Codes		From NUC	Rounding Units			
			Alpha	Numeric		Local Curr. Fares	Other Charges	Decimal Units	Notes
	Afghanistan	US Dollar	USD	840	1.000000	1	0.1	2	5
+	Afghanistan	Afghani	AFN	971	49.500000	1	1	0	2, 8
	Albania	euro	EUR	978	0.761600	1	0.01	2	
+	Albania	Lek	ALL	008	NA	1	1	0	22
+	Algeria	Algerian Dinar	DZD	012	71.958300	10	1	0	
	American Samoa	US Dollar	USD	840	1.000000	1	0.1	2	5
	Angola	US Dollar	USD	840	1.000000	1	0.1	2	5
+	Angola	Kwanza	AOA	973	79.963780	1	1	2	2, 8
	Anguilla	US Dollar	USD	840	1.000000	1	0.1	2	5
	Anguilla	East Caribbean Dollar	XCD	951	2.700000	1	0.1	2	2,5
	Antigua Barbuda	US Dollar	USD	840	1.000000	1	0.1	2	5
	Antigua Barbuda	East Caribbean Dollar	XCD	951	2.700000	1	0.1	2	2
	Argentina	US Dollar	USD	840	1.000000	1	0.1	2	5
+	Argentina	Argentine Peso	ARS	032	3.101890	1	0.1	2	1, 2, 5, 8
	Armenia	US Dollar	USD	840	1.000000	1	0.1	2	5
+	Armenia	Armenian Dram	AMD	051	355.250000	1	1	0	2, 8
	Aruba	Aruban Guilder	AWG	533	1.790000	1	1	0	
	Australia	Australian Dollar	AUD	036	1.287127	1	0.1	2	8, 17
	Austria	euro	EUR	978	0.761600	1	0.01	2	8
	Azerbaijan	US Dollar	USD	840	1.000000	1	0.1	2	5
+	Azerbaijan	Azerbaijanian Manat	AZN	944	0.871520	0.1	0.1	2	2, 8
	Bahamas	US Dollar	USD	840	1.000000	1	0.1	2	5
	Bahamas	Bahamian Dollar	BSD	044	NA	1	0.1	2	2
	Bahrain	Bahraini Dinar	BHD	048	0.376100	1	0.1	3	
	Bangladesh	US Dollar	USD	840	1.000000	1	0.1	2	5
+	Bangladesh	Taka	BDT	050	69.015000	1	1	0	2,19
	Barbados	US Dollar	USD	840	1.000000	1	0.1	2	5
+	Barbados	Barbados Dollar	BBD	052	NA	1	0.1	2	2
	Belarus	US Dollar	USD	840	1.000000	1	0.1	2	5
+	Belarus	Belarussian Ruble	BYR	974	2145.000000	10	10	0	2, 4, 8
	Belgium	euro	EUR	978	0.761600	1	0.01	2	8
	Belize	US Dollar	USD	840	1.000000	1	0.1	2	5
+	Belize	Belize Dollar	BZD	084	2.000000	1	0.1	2	2
	Benin	CFA Franc	XOF	952	499.576591	100	100	0	
	Bermuda	US Dollar	USD	840	1.000000	1	0.1	2	5
	Bermuda	Bermudian Dollar	BMD	060	1.000000	1	0.1	2	2,5
	Bhutan	Ngultrum	BTN	064	44.328000	1	1	0	
	Bolivia	US Dollar	USD	840	1.000000	1	0.1	2	5
+	Bolivia	Boliviano	BOB	068	7.995000	1	1	0	1, 2, 8
	Bosnia and Herzegovina	euro	EUR	978	0.761600	1	0.01	2	
+	Bosnia and Herzegovina	Convertible Mark	BAM	977	NA	1	1	0	22
	Botswana	Pula	BWP	072	6.346173	1	0.1	2	

© 2007 IATA/SITA

PAT EXTRACTS - IATA/UFTAA FOUNDATION COURSE EXAMINATION MARCH 2010
IATA Rates of Exchange (IROE)

Country (+ local currency acceptance limited)	Currency Name	ISO Codes Alpha	Numeric	From NUC	Rounding Units Local Curr. Fares	Other Charges	Decimal Units	Notes
Brazil	US Dollar	USD	840	1.000000	1	0.1	2	5
+ Brazil	Brazilian Real	BRL	986	2.120520	0.01	0.01	2	1,2,3,8,14
Brunei Darussalam	Brunei Dollar	BND	096	1.527670	1	1	0	
Bulgaria	euro	EUR	978	0.761600	1	0.01	2	
+ Bulgaria	Lev	BGN	975	NA	0.01	0.01	2	8, 22
Burkina Faso	CFA Franc	XOF	952	499.576591	100	100	0	
Burundi	US Dollar	USD	840	1.000000	1	0.1	2	5
+ Burundi	Burundi Franc	BIF	108	1041.734000	10	5	0	2, 16
Cambodia	US Dollar	USD	840	1.000000	1	0.1	2	5
+ Cambodia	Riel	KHR	116	NA	10	10	0	2
Cameroon	CFA Franc	XAF	950	499.576591	100	100	0	
Canada	Canadian Dollar	CAD	124	1.177260	1	0.1	2	8, 12
Cape Verde Islands	euro	EUR	978	0.761600	1	0.01	2	
+ Cape Verde Islands	Cape Verde Escudo	CVE	132	83.977780	100	100	0	2, 8
Cayman Islands	US Dollar	USD	840	1.000000	1	0.1	2	5
Cayman Islands	Cayman Islands Dollar	KYD	136	0.820000	0.1	0.1	2	2, 5
Central African Rep.	CFA Franc	XAF	950	499.576591	100	100	0	
Chad	CFA Franc	XAF	950	499.576591	100	100	0	
Chile	US Dollar	USD	840	1.000000	1	0.1	2	5
+ Chile	Chilean Peso	CLP	152	538.610000	1	1	0	2
+ China excluding Hong Kong SAR and Macao SAR	Yuan Renminbi	CNY	156	7.743120	10	1	0	
Chinese Taipei	New Taiwan Dollar	TWD	901	32.938000	1	1	0	
Colombia	US Dollar	USD	840	1.000000	1	0.1	2	5
+ Colombia	Colombian Peso	COP	170	2227.325000	100	100	0	1, 2, 8, 21
Comoros (Isl. Rep. of)	Comoro Franc	KMF	174	374.682444	100	50	0	
Congo (Brazzaville)	CFA Franc	XAF	950	499.576591	100	100	0	
Congo (Kinshasa)	US Dollar	USD	840	1.000000	1	0.1	2	5,
+ Congo (Kinshasa)	Franc Congolais	CDF	976	NA	1	0.05	3	2, 8
Cook Islands	New Zealand Dollar	NZD	554	1.463335	1	0.1	2	8
Costa Rica	US Dollar	USD	840	1.000000	1	0.1	2	5
Costa Rica	Costa Rican Colon	CRC	188	NA	1	1	0	2, 5
Côte d'Ivoire	CFA Franc	XOF	952	499.576591	100	100	0	
Croatia	euro	EUR	978	0.761600	1	0.01	2	
+ Croatia	Kuna	HRK	191	NA	1	1	0	5, 8, 22
Cuba	US Dollar	USD	840	1.000000	1	0.1	2	5
+ Cuba	Cuban Peso	CUP	192	1.000000	1	0.1	2	2
Cyprus	Cyprus Pound	CYP	196	0.441230	1	0.5	2	8
Czech Republic	Czech Koruna	CZK	203	21.444000	1	1	0	8
Denmark	Danish Krone	DKK	208	5.672800	5	1	0	8
Djibouti	Djibouti Franc	DJF	262	176.770000	100	100	0	
Dominica	US Dollar	USD	840	1.000000	1	0.1	2	5
Dominica	East Caribbean Dollar	XCD	951	2.700000	1	0.1	2	2
Dominican Republic	US Dollar	USD	840	1.000000	1	0.1	2	5
Dominican Republic	Dominican Peso	DOP	214	NA	1	1	0	2, 8
Ecuador	US Dollar	USD	840	1.000000	1	0.1	2	5
+. Egypt (Arab Rep. of)	Egyptian Pound	EGP	818	5.699100	1	1	2	
El Salvador	US Dollar	USD	840	1.000000	1	0.1	2	5, 15
+ El Salvador	El Salvador Colon	SVC	222	NA	1	1	2	2, 8, 15

PAT EXTRACTS - IATA/UFTAA FOUNDATION COURSE EXAMINATION MARCH 2010

IATA Rates of Exchange (IROE)

Country (+ local currency acceptance limited)		Currency Name	ISO Codes Alpha	Numeric	From NUC	Rounding Units Local Curr. Fares	Other Charges	Decimal Units	Notes
	Equatorial Guinea	CFA Franc	XAF	950	499.576591	100	100	0	
	Eritrea	US Dollar	USD	840	1.000000	1	0.1	2	5
+	Eritrea	Nakfa	ERN	232	15.750000	1	1	0	2, 8
	Estonia	Kroon	EEK	233	11.916444	5	1	0	8
	Ethiopia	US Dollar	USD	840	1.000000	1	0.1	2	5
+	Ethiopia	Ethiopian Birr	ETB	230	8.885500	1	1	0	2, 8
	Falkland Islands	Falkland Pound	FKP	238	0.518602	1	0.1	2	5
	Faroe Isl.	Danish Krone	DKK	208	5.672800	5	1	0	8
	Fiji Islands	Fiji Dollar	FJD	242	1.682009	1	0.1	2	8
	Finland	euro	EUR	978	0.761600	1	0.01	2	8
	France	euro	EUR	978	0.761600	1	0.01	2	8
	French Guiana	euro	EUR	978	0.761600	1	0.01	2	8
	French Polynesia	CFP Franc	XPF	953	90.882975	100	10	0	
	Gabon	CFA Franc	XAF	950	499.576591	100	100	0	
	Gambia	US Dollar	USD	840	1.000000	1	0.1	2	5
+	Gambia	Dalasi	GMD	270	NA	1	0.1	2	2, 8
	Georgia	US Dollar	USD	840	1.000000	1	0.1	2	5
+	Georgia	Lari	GEL	981	1.707390	1	0.1	2	2, 8
	Germany	euro	EUR	978	0.761600	1	0.01	2	8
	Ghana	US Dollar	USD	840	1.000000	1	0.1	2	5
+	Ghana	Cedi	GHC	288	9252.346000	1	0.1	2	2, 8
	Gibraltar	Gibraltar Pound	GIP	292	0.518602	1	0.1	2	5
	Greece	euro	EUR	978	0.761600	1	0.01	2	8
	Greenland	Danish Krone	DKK	208	5.672800	5	1	0	8
	Grenada	US Dollar	USD	840	1.000000	1	0.1	2	5
	Grenada	East Caribbean Dollar	XCD	951	2.700000	1	0.1	2	2
	Guadeloupe	euro	EUR	978	0.761600	1	0.01	2	8
	Guam	US Dollar	USD	840	1.000000	1	0.1	2	5
	Guatemala	US Dollar	USD	840	1.000000	1	0.1	2	5
	Guatemala	Quetzal	GTQ	320	NA	1	0.1	2	2, 8
	Guinea	US Dollar	USD	840	1.000000	1	0.1	2	5
+	Guinea	Guinea Franc	GNF	324	6000.000000	100	100	0	2, 8
	Guinea Bissau	CFA Franc	XOF	952	499.576591	100	100	0	
	Guyana	US Dollar	USD	840	1.000000	1	0.1	2	5
+	Guyana	Guyana Dollar	GYD	328	NA	1	1	0	2
	Haiti	US Dollar	USD	840	1.000000	1	0.1	2	5
	Haiti	Gourde	HTG	332	NA	1	0.5	2	2
	Honduras	US Dollar	USD	840	1.000000	1	0.1	2	5
	Honduras	Lempira	HNL	340	NA	1	0.2	2	2
	Hong Kong SAR, China	Hong Kong SAR Dollar	HKD	344	7.815570	10	1	0	8
+	Hungary	Forint	HUF	348	192.593000	100	100	0	8
	Iceland	Iceland Krona	ISK	352	67.867000	100	10	0	8
+	India	Indian Rupee	INR	356	44.328000	5	1	0	8, 10
	Indonesia	US Dollar	USD	840	1.000000	1	0.1	2	5
	Indonesia	Rupiah	IDR	360	9206.700000	1000	100	0	1, 2, 8
+	Iran (Islamic Rep. of)	Iranian Rial	IRR	364	9240.000000	1000	1000	0	19
	Iraq	US Dollar	USD	840	1.000000	1	0.1	2	5
+	Iraq	Iraqi Dinar	IQD	368	1278.332000	0.1	0.05	3	2

PAT EXTRACTS - IATA/UFTAA FOUNDATION COURSE EXAMINATION MARCH 2010

IATA Rates of Exchange (IROE)

Country (+ local currency acceptance limited)	Currency Name	ISO Codes Alpha	Numeric	From NUC	Rounding Units Local Curr. Fares	Other Charges	Decimal Units	Notes
Ireland	euro	EUR	978	0.761600	1	0.01	2	8
Israel	US Dollar	USD	840	1.000000	1	0.1	2	5, 10
Israel	New Israeli Sheqel	ILS	376	NA	1	1	0	2, 5, 8
Italy	euro	EUR	978	0.761600	1	0.01	2	8
Jamaica	US Dollar	USD	840	1.000000	1	0.1	2	5
+ Jamaica	Jamaican Dollar	JMD	388	NA	1	1	0	2
Japan	Yen	JPY	392	116.568000	100	10	0	7, 8
Jordan	Jordanian Dinar	JOD	400	0.708440	0.1	0.05	3	
+ Kazakhstan	Kazakhstan Tenge	KZT	398	124.242000	1	1	0	8
Kenya	US Dollar	USD	840	1.000000	1	0.1	2	5
+ Kenya	Kenyan Shilling	KES	404	69.443000	5	5	0	2
Kiribati	Australian Dollar	AUD	036	1.287127	1	0.1	2	
+ Korea (Dem. Peoples Rep. of)	North Korean Won	KPW	408	146.550000	1	1	0	
+ Korea (Rep. of)	Won	KRW	410	948.150000	100	100	0	8
Kuwait	Kuwaiti Dinar	KWD	414	0.289161	1	0.05	3	
Kyrgyzstan	US Dollar	USD	840	1.000000	1	0.1	2	5
+ Kyrgyzstan	Som	KGS	417	38.186000	1	0.1	2	2, 8
Laos (People's Dem. Rep.)	US Dollar	USD	840	1.000000	1	0.1	2	5
+ Laos (People's Dem. Rep.)	Kip	LAK	418	9656.600000	10	10	0	2
Latvia	Latvian Lats	LVL	428	0.528473	1	1	2	8
Lebanon	US Dollar	USD	840	1.000000	1	0.1	2	5
+ Lebanon	Lebanese Pound	LBP	422	NA	100	100	0	2, 8
Lesotho	Loti	LSL	426	7.422480	10	1	0	6
Liberia	US Dollar	USD	840	1.000000	1	0.1	2	5
+ Liberia	Liberian Dollar	LRD	430	NA	1	0.1	2	2, 5
+ Libya (S.P.L.A.J.)	Libyan Dinar	LYD	434	1.287420	0.1	0.05	3	19
Liechtenstein	Same as Switzerland	CHF	756	1.223060	1	0.5	2	8
Lithuania	Litas	LTL	440	2.629651	1	1	0	5,8
Luxembourg	euro	EUR	978	0.761600	1	0.01	2	8
Macao SAR, China	Pataca	MOP	446	8.050037	10	1	0	
Macedonia (FYROM)	euro	EUR	978	0.761600	1	0.01	2	
+ Macedonia (FYROM)	Macedonian Denar	MKD	807	46.747710	1	1	0	5, 8, 22
Madagascar	US Dollar	USD	840	1.000000	1	0.1	2	5
+ Madagascar	Ariary	MGA	969	1989.900000	100	100	0	2
Malawi	US Dollar	USD	840	1.000000	1	0.1	2	5
Malawi	Kwacha	MWK	454	139.632000	1	0.1	2	2, 8
Malaysia	Malaysian Ringgit	MYR	458	3.510600	1	1	0	8
Maldives Isl.	US Dollar	USD	840	1.000000	1	0.1	2	5
Maldives Isl.	Rufiyaa	MVR	462	NA	1	1	0	2
Mali	CFA Franc	XOF	952	499.576591	100	100	0	
Malta	Maltese Lira	MTL	470	0.326704	1	0.1	2	5
Marshall Isl.	US Dollar	USD	840	1.000000	1	0.1	2	5
Martinique	euro	EUR	978	0.761600	1	0.01	2	8
+ Mauritania	Ouguiya	MRO	478	271.000000	20	10	0	
+ Mauritius	Mauritius Rupee	MUR	480	32.460000	5	1	0	
Mayotte	euro	EUR	978	0.761600	1	0.01	2	8
Mexico	US Dollar	USD	840	1.000000	1	0.1	2	5
Mexico	Mexican Peso	MXN	484	11.165800	1	0.01	2	2, 8
Micronesia	US Dollar	USD	840	1.000000	1	0.1	2	5

PAT EXTRACTS - IATA/UFTAA FOUNDATION COURSE EXAMINATION MARCH 2010

IATA Rates of Exchange (IROE)

Country (+ local currency acceptance limited)		Currency Name	ISO Codes Alpha	Numeric	From NUC	Rounding Units Local Curr. Fares	Other Charges	Decimal Units	Notes
	Moldova	euro	EUR	978	0.761600	1	0.01	2	
+	Moldova	Moldovan Leu	MDL	498	12.717500	1	1	0	8, 22
	Monaco	euro	EUR	978	0.761600	1	0.01	2	8
	Mongolia	US Dollar	USD	840	1.000000	1	0.1	2	5
	Mongolia	Tugrik	MNT	496	NA	-	-	2	2
	Montenegro	euro	EUR	978	0.761600	1	0.1	2	5
	Montserrat	US Dollar	USD	840	1.000000	1	0.1	2	5
	Montserrat	East Caribbean Dollar	XCD	951	2.700000	1	0.1	2	2,5
+	Morocco	Moroccan Dirham	MAD	504	8.479860	5	1	0	8
+	Mozambique	Metical	MZN	943	26.168000	10	1	0	8
+	Myanmar	Kyat	MMK	104	6.420000	1	1	0	
	Namibia	Namibia Dollar	NAD	516	7.422480	10	1	0	6, 8
	Nauru	Australian Dollar	AUD	036	1.287127	1	0.1	2	
	Nepal	US Dollar	USD	840	1.000000	1	0.1	2	5
+	Nepal	Nepalese Rupee	NPR	524	70.924800	1	1	0	2
	Netherlands	euro	EUR	978	0.761600	1	0.01	2	8, 11
	Netherlands Antilles	Neth. Antillian Guilder	ANG	532	1.790000	1	1	0	
	New Caledonia	CFP Franc	XPF	953	90.882975	100	10	0	
	New Zealand	New Zealand Dollar	NZD	554	1.463335	1	0.1	2	8, 18
	Nicaragua	US Dollar	USD	840	1.000000	1	0.1	2	5
+	Nicaragua	Cordoba Oro	NIO	558	18.115960	1	1	0	1, 2
	Niger	CFA Franc	XOF	952	499.576591	100	100	0	
	Nigeria	US Dollar	USD	840	1.000000	1	0.1	2	5
+	Nigeria	Naira	NGN	566	128.250000	1	1	0	2
	Niue	New Zealand Dollar	NZD	554	1.463335	1	0.1	2	
	Norfolk Isl.	Australian Dollar	AUD	036	1.287127	1	0.1	2	
	North Mariana Isl.	US Dollar	USD	840	1.000000	1	0.1	2	5
	Norway	Norwegian Krone	NOK	578	6.205380	5	1	0	8
	Oman	Rial Omani	OMR	512	0.384500	1	0.1	3	
+	Pakistan	Pakistan Rupee	PKR	586	60.848000	10	1	0	9
	Palau	US Dollar	USD	840	1.000000	1	0.1	2	5
	Palestinian Territory, Occupied	US Dollar	USD	840	1.000000	1	0.1	2	5
	Panama	US Dollar	USD	840	1.000000	1	0.1	2	5
	Panama	Balboa	PAB	590	1.000000	1	0.1	2	2
	Papua New Guinea	Kina	PGK	598	2.943739	1	0.1	2	
	Paraguay	US Dollar	USD	840	1.000000	1	0.1	2	5
+	Paraguay	Guarani	PYG	600	NA	100	100	0	2, 20
	Peru	US Dollar	USD	840	1.000000	1	0.1	2	5
+	Peru	Nuevo Sol	PEN	604	3.187030	0.1	0.1	2	2, 8
	Philippines	US Dollar	USD	840	1.000000	1	0.1	2	5
+	Philippines	Philippine Peso	PHP	608	NA	1	1	0	2, 8
+	Poland	Zloty	PLN	985	2.968220	1	0.01	2	8
	Portugal incl Azores, Madeira	euro	EUR	978	0.761600	1	0.01	2	8
	Puerto Rico	US Dollar	USD	840	1.000000	1	0.1	2	5
	Qatar	Qatari Rial	QAR	634	3.640000	10	10	0	
	Reunion Isl.	euro	EUR	978	0.761600	1	0.01	2	8
	Romania	euro	EUR	978	0.761600	1	0.01	2	
+	Romania	New Leu	RON	946	2.577160	1	1	2	8, 22
	Russia	euro	EUR	978	0.761600	1	0.01	2	8,22

PAT EXTRACTS - IATA/UFTAA FOUNDATION COURSE EXAMINATION MARCH 2010

IATA Rates of Exchange (IROE)

Country (+ local currency acceptance limited)	Currency Name	ISO Codes Alpha	Numeric	From NUC	Rounding Units Local Curr. Fares	Other Charges	Decimal Units	Notes
+ Russia	Russian Ruble	RUB	643	26.223460	5	1	0	8, 22
Rwanda	US Dollar	USD	840	1.000000	1	0.1	2	5, 13
+ Rwanda	Rwanda Franc	RWF	646	NA	10	5	0	2, 13
Saint Kitts, Nevis	US Dollar	USD	840	1.000000	1	0.1	2	5
Saint Kitts, Nevis	East Caribbean Dollar	XCD	951	2.700000	1	0.1	2	2
Saint Lucia	US Dollar	USD	840	1.000000	1	0.1	2	5
Saint Lucia	East Caribbean Dollar	XCD	951	2.700000	1	0.1	2	2
St.Pierre Miquelon	euro	EUR	978	0.761600	1	0.01	2	8
St. Vincent and the Grenadines	US Dollar	USD	840	1.000000	1	0.1	2	5
St. Vincent and the Grenadines	East Caribbean Dollar	XCD	951	2.700000	1	0.1	2	2
Samoa	Tala	WST	882	2.660205	1	0.1	2	8
Sao Tome and Principe	US Dollar	USD	840	1.000000	1	0.1	2	5
+ Sao Tome and Principe	Dobra	STD	678	NA	100	100	0	2, 8
Saudi Arabia	Saudi Riyal	SAR	682	3.749020	1	1	0	
Senegal	CFA Franc	XOF	952	499.576591	100	100	0	
Serbia	euro	EUR	978	0.761600	1	0.01	2	
+ Serbia	Serbian Dinar	RSD	941	61.704770	1	1	0	5, 8, 22
Seychelles	Seychelles Rupee	SCR	690	6.116400	1	1	2	
Sierra Leone	US Dollar	USD	840	1.000000	1	0.1	2	5
+ Sierra Leone	Leone	SLL	694	NA	1	0.1	2	2, 8
Singapore	Singapore Dollar	SGD	702	1.527670	1	1	0	8
+ Slovakia	Slovak Koruna	SKK	703	26.067000	1	1	0	
Slovenia	euro	EUR	978	0.761600	1	0.01	2	
Solomon Islands	Solomon Island Dollar	SBD	090	7.118377	1	0.1	2	
Somalia	US Dollar	USD	840	1.000000	1	0.1	2	5
+ Somalia	Somali Shilling	SOS	706	1356.600000	1	1	0	1, 2
South Africa	Rand	ZAR	710	7.422480	10	1	0	6, 8
Spain incl. Canary Islands	euro	EUR	978	0.761600	1	0.01	2	8
+ Sri Lanka	Sri Lanka Rupee	LKR	144	109.005000	100	1	0	
+ Sudan	Sudanese Dinar	SDD	736	204.000000	1	1	0	19,23
+ Sudan	Sudanese Pound	SDG	938	2.040000	1	1	2	19,23
Suriname	US Dollar	USD	840	1.000000	1	0.1	2	5
+ Suriname	Surinam Dollar	SRD	968	2.770000	1	1	0	2
Swaziland	Lilangeni	SZL	748	7.422480	10	1	0	6
Sweden	Swedish Krona	SEK	752	7.076060	5	1	0	8
Switzerland	Swiss Franc	CHF	756	1.223060	1	0.5	2	8
+ Syria	Syrian Pound	SYP	760	51.670000	1	1	0	19
Tajikistan	US Dollar	USD	840	1.000000	1	0.1	2	5
+ Tajikistan	Somoni	TJS	972	3.384200	1	0.1	2	2, 8
Tanzania	US Dollar	USD	840	1.000000	1	0.1	2	5
+ Tanzania	Tanzania Shilling	TZS	834	1251.100000	10	10	0	2
Thailand	Baht	THB	764	32.789000	5	5	0	8
Timor Leste	US Dollar	USD	840	1.000000	1	0.1	2	5
Togo	CFA Franc	XOF	952	499.576591	100	100	0	
+ Tonga Isl.	Pa'anga	TOP	776	1.988455	1	0.1	2	8
Trinidad and Tobago	US Dollar	USD	840	1.000000	1	0.1	2	5
+ Trinidad and Tobago	Trinidad & Tobago Dollar	TTD	780	NA	1	0.1	2	2
+ Tunisia	Tunisian Dinar	TND	788	1.309360	1	0.5	3	

PAT EXTRACTS - IATA/UFTAA FOUNDATION COURSE EXAMINATION MARCH 2010

IATA Rates of Exchange (IROE)

Country (+ local currency acceptance limited)		Currency Name	ISO Codes		From NUC	Rounding Units			
			Alpha	Numeric		Local Curr. Fares	Other Charges	Decimal Units	Notes
	Turkey	euro	EUR	978	0.761600	1	0.01	2	8
+	Turkey	New Turkish Lira	TRY	949	1.433270	1	0.01	2	8,22
	Turkmenistan	US Dollar	USD	840	1.000000	1	0.1	2	5
+	Turkmenistan	Turkmenistan Manat	TMM	795	5200.000000	1	0.1	2	2, 8
	Turks and Caicos Isl.	US Dollar	USD	840	1.000000	1	0.1	2	5
	Tuvalu	Australian Dollar	AUD	036	1.287127	1	0.1	2	
	Uganda	US Dollar	USD	840	1.000000	1	0.1	2	5
+	Uganda	Uganda Shilling	UGX	800	1765.050000	1	1	0	2, 8
	Ukraine	US Dollar	USD	840	1.000000	1	0.1	2	5
+	Ukraine	Hryvnia	UAH	980	5.052050	1	0.1	2	2, 8
	United Arab Emirates	UAE Dirham	AED	784	3.671950	10	10	0	
	United Kingdom	Pound Sterling	GBP	826	0.518602	1	0.1	2	5, 8
	United States of America / UST	US Dollar	USD	840	1.000000	1	0.1	2	4
	Uruguay	US Dollar	USD	840	1.000000	1	0.1	2	5
+	Uruguay	Peso Uruguayo	UYU	858	24.300000	1	1	0	1, 2, 5, 8
	Uzbekistan	US Dollar	USD	840	1.000000	1	0.1	2	5
+	Uzbekistan	Uzbekistan Sum	UZS	860	1244.156000	1	1	0	2, 8
	Vanuatu	Vatu	VUV	548	107.384000	100	10	0	
	Venezuela	US Dollar	USD	840	1.000000	1	0.1	2	5
	Venezuela	Bolivar	VEB	862	2150.000000	10	10	0	2, 5, 8
	Viet Nam	US Dollar	USD	840	1.000000	1	0.1	2	5
+	Viet Nam	Dong	VND	704	16002.700000	1000	1000	0	2
	Virgin Islands (British)	US Dollar	USD	840	1.000000	1	0.1	2	5
	Virgin Islands (US)	US Dollar	USD	840	1.000000	1	0.1	2	4, 5
	Wallis and Futuna Isl.	CFP Franc	XPF	953	90.882975	100	10	0	
	Yemen	Yemeni Rial	YER	886	198.000000	1	1	0	19
	Zambia	US Dollar	USD	840	1.000000	1	0.1	2	5, 9
+	Zambia	Kwacha	ZMK	894	NA	5	5	0	2, 8
	Zimbabwe	US Dollar	USD	840	1.000000	1	0.1	2	5
+	Zimbabwe	Zimbabwe Dollar	ZWD	716	NA	1	1	2	2

The header note reads: To calculate fares, rates or charges in currencies listed below: Multiply NUC fare rate/charge by the following rate of exchange: And round up the resulting amount to the next higher unit as listed below:

PAT EXTRACTS - IATA/UFTAA FOUNDATION COURSE EXAMINATION MARCH 2010

IATA Rates of Exchange (IROE)

NOTES

1 For information apply to the nearest office of an issuing or participating airline.

2 International fares, fares related charges and excess baggage charges will be quoted in US Dollars. The conversion rate shown herein is to be used solely to convert local currency domestic fares to US Dollars, permitting the combination of domestic fares and international fares on the same ticket.

3 No rounding is involved; all decimals beyond two shall be ignored.

4 Rounding of fares and other charges shall be to the nearest rounding unit except US Tax charges shall be rounded to the nearest 0.01.

5 Rounding of fares and other charges shall be to the nearest rounding unit.

For Example if rounding unit is 1:
Between: 0.01 and 0.49 round down
0.50 and 0.99 round up

---

6 Rounding of other charges shall be accomplished by dropping amounts less than 50 cents/lisenti and increasing amounts of 50 cents/lisenti or more.

7 Changes to promotional fares in Japanese Yen shall be calculated to JPY 1 and rounded up to JPY 1,000.

8 Refer to PAT General Rules book section 11.10 for sources for bankers rates of exchange.

9 Tickets issued outside Pakistan for journeys commencing in Pakistan may not be issued to Pakistani nationals whose stay abroad has been less than 10 months. unless approved by the Pakistani State Bank.

10 When purchasing a ticket in India, non-residents need prior approval from Reserve Bank or must produce a bank certificate evidencing the exchange of foreign currency.

11 Netherlands security charge and Passenger Service Charge shall not be rounded.

12
(a) Rounding of local currency fares shall be accomplished by dropping amounts less than 50 cents and increasing amounts of 50 cents or more. Round trip fares in Canadian/US currency shall not exceed twice the one-way fare.
(b) Other charges - Canadian Tax Charges rounded to the nearest 0.01.

13 Notwithstanding the '+'sign, Rwanda francs may be accepted only in accordance with the instructions issued by the 'Ministere des Finances' to the agents of Rwanda and the carriers operating to or from Rwanda. All fares from Rwanda shall be published in a basic currency.

14 The sale in Brazilian currency is prohibited for tickets which permit a stopover in Brazil on the outbound journey, once the passenger has left Brazil. This prohibition shall not apply to the sale of transportation to be performed solely within the area comprised of Argentina / Brazil / Chile / Paraguay and Uruguay.

15 El Salvador VAT shall not be rounded.

16 Notwithstanding the dagger sign, Burundese francs may be accepted only in accordance with the instructions issued by the 'Ministere des Finances' of the Kingdom of Burundi to the agents of Burundi and the carriers operating to or from Burundi. All fares from Burundi shall be published in a basic currency.

17 Other Charges - Australian Tax Charges when collected in Australia, round to the nearest 0.01.

18 Other Charges - New Zealand Tax Charges when collected in New Zealand, round to the nearest 0.01.

19 Exchange rate set by Government.

20 Other Charges - Paraguay IVA tax rounded to nearest PYG1.

21 Other Charges - Colombian VAT shall be rounded to the nearest COP 10

22 International fares, fares related charges and excess baggage charges will be quoted in euro (EUR). The conversion rate shown herein is to be used solely to convert local currency domestic fares to euro. permitting the combination of domestic fares and international fares on the same ticket

23 The old Sudanese Dinar (SDD/736) will run concurrently with the new Sudanese Pound (SDG/938) until 1 July 2007 when it will be withdrawn

© 2007 IATA/SITA

附录 I TIM 资料（以中国为例）

tion/arrival. Pets may enter as passenger's checked baggage, in cabin or as cargo. Live animals to be transported to Easter Island (IPC) require a sanitary certificate issued by the "Sociedad Agricola Ganadera" (SAG).
Warning: If requirements are not met, animals will be retained upon arrival and may possibly be destroyed.
Prohibited: Parrots.
Baggage clearance: baggage is cleared at the first airport of entry in Chile and must be labelled accordingly.
Exempt: baggage of transit passengers with a destination outside Chile, provided it is labeled to that destination.

6. Currency:
Import and
Export: local currency (Chilean Peso-CLP) and foreign currencies: no restrictions. However, amounts (or coins/valuables of the value) exceeding USD 10,000.- must be declared.

■ CHINA (People's Rep.) (CN)

Geographical information:
Capital - Beijing (PEK).

1. Passport: Required, except for holders of:
1. "Returning Resident Permit" or "Permit for Hong Kong and Macao residents entering into or leaving from mainland" issued to residents of Hong Kong or Macao being of Chinese origin.
Holders of above documents **must** follow the instructions written on it, regarding the entry/exit points.
However, it is recommended to hold a Hong Kong (SAR China) or Macao (SAR China) passport in addition;
2. Macao (SAR China) Travel Permit;
3. ID card issued by GuangDong PSB;
4. PRC Travel Permit;
5. nationals of Lithuania, Poland, Romania Russian Fed. and Ukraine holding a Seaman Book or Seafarer's Identity document;
6. international travel document issued to nationals of Azerbaijan, Belarus, Georgia, Moldova (Rep. of), Russian Fed. and Turkmenistan. Passengers must travel in a group organized by authorized travel agency of both countries;
7. documents issued by U.N. for stateless persons and refugees;
8. German identity documents issued to minors ("Kinderausweis"). However, if being under 10 years of age the document does not contain a photo of the child and Immigration officers will decide on each case.

Admission and transit restrictions: the following documents are not recognised by China (People's Rep.):
1. travel documents issued by Chinese Taipei to residents of Chinese Taipei.

In order to enter China (People's Rep.), residents of Chinese Taipei are required to hold "Permit for Taiwan residents entering into and leaving from mainland";
2. British passports endorsed "British National (Overseas)".
In order to enter China (People's Rep.), holders of BNO passports are required to hold a "Returning Resident Permit" together with their Hong Kong ID.
Military: same regulations as for passengers apply.
Additional information: Passengers holding passports showing visa/entry stamps for Chinese Taipei have to comply with the normal entry regulations only.

2. Visa: Warning: *Passengers not complying with the entry or transit regulations will be deported by same or returning aircraft.*
Fines for the transporting carriers varying between CNY 500.- and CNY 2,000.- will be levied for each passenger arriving in China (People's Rep.) without proper travel documents, with an additional fine which varies between CNY 5,000.- and CNY 10,000.-.
Visa: required except for:
1. nationals of China (People's Rep.);
2. those mentioned in 1. "Passport" 1;
3. nationals of Belarus, Georgia, Moldova (Rep. of), Russian Fed. and Turkmenistan travelling in a group organized by authorized travel agency of both countries holding:
a. normal passports; or
b. international travel document, see 1 "Passport" 6. (note: visa exemption does not apply to nationals of Azerbaijan);
4. holders of normal passports for a max. stay of 15 days, provided being nationals of Brunei, Japan and Singapore;
5. holders of normal, diplomatic or service passports for a max. stay of 30 days, provided being nationals of San Marino;
6. holders of normal passports with passport number prefixed with "E", diplomatic or official passports, provided being nationals of Mongolia;
7. holders of normal, diplomatic or official passports provided being nationals of Vietnam. Normal passports must have a sheet attached on the visa page showing in red capitals "AB" and an additional validity date;
8. holders of normal passports endorsed "For Public Affairs", diplomatic or service passports provided being nationals of: Armenia, Azerbaijan, Benin, Bosnia Herzegovina, Bulgaria, Georgia, Korea (Dem. People's Rep), Laos, FYROM (Former Yugoslav Rep. of Macedonia), Moldova (Rep. of), Montenegro (Rep. of), Romania, Serbia (Rep. of), Tajikistan, Turkmenistan, Ukraine;
9. holders of normal passports endorsed "For Public Affairs", diplomatic, official or service passports provided being nationals of:
Bangladesh, Cuba, Guyana and Pakistan;

10. holders of normal passports endorsed "For Public Affairs", diplomatic, service or special passports provided being nationals of Turkey;
11. holders of diplomatic passports being nationals of Russian Fed.;
12. holders of diplomatic or service passports provided being nationals of:
a. Belarus, Cyprus, Hungary, Indonesia, Iran, Kazakhstan, Kyrgyzstan, Lithuania, Maldives, Poland, Seychelles, Slovenia, Venezuela;
b. Cambodia, for a max. stay of 30 days;
13. holders of diplomatic, official or service passports provided being nationals of:
a. Argentina, Bolivia, Brazil, Brunei, Chile, Colombia, Croatia, Equatorial Guinea, Jamaica, Mexico, Myanmar, Tanzania, Thailand, Uruguay;
b. Nepal, Philippines, Trinidad & Tobago for a max. stay of 30 days;
14. holders of diplomatic, service or special passports provided being nationals of:
a. Albania, Jordan, Peru, Slovak Rep.;
b. Egypt, Tunisia, for a max. stay of 30 days;
15. holders of diplomatic, service, official or special passports provided being nationals of Ecuador and Sudan;
16. tourists travelling in a group organized by a Chinese international tour operator or registered travel agency for a stay of max. 6 days provided the following conditions are met:
a. being a national of a country having diplomatic relations with China (People's Rep.), (see 2. "Visa" Issue 1.) and
b. arriving from Hong Kong or Macao to take a trip to Zhujian Delta in Guangdong Province; and
c. entering/travelling and departing only from the cities: Dongguan, Foshan, Guangzhou, Huizhou, Jiangmen, Shantou, Shenzheng, Zhaoqing, Zhongshan, Zhuhai;
17. holders of "Permit for Taiwan residents entering into and leaving from mainland" issued to residents of Chinese Taipei, who can obtain a visa on arrival at:
a. Chengdu airport, for a max. stay of 1 month, provided holding:
—letter of invitation by Chinese authorities; and
—return ticket; and
—2 photo's;
passenger must be met by a business sponsor on arrival.
However, it is recommended to hold a visa issued prior to arrival as this facility is only up to the discretion of the Immigration authorities;
b. Fuzhou, Shanghai or Xiamen airports only, for a stay of max. 3 months, provided holding:
—travel documents and Taiwanese Identity Document valid for at least 3 months upon entry; and
—return ticket; and
—2 photo's.
Passengers may depart from any city;

18. those holding residence permits for China (People's Rep.);
19. holders of an APEC (see Terms & Definitions) Business Travel Card, provided the back of the card states that it is valid for travel to China (People's Rep.);
(TWOV)
20. passengers continuing their journey within 24 hours to a third country by same or first connecting aircraft and holding documents and confirmed tickets for their onward journey. Leaving the airport transit area is allowed. Overnight facilities are available outside the airport.
TWOV facility is not applicable to:
a. holders of travel documents issued by Hong Kong (SAR China) and Macao (SAR China), who need a Special Travel Permission. If holding passports TWOV is allowed;
b. holders of British passports endorsed "British National (Overseas)", who are required to hold a "returning resident permit" together with their Hong Kong ID;
c. holders of "Permit for Taiwan residents entering into and leaving from mainland" issued to residents of Chinese Taipei.
TWOV is only allowed if passenger stays in the airport transit area;
21. nationals of the following countries provided arriving at and departing from Shanghai Hongqiao or Pu Dong airports only, continuing to a third country within 48 hours and holding confirmed onward tickets and all documents required for next destination:
Australia, Austria, Belgium, Canada, Denmark, Finland, France, Germany, Greece, Iceland, Italy, Japan, Korea (Rep.), Luxembourg, Netherlands, New Zealand, Norway, Portugal, Singapore, Spain, Sweden, U.S.A.
Merchant Seamen: must travel on duty and hold Seaman Book together with passport (except for those mentioned under 1."Passport" 5.), one Letter of Guarantee issued by a Chinese shipping company (see Terms & Definitions) and another Letter of Guarantee issued by the Chinese Ministry of Communications.
If arriving by air in order to board ship, or if arriving by ship and proceeding to airport, or if in direct transit to abroad: visa not required for those mentioned under 1."Passport" 5.
In all other cases, visa required, which can be obtained on arrival (see 2. "Visa"-Issue 2. and 3.).
Merchant seamen must hold onward tickets and all documents required for next destination.
Military: same regulations as for passengers apply.
Issue:
1. Prior to arrival: by diplomatic representations of China (People's Rep.) in Afghanistan, Albania, Algeria, Australia, Azerbaijan, Belarus, Bulgaria, Brazil, Cambodia, Cameroon, Canada, Congo (Brazzaville), Cuba, Czech Rep., Den-

110 CHINA (People's Rep.) (CN)

附图三　TIM 资料（以中国为例）

mark, Egypt, Ethiopia, Finland, France, Gambia, Germany, Greece, Guinea, Guyana, Hungary, India, Iran, Iraq, Italy, Japan, Kazakhstan, Kenya, Korea (Dem. People's Rep.), Kuwait, Kyrgyzstan, Laos, Mali, Mauritania, Mongolia, Montenegro (Rep. of), Morocco, Myanmar, Nepal, Netherlands, New Zealand, Norway, Pakistan, Poland, Romania, Russian Fed., Serbia (Rep. of), Sierra Leone, Slovak Rep., Somalia, Sri Lanka, Sudan, Sweden, Switzerland, Syria, Tanzania, Turkey, Turkmenistan, Uganda, Ukraine, United Kingdom, Vanuatu, Vietnam, Yemen Rep., and Zambia.

2. **Upon arrival (although it is highly recommended to obtain a visa prior to arrival):** **21** to holders of **normal passports** provided arrangements have been made prior to departure to China (People's Rep.) at the following airports only (prior confirmation from the Immigration authorities that visa will be issued on arrival is required):
Beijing, Chengdu, Chongqing, Dalian, Fuzhou, Guangzhou (Baiyun airport), Guilin, Haikou, Kunming, Qingdao, Sanya, Shanghai, Shenzhen (Luohu, Shekou), Tianjin, Weihai, Xi'an, Xiamen, Yantai, Zhuhai (Gongbei).
Fee: varies between CNY 160.- and CNY 606.-. Additionally CNY 50.- will be required for photograph.
Passport must contain at least one blank visa page for the sticker-type visa.
A representative of the arriving carrier should be informed before arrival of the flight.
Passenger must be met by a sponsor on arrival and should comply with the following conditions (sponsor must be approved by Chinese authorities). **Note:** passengers must first go to the visa office to obtain their visa before approaching immigration and airline staff must be present to assist visa issuance upon arrival:

a. if arriving at Beijing airport **22** (prior to arrival the transporting airline must fax all documents of the passenger to the station manager):
—for a stay of max. 3 months. Extension up to 6 months possible by Immigration judge (if coming for business purposes);
—two passport photos required (photos can be taken on arrival) and letter of invitation issued by the Chinese authorities. This letter can be issued by a special company located inside the immigration area, which can also act as sponsor;

b. if arriving at the airports **23** of: Xiamen and Chengdu, Fuzhou, Shanghai or Tianjin:
—for a stay of max. 1 month. Extension locally is possible;
—two passport photos required and letter of invitation issued by the Chinese authorities;

c. visa and invitation letter not required if:
—max. period of stay is 5 days and
—arriving at and departing from Xiamen;

d. if arriving at other airports: the airline should contact the local visa issuing department to inform them in advance and to get information on procedure. The counter and office located in the arrival hall, which issues visas on arrival, may not always be open.

3. **Upon arrival (although it is highly recommended to obtain a visa prior to arrival):** **21** a transit visa can be issued at Dalian airport only, for a stay of max. 7 days provided passenger:
— is in transit to a third country;
— holds confirmed onward ticket;
— is a national of a country having diplomatic relations with China (People's Rep.), (see 2. "Visa" Issue 1.).
Fee: if holding photo USD 11.-. If not holding photo USD 14.-.
In addition to those mentioned in Note **21**, this facility is also **not** applicable to the following passengers, who need visa prior to arrival:

a. holders of British passports; and

b. holders of travel documents issued by Hong Kong (SAR China) and Macao (SAR China).

4. at Gongbei border point in Macao for entry into Chinese tourism zone, comprising Zhuhai and Zhangshan countries as far as Guangzhou (Canton).

5. Visas are also issued through the intermediary of various corporations for businessmen or specialized Travel Agencies for tourists.

6. Application for visas can also be made to: Tourism Bureau "China International Travel Service" (Luxingsche), Hsitan Building, Beijing.

Additional information:

1. Visas are granted only for the point(s) of entry indicated on the passport. If, before arriving to such a point any passenger must transit through another place in China (People's Rep.), he will in no case be allowed to leave the airport there.

2. Period of validity is mentioned on visas.

3. A multiple visa is issued only to a diplomat residing in China (People's Rep.). It is still valid as long as he stays in office in China (People's Rep.), although its validity is not defined on a visa.

4. Group visas can be issued on arrival provided conditions mentioned in 2."Visa" 15. are met.

5. Stateless persons and refugees are allowed to TWOV, but each case is studied individually by immigration.

6. Visitors must hold all documents required for next destination and sufficient funds to cover their stay.

7. Valid visas or residents permits in expired passports are accepted, provided holding valid passport of the same nationality.

CHINA (People's Rep.) (CN) 111

Re-entry permit: Returning alien residents must hold residence permit. Validity of this permit ranges from 1 to 5 years.

Exit permit: Required for all passengers leaving the country. The regulations stated on this permit (place of departure, date and validity) must be strictly adhered to. In case of transit through a place in China (People's Rep.) not mentioned in the exit permit passenger is not allowed to leave the airport there.

Notes:

21 Facility not applicable to:
 —nationals of Afghanistan, Iran, Iraq, Nigeria, Pakistan, Sri Lanka, Turkey.
 They must hold a visa issued in their home country. If visa is issued in a third country, passenger also has to hold a resident visa or working permit of that third country, which should be issued in English and clearly state the passenger's status; and
 —nationals of U.S.A.; and
 —stateless persons and refugees.

22 Facility not applicable to:
 —nationals of South Africa, Vatican City;
 —holders of Chinese Taipei documents.

23 Facility not applicable to:
 —nationals of Israel, Korea (Rep.), South Africa, Vatican City;
 —holders of British passports.

3. **Health:** Required - also for transit passengers not leaving the airport - vaccination against:
 yellow fever, if arriving within 6 days after leaving or transiting **31** countries with infected areas (see General Health Information).

Warning:
1. Those arriving without a yellow fever vaccination certificate will be kept in quarantine.
2. Nationals of China (People's Rep.) having stayed outside China (People's Rep.) for 3 months or more, must hold a health certificate issued by country of residence, stating that neither Aids nor sexually transmitted diseases have been determined by blood test.

Recommended:
Malaria prophylaxis. Malaria risk - including the malignant *(P. Falciparum)* form - occurs in Hainan and Yunnan. Chloroquine and sulfadoxine-pyrimethamine resistant P. falciparum reported. Risk of *P. Vivax* malaria exists in Fujian, Guangdong, Guangxi, Guizhou, Hainan, Sichuan, Xizang (only along the valley of the Zangbo river in the extreme south-east) and Yunnan.
There is generally very low malaria risk (P. vivax only) in Anhui, Hubei, Hunan, Jiangsu, Jiangxi, Shandong, although within these provinces this risk may be higher in areas of focal outbreak. Where transmission exists, it occurs below 1500 m: from July to November north of latitude 33 degrees north, from May through December between 33 and 25 de-

grees north, and throughout the year south of 25 degrees north. (See Terms & Definitions). There is no malaria risk in the urban areas or densely populated plain areas. In general, tourists do not need to take malaria prophylaxis unless they plan to stay in remote rural areas in the provinces listed above.
Recommended prevention in risk areas: II; in Hainan and Yunnan: IV

Notes:
31 Not required for those not leaving the airport in the countries concerned.

4. **Tax: Airport Tax** is levied on all passengers departing on:
 a. international flights: CNY 90.-;
 b. domestic flights (exempt are children under 2 years): CNY 50.-.
 Place of payment: Airport of departure.
 Exempt (for international flights) are:
 1. transit passengers proceeding within 24 hours;
 2. diplomats;
 3. children under 12 years.

5. **Customs:**
 Import: free import of
 1. cigarettes 400 **51** or 600 **52**;
 2. two **51** or four **52** bottles of alcoholic beverages (each bottle not exceeding 75 centilitres);
 3. a reasonable quantity of perfume for personal use during stay in China;
 4. residents and non-residents with re-entry visa issued by any foreign country and carrying travel necessities not exceeding customs limitations: one video camera, one portable video recorder and one portable word processor.
 Prohibited: arms and ammunition **53**, printed matter directed against the public order and the morality of China, radio transmitters, exposed but undeveloped films, etc.
 All fruits, tomatoes, egg plants and red peppers.
 Additional information:
 1. China People's Rep. is member of the CITES (see Terms & Definitions).
 2. antiques should be declared on arrival.
 Pets: cats and dogs (only **one** pet per passenger) may be imported either as passenger's baggage or as cargo and must be accompanied by a veterinarian good health and rabies inoculation certificate, issued by government veterinary authority at point of origin/departure. Certificate must be valid for at least 30 days on the date of arrival. Furthermore, the date of arrival cannot be more than 12 months after the date of issue of the certificate. Cats and dogs are required to go into quarantine for at least 7 days (when arriving at Shanghai Pu Dong Airport) or 30 days (when arriving at other Chinese airports). Requirements and conditions vary per airport, depending on quarantine facilities that are available) with a prepaid fee (varies per airport) and other costs at owner's expense. Passenger should refer to transporting airline for their specific regulations.

112 **CHINA (People's Rep.) (CN)**

Note: Pets are **not** permitted in hotels in China.
Prohibited: Birds.
Export: free export of four cartons of tobacco products for personal use.
Additional information: antiques should carry an authorization seal or authorization letter by the department of Cultural Relics. A customs declaration obtained when entering China (People's Rep.) is required in case the items will be re-exported.
Baggage clearance: baggage is cleared at the first airport of entry in China.
Exempt: baggage of passengers in transit via Beijing, provided it is labeled to a destination outside China and the onward flight is within 24 hours. Passengers do not have to pick up their baggage by theirselves as ground service staff will pick it up and deliver it to the baggage area of passenger's connecting flight.
Notes:

51 If staying less than six months.
52 If staying six months or longer.
53 Import, export and transit is allowed, provided prior authorisation is obtained from competent department. Arms and ammunition must be declared at all times.

6. **Currency:**
    Import: allowed.
    RESIDENTS
    local currency (Chinese Ren Min Bi-CNY): up to max. CNY 6,000.- in cash;
    foreign currencies: up to max. USD 1,000.- or equivalent in freely convertible currency in cash. Any higher amount should be declared upon arrival;
    NON-RESIDENTS
    local currency (Chinese Ren Min Bi-CNY): up to max. CNY 6,000.- in cash;
    foreign currencies: up to max. USD 5,000.- or equivalent in freely convertible currency in cash. Any higher amount should be declared upon arrival;
    Export: allowed.
    RESIDENTS and NON-RESIDENTS
    local currency (Chinese Ren Min Bi-CNY): up to max. CNY 6,000.- in cash;
    foreign currencies: up to the amounts declared upon arrival. Any higher amount should be declared at departure.

■ **CHINESE TAIPEI (TW)**

Geographical information:
Capital - Taipei (TPE).
Chinese Taipei is the new name of Taiwan (Rep. of China)

1. **Passport:** Required, except for holders of:
    1. Seaman Book issued by any country other than China (People's Rep.);
    2. documents issued to stateless persons and refugees, provided those documents are accepted by Authorities at time of visa issuance;
    3. Hong Kong (SAR China) Certificate of Identity;

4. holders of "Entry and Exit Permit" (pink/purple in colour) issued by Chinese Taipei to nationals of China (People's Rep.);
5. German identity documents issued to minors ("Kinderausweis") together with a visa. If being under 10 years of age the document does not contain a photo of the child.
Validity: Documents of visitors who are visa exempt **or** who can obtain visa or entry permit on arrival, must be valid for at least 6 months on arrival in Chinese Taipei.
Exempt: nationals of:
1. Japan, whose passports must be valid for at least 3 months on arrival;
2. U.S.A., when applying for a visitor visa on arrival (see 2. "Visa" - Issue 3. *b.*).
Crew: passport, Air Transport Pilot Certificate and Crew Member Certificate required (see Terms & Definitions).
Military: same regulations as for passengers apply.
Additional information:
1. Travel documents issued by the Ministry of Foreign Affairs (MOFA) in Chinese Taipei must show the following sentence: "The bearer of this passport is permitted to enter the province of Chinese Taipei if the passport remains valid".
2. Holders of Chinese Taipei travel documents that do not include Personal ID numbers whom reside outside Chinese Taipei are required to obtain a valid endorsement from a Chinese Taipei mission.
3. An unexpired visa in an expired passport may be used provided that the passenger also carries a second valid passport which is similar in kind to the expired passport (passports comprise three varieties: either normal, official or diplomatic).

2. **Visa: Warning:** *Non-compliance with immigration regulations will result in a fine of TWD 30,000.- for the carrier or suspension of the landing rights for 3 days.*
    Should immigration infringements occur on more than 3 flights per year, the penalty will be doubled or the airline's local representative will face serious difficulties
    Visa required, except for:
    1. holders of Chinese Taipei travel documents, holding:
    a. diplomatic or official passports;
    b. normal passports provided containing a Personal ID Number (see 1. "Passport" Additional information 2.);
    c. special seamen passports **21**;
    2. holders of a Permanent Alien Resident Certificate or re-entry permit issued by Chinese Taipei;
    3. **(not applicable** when holding an Emergency or Temporary Passport) a max. stay of 30 days (stay starts from day after arrival and is not extendable), arriving at Chiang Kai Shek or Kaohsiung International Airports only:

CHINESE TAIPEI (TW) 113

参 考 文 献

［1］张辉. 民航国际旅客运价教程［M］. 北京：中国民航出版社，2006.

［2］程小康. 民航国内旅客运输［M］. 成都：西南交通大学出版社，2008.